数智经济发展的法治促进

数据·平台·人工智能

陈兵/著

中国法制出版社
CHINA LEGAL PUBLISHING HOUSE

本书撰写获2023年度最高人民法院司法研究重大课题"数据权益知识产权司法保护问题研究"（ZGFYZDKT202317-03）和教育部人文社会科学重点研究基地重大项目"全球数据竞争中人权基准的考量与促进研究"（19JJD820009）项目的资助。

序言

加速数智经济创新发展的法治之航

当前，全球数字经济规模持续扩张，互联网、人工智能、大数据、云计算、区块链等科学信息技术加速迭代，数字经济正在以前所未有的速度和规模改变着我们的生活和工作方式，已经逐渐成为全球经济发展的重要引擎：根据中国信息通信研究院发布的《全球数字经济白皮书（2023年）》[①]显示，2022年，全球51个主要经济体数字经济占GDP比重为46.1%，同比名义增长7.4%。全球互联网科技公司业绩提升显著：部分大型互联网科技公司在2023年以来股价分别提升超过50%，市值均超过万亿美元。数字经济领域前沿技术迎来颠覆式创新：2022年11月，由人工智能技术驱动的自然语言处理工具发布；2024年2月，文生视频大模型"索拉（Sora）"发布。伴随数字应用场景不断丰富，数据要素和智能技术正持续发挥对于

---

① 2024年1月发布，载中国信息通信研究院网，http://www.caict.ac.cn/kxyj/qwfb/bps/202401/t20240109_469903.htm，最后访问时间：2024年6月20日。

经济发展的核心推动作用，数字经济与实体经济间的深度融合正在逐渐实现，打破传统产业间的界限与阻隔，优化各类生产要素的配置效率，促进生产力水平实现质的跃迁。

新兴技术的突破性发展及应用场景的不断丰富，正推动数字经济向更深层次的数智经济转型。数智经济以海量数据与精准算法为基础，通过数智技术赋能传统产业中研发设计、生产制造、客户服务、资源分配等环节，推动传统产业实现数字化、智能化、网络化的深度改造，赋能经济民生转型升级，提升社会治理和服务效能。数智经济的高质量发展，有助于促进数据要素的流通与共享，激发平台企业形成新的经营模式与商业样态，为立体多元、耦合共生的数智生态系统建设提供坚实有力的基础。

数智经济创新发展需要法治领航

相较于数字经济背景下平台企业往往将数据用于优化自身商业模式，提高服务效率，数智经济更侧重通过数据与算法、人工智能等科学技术的结合，推动不同产业、不同环节间的深度融合，打破互联网数字产业与传统工业、农业、服务业之间的障碍与壁垒，打通生产、分配、流通、消费环节上的堵点。平台企业将凭借数字化、智能化的服务不断革新自身商业模式，最终形成产业有机协同、要素流通畅通、信息开放共享的包容、开放的生态环境。可以说，数智经济是数字经济发展的更高阶段，这一阶段不仅包括数字化的技术和应用，还涉及智能化的服务和产品，数智经济是以海量数据为基础，结合人工智能相关技术，打通"数据孤岛"，实现经济形态的智能化、场景化。申言之，数智经济核心是通过对数据要素的持续开发利用，加之人工智能技术不断赋能，实现不断创造经济价值。

我国十分重视通过健全完善的政策法律体系建设保障数智经济的高质量发展。中共中央、国务院于2022年12月发布了《中共中央　国务院关于构建数据基础制度更好发挥数据要素作用的意见》，从数据确权、数据流通交易、数据收益分配及数据治理四个方面对数据基础制度进行了初步的规范。2023年7月10日，国家互联网信息办公室等七部门联合签发了《生成式人工智能服务管理暂行办法》，为后续对生成式人工智能服务的监管明确了思路、确立了方向，体现了我国对支持和规范人工智能技术和产业发展的积极态度与重视程度。在机构设置上，国家数据局的设立引起了国内外各界的广泛关注，彰显了我国对数据治理和利用的高度重视。

2023年底，中央经济工作会议指出，以科技创新引领现代化产业体系建设，要以科技创新推动产业创新，特别是以颠覆性技术和前沿技术催生新产业、新模式、新动能，发展新质生产力。要大力推进新型工业化，发展数字经济，加快推动人工智能发展。要广泛应用数智技术、绿色技术，加快传统产业转型升级。此次中央经济工作会议中提及的从"发展数字经济"到"广泛应用数智技术"，体现了我国正在从数字经济向数智经济进阶发展，对我国的经济社会发展具有重要的意义，这能够提升我国的科技创新能力和水平，加快形成以创新为主要引领和支撑的新发展格局，增强我国在全球科技竞争中的主动权和话语权。

无独有偶，世界各主要国家和地区均在加紧推动相关立法与政策的颁布与施行：2024年2月，欧盟理事会常务代表委员会全票通过《人工智能法案》（AI Act），该法案将成为全球首部人工智能领域的全面监管法规；此外，据欧盟委员会方面发布的相关公告显示，《数字服务法》（Digital Services Act）已于当地时间2月17日正式生效，旨在使在线环境更安全、更公平和更透明。美国国家科学技术委员会（NSTC）更新《美国国家人工智能研究和发展战略计划》（National Artificial Intelligence Research And Developmentstrategic Plan: 2023 Update），提出开发能力更强、更可靠的机器人。日本修订其《个人信息保护法》，将个人信息定义，医疗、学术领域的个人信息保护规则整合。印度发布《2023年数字个人数据保护法案》（The Digital Personal Data Protection Bill, 2023），对于个人数据处理、数据跨境传输、数据合规等问题作出规定。可以说，数智经济已成为全球产业发展与变革的关键动力与重要引擎，世界主要国家与地区均注重通过优化政策布局、健全规则体系的方式，为数智技术的研发应用、数智经济的创新发展提供更加明确、更为清晰的规则指引，营造健康持续的发展环境。

数智经济创新发展需要法治护航

数智经济既是世界经济发展的重要方向，也是我国在百年未有之大变局下助力经济发展的转型升级，实现经济增长模式由"粗放式"向"集约式"的转变，顺应高质量发展的目标要求。数智经济以数据资源作为关键驱动力、以现代信息网络作为重要载体、以数字技术和市场经济的深度融合作为重要推动力。在实践中，以互联网、物联网大数据、人工智能算法等技术的高速发展，为数据的收集、储存、传输、使用、挖掘、分享等提供了技术支持，加快了市场的数字数据化和数字数据的市场化进程。但鉴于数智经济处于新生事物阶段，还有诸多看不清、道不明之处，对其发展需要给予更多的耐心，也更需要法治为其健康持续发展保驾护航，从而为经济高质量发展奠定基础。

数智经济创新发展，需要运用法治方式营造规范有序的市场环境，实现生产要素的最优配置，在确保安全的基础上实现要素的有序流通。其一，应通过各类市场经济法律法规为市场主体营造良好的营商环境，消除各种隐性成本、制度壁垒，避免数据、技术成为科技企业排除、限制竞争的工具，鼓励平台企业开放生态系统，厚植数智经济各类市场主体平等发展的制度土壤，增强数智经济的吸引力、创造力、竞争力。其二，应运用法治方式促进数据要素的高效流通。数智经济高质量发展需要将数据要素、技术要素、资本要素与智能驾驶、智慧医疗、智能家居、智能制造、智慧金融等新兴业态有机融合，实现决策的自动化与智能化，帮助企业精准识别用户需求，提高供给端与需求端的匹配精度。为此，须综合运用《反不正当竞争法》《数据安全法》等促进数据要素的开放共享，规范数据商业利用行为，避免数据垄断，打破"数据孤岛"，构建科学合理的要素流通体系。

数智经济创新发展，需充分发挥法治体系对创新的激励作用，助推科学技术的迭代升级。数智经济需要结合算法、人工智能等科学技术才可进一步拓宽应用场景。目前我国在经济发展中面临关键技术"卡脖子"的难题，迫切需要通过政策与法律为实现技术突破发展提供支撑与依托。这就要求法律应起到对技术创新的推动作用：其一，法律应通过合理的产权制度，对技术研发产出的成果进行保护，实现激励科研主体创新研发的效果和目的。其二，法律应落实

"科技向善"的基本原则,强化对于社会主义核心价值观的维护。科技创新要遵循正确的科技伦理观,避免运用科学技术实行算法歧视、算法霸凌等行为,侵害消费者隐私,损害劳动者、老年人、未成年人等弱势群体权益。其三,法律为技术的创新研发预留充分的空间。由于法律具有滞后性,科技创新难免会产生处于法律空白的技术手段或商业模式,较难确定此类技术手段是否违法,此时可适当为科技创新设置一定"缓冲期",在统筹考量多方主体利益后再对违法性的判断作出结论。对于直播带货、灵活用工、互联网金融等新业态,应以个案分析为基本原则,平衡好消费者、企业、平台等多元主体间的利益,做到对违法行为的精准识别。其四,应在《反垄断法》等法律法规的实施中充分体现"鼓励创新"的立法目的,在垄断协议、滥用市场支配地位、经营者集中等行为违法性的认定中,充分考量经营者行为对技术研发、产品开发的作用与影响。

数智经济创新发展,须有效发挥法治的保障作用,依法统筹高质量发展和高水平安全之间的动态平衡。其一,安全是数智经济发展的底线。应通过《个人信息保护法》《数据安全法》等数据领域基础法律制度,保障数智经济行稳致远。尤其是对于涉及国家安全、社会公共利益、用户个人隐私的核心数据、重要数据要重点关注、重点治理,以科学保护促进数据的高效利用。其二,由于部分初创企业在进行创新研发时具有技术优势而缺乏资金支持,应通过财政、税收等手段对此类企业给予一定优惠。其三,提高对我国科技企业国际竞争的保障力度,从合规指引、人才培训等角度为科技企业提供有力支撑,支持科技企业在世界舞台发出"中国声音"。其四,提高法治设计及运行的科学性、合理性及有效性。将人工智能等技术合理正确地运用到司法、执法等环节中，创新法治运行方式，提高司法、执法效能，高效保障各类主体合法权益。

综上，数智经济创新发展，与科技的法治化和法治的科技化提供的有力支撑密切相关。科技的法治化要求法律的制定与实施聚焦于尊重科技发展规律，为科技创新发展营造规范有序、激励有度、保障有力的法治环境。法治的科技化要求不断升级法治的科技含量，铸造法治的科技品性。基于此，法律必须对数字化、智能化带来的新业态、新模式、新产业作出及时有效的回应，将数智经济纳入法治框架之中，探索构建安全与发展并重的法律规范体系，在高质量发展和高水平安全的动态平衡中谋求数智经济的创新发展。

陈 兵

南开大学竞争法研究中心主任

南开大学法学院副院长、教授

南开大学数字经济交叉科学中心研究员

目录

第一编　新发展格局下经济法理论的发展与创新

数字经济发展关键期：为善治提供良法 / 003

夯实数字经济发展安全底线 / 010

推进数字贸易健康发展　做好数据跨境流动 / 013

加快涉外法治建设　促进外贸稳健发展 / 019

欧盟给科技巨头戴"紧箍咒"是否真的只为支持公平竞争 / 026

M公司或将正式过招《数字市场法》，胜率几何 / 030

新发展理念下如何设好中国版"守门人"/ 038

长短视频之争作何解？以用户为中心是方向 / 044

元宇宙潜在的法律风险与应对 / 051

反垄断民事诉讼征求意见亮点有哪些 / 057

促进数字经济健康发展　科学搭建多维治理体系 / 062

以公平竞争促进知识产权高水平保护 / 071

调处知识产权保护与公平竞争维护的司法实践 / 079

《公平竞争审查条例》夯实市场经济法治基础 / 087

加快营商网络环境法治化建设 / 094

以公平竞争治理为抓手　深入持续优化营商环境 / 101

数字经济下商业秘密保护何其难 / 107

网络反不正当竞争新规对数字经济发展具有重大意义 / 114

司法中数据不正当竞争认定规则日趋清晰与精细 / 123

"恶意不兼容"行为认定须以"恶意"查明为前提 / 130

推动经营者加强反垄断合规　以公平竞争促进高质量发展 / 137

放宽经营者集中申报标准　鼓励企业投资与创新发展 / 143

反垄断豁免条款适用面临的挑战及改进 / 149

多方合力精细治理　促进新就业形态健康发展 / 156

第二编　数字经济时代数据要素治理的经济法治回应

以数据要素治理为契机　开启互联网治理新格局 / 165

以数据分类分级为基点　统筹数据安全与发展 / 175

以数据安全产业健康发展　支撑数字经济行稳致远 / 183

《数据二十条》构建数据基础制度　释放数据要素价值 / 189

《数据二十条》助力全国数据交易迎来热潮 / 195

促进数据要素市场公平竞争与创新发展　为全国统一大市场建设注入强动能 / 198

健全数据要素市场法律机制　释放数据共享共用价值 / 204

进一步完善数据交易制度体系 / 210

全国性数据交易平台建设的法治促进 / 221

以国家数据局正式运行为契机　加快释放数据要素创新动能 / 227

以法治促进数商服务高质量对外开放 / 232

以数据要素市场化、法治化、国际化为抓手　大力推动数字经济赋能实体经济高质量发展 / 239

以科学保护促高效利用：数据不正当竞争规制逻辑 / 245

精准规制数据爬取　促进数据要素流通 / 251

涉数据竞争行为司法实践检视及路径优化 / 259

科学合理构建数据开放共享的限度 / 267

推动数据开放流通，关键在于规则明确 / 276

第三编　平台经济领域商业模式发展的经济法治调整

落实平台经济常态化监管的思路与进路 / 285

提升常态化监管水平　支持平台企业发展 / 300

建议完善平台经济常态化监管机制　提振创新发展信心 / 307

平台企业发展须坚持创新主基调 / 314

发展新质生产力须审慎看待平台互联互通 / 319

网约车驶入下半场　合规化运营是关键 / 329

统筹安全与发展　网约车平台常态化监管须时刻在路上 / 337

以敏捷监管与精准监管　筑牢跨境券商展业安全 / 343

Web3.0下规制网络新型不正当竞争行为的挑战 / 351

规范主播营销行为　促进直播带货健康发展 / 357

规制网络虚假宣传行为　反不正当竞争法须有更大作为 / 363

关注灵活就业平台细分市场　促进维修服务平台健康展业 / 370

平台算法规制的多维思考：从个案侵权裁判到算法综合治理 / 376

第四编　人工智能发展中科技强国建设的经济法治保障

生成式人工智能发展进入常态化　规范创新是关键 / 385

依法规范科技创新　促进生成式人工智能健康发展 / 390

可信AIGC发展的治理基点 / 396

为AIGC高质量发展　搭建科学审慎的法治架构 / 403

如何看待生成式人工智能爆火背后潜在的法律风险 / 407

《生成式人工智能服务管理暂行办法》规范助力人工智能安全发展 / 415

支撑人脸识别技术规范使用的关键基点 / 421

规范人脸识别技术促进科技向善　保障科技红利均等化享用 / 427

"AI换脸"等深度合成服务应用要守住安全底线 / 433

人工智能生成内容是否为"作品"？版权归属于谁 / 436

索拉引领时代风口抑或加剧社会风险 / 444

索拉生成短视频是否能构成作品？以法治发展回应技术创新 / 450

代后记　持续推进数智经济创新发展的法治化建设 / 455

数/智/经/济/发/展/的/法/治/促/进

第一编

新发展格局下
经济法理论的发展与创新

数字经济发展关键期：为善治提供良法

我国数字经济发展已步入模式调整期、速度换挡期及质量提升期。在此关键阶段，新质生产力的提出，对新型生产关系的内涵和形式进行了创新，为数字经济创新发展提供了新思路。数字经济也应为新质生产力的形成和发展，提供动能支撑。

数字经济发展处于关键期，新质生产力的形成和发展也处于早期，以法为据，依法而行推进数字经济创新发展显得十分必要。须持续坚持科学立法，明确数字经济法制在现行法律体系中的地位，检视我国数字经济法律规范得失，聚焦数字经济法治化的主要场景，弥补实践中法律适用依据的不足，以"创新、公平、安全、包容"为核心，实现多元价值动态平衡。

一、数字经济科学立法的现实意义

数字经济创新发展离不开坚实的法治保障。加快推进数字经济发展促进法的制定，一方面，能够与我国大力发展数字经济的国家战略相契合；另一方面，数字经济正步入调整、换挡、提质的关键时期，需要更加坚实的法律保障。

（一）加快数字经济立法有助于疏解经济高质量发展难题

我国在数字经济领域仍然缺少能够引领数字经济高质量发展的

基础性法律。实现数字经济可持续的高质量发展需要在制度供给层面持续发力,推进数字经济发展促进法的立法工作,发挥法律在数字经济发展中提纲挈领的作用,使市场主体有更加稳定的预期,能够更好地掌握数字经济高质量发展脉络。

(二)加快数字经济立法有力回应新质生产力现实需求

新质生产力是以科技创新为主的生产力,是摆脱传统增长路径、符合高质量发展要求的新型生产力。新质生产力更需要在制度层面加以完善,推进数字经济立法与新质生产力的要求深度融合,推进新质生产力向实际生产力转型有着现实意义,也能够为数字经济的发展提供更为明确的方向指引。

二、数字经济科学立法的关键点

(一)明确数字经济法制在现行法律体系中的地位

就数字经济立法而言,若以现行立法为基础,数字经济发展中呈现的动态性、去中心化及融合性等特征决定了最终将形成一部集合多法律部门的"综合法",仅是现行法律体系的升级版。若以数字经济发展中科技要素及创新特征为本体,制定专门的数字经济法律,则能从系统上和整体上提升立法质量、优化数字经济法制体系,但此种模式也可能存在一定风险,即专门法出台后能否适应调整对象的快速发展亦未可知。故无论采取何种方式,为使相关立法能够顺应数字经济发展,明确促进数字经济立法的定位与定向至关重要。

（二）检视我国数字经济规范得失统合部门法的交叉性

立法机关在立法层面，特别是在民商法学、经济法学领域对数字经济法治建设中呈现的诸多问题作了及时有效的回应，如2017年修订的《反不正当竞争法》增设"互联网专条"；2018年《电子商务法》出台，进一步推进电商产业健康有序发展；2020年《民法典》强化了对个人信息和数据的私法保护；2021年《数据安全法》《个人信息保护法》使数据与个人信息保护得到空前提升；2022年《反垄断法》修正后专门加入了"数字经济条款"等。虽然这些法律的制定完善一定程度上解决了部分问题，但暂未有系统性地立足促进数字经济发展的法律。

"科技改变生活，科技变革法治"已成为时代主题，经济法治创新与理论探究近乎进入无人区，全球尚无成熟经验可以借鉴，在此背景下，我国法治实践有可能成为全球范围内数字经济治理法治化的重要范本。为此，在数字经济立法过程中，一方面要以多元视角统合数字经济现行立法，在立法理念、模式、体例、文本上明确立法意图和立法技术的原则和进路；另一方面要注重大数据、云计算、人工智能算法在立法技术和立法语言中的导入，在强化"法治科技"目标的同时，提升"科技法治"水平。

（三）聚焦数字经济法治化的主要场景厘定立法架构

对数字经济领域不断涌现的新问题，学界和业界多以具体技术形式结合现行法律规范进行个案研讨，有待进行系统化、体系化的提升。大数据、人工智能、算法等技术及商业模式的应用场景之间有着深刻的内在关联和进阶效应，单一化和碎片化的研究不能打通文本制定与解释适用之间的堵点。须围绕数字经济发展中的主要场景及问题，聚焦数字经济竞争、数据治理、人工智能与算法规制等问题厘定促进数字经济高质量发展的立法架构。以实现既能规制现有经济法治问题的线上化挑战，也能回应全新的基于数字经济纵深发展引发的平台竞争治理、数据治理以及算法规制等新问题、新挑战，升级以工业时代经济发展特征为基础构建的现代经济法治的理念、原则、逻辑及方法。

（四）补足实践中数字经济治理法律依据的漏洞

近年来我国就相关重大案件作出具有时代性示范价值的司法裁判和执法决定，譬如2014年最高人民法院在"奇虎360诉腾讯QQ"反垄断案终审判决中引入假定垄断者测试法（SSNDQ方法）[1]，为其他国家和地区处理互联网领域反垄断案件提供了富有意义的参考；在执法决定上，2015年国家发展改革委对高通公司滥用知识产权行为反垄断案作出了高额处罚并施以其他禁止措施[2]，其中对高通公司滥用知识产权违法竞争的系列行为及商业模式的分析，为其他国家和地区对高通公司的竞争执法提供了思路和借鉴。同时也须认识到，与数字经济高速发展的现实相比，法律制度的相对滞后性较

---

[1] 最高人民法院（2013）民三终字第4号民事判决书，载最高人民法院网，https://ipc.court.gov.cn/zh-cn/news/view-21.html，最后访问时间：2024年6月20日。

[2] 国家发展和改革委员会发改办价监处罚〔2015〕1号行政处罚决定书，载国家市场监督管理总局反垄断执法二司网，https://www.sac.gov.cn/cms_files/filemanager/samr/www/samrnew/fldes/tzgg/xzcf/202204/t20220424_342030.html，最后访问时间：2024年6月20日。

为凸显。

执法、司法实践重点关注数字经济领域生态系统的健康运行，然而相应评价模式尚未调整到位，亟待引入能够适配数字经济发展的规制逻辑和规制方法。当前，全球数字经济领域竞争激烈，我国在参与制定国际竞争政策及执法协调中缺乏国内法相关法律依据，难以与国际通行数据标准接轨。在力争成为数字经济强国的道路上，我国务必提升配套法治体系，提升国际话语权。

（五）立足全球竞争构筑数字经济立法的国内外目标

开展数字经济立法研究不仅是对国内社会主义市场经济法治建设的积极回应，更是为我国参与全球数字竞争提供重要的法治理论与实践方法。数字经济法治问题不仅关乎国内经济法治，更涉及国际经济法治，其建设和发展的方向应立足国内现实，立足全球竞争，厘清我国数字经济发展立法的具体要求、任务及目标。

三、数字经济科学立法的着力点

以"创新、公平、安全、包容"为核心，注重多元价值动态平衡。我国数字经济发展中法治体系建设，须构筑在一个有效的健康的市场法治秩序之上，由此实现数字经济高质量发展所需的激励创新、公平竞争、效率增进、社会公正、国家安全、包容开放等多重法律价值的融合。在数字经济发展促进法制定过程中明晰自身定位，将多元价值融入基础法律规则之中，为数字经济步入高质量发展奠定多元价值基调。

坚持党的领导，坚持科学立法，以解决人民群众迫切需要的法治诉求为出发点和落脚点,发挥数字经济发展法对数字经济的规范和引领作用,在立法中补齐各项制度短板。在立法过程中锚定数字经济发展方向,促进数字经济健康有序发展,与此同时,通过市场与政府双平台机制明确数据权属、规范数据流通,鼓励科技创新与新技术应用及其边界,维护数字经济市场竞争秩序,提升数字产业生态经济运行效率,维护国家数字战略安全。

适配数字经济发展所需的"市场机制运行、生产要素配给、关键技术应用"等具体场景。在制度设计上以"问题导向"统合现有单行法中的法律法规,形成一部集合多个法律部门的数字经济发展的"统合法"。其中,数字经济竞争规制部分可依托《反垄断法》《反不正当竞争法》《消费者权益保护法》中的部分制度进行设计;数据交易、流转、安全保障等部分依托《民法典》《电子商务法》《个人信息保护法》《数据安全法》等制度进行构建;人工智能算法治理方面可以融合《科学技术进步法》《促进科技成果转化法》《专利法》《著作权法》《反不正当竞争法》等法律法规的相关规定进行完善,最终在充分整合和优化现有基本法律法规的基础上,制定一部具有开放性的数字经济发展法或数字经济发展条例。

立法的实体内容应注重国家政策与立法设置的科学性、正当性、实用性,程序上注重司法与执法等适法活动的谦抑性、透明性、公正性,保证实施效果与立法目标的一致。积极引入大数据、云计算、人工智能等技术手段,科学有序激励和约束包括经营者、政府、消费者在内的数字经济参与主体,形成以"政策+法律"的双层制度设计促进数字经济公平竞争有序、数据流通有效、技应用有度的数字经济发展生态系统,以"科技+法律"融合模式推动"创新、公平、安全、包容"价值在数字经济发展法律体系中的实现。①

---

① 原文首发于《第一财经日报》2024年4月3日第A11版,收录时有调整。

夯实数字经济发展安全底线

2023年1月3日，工业和信息化部、国家互联网信息办公室、国家发展和改革委员会等十六部门联合印发《关于促进数据安全产业发展的指导意见》（简称《意见》），对当下数据安全产业发展亟待明晰的指导思想、重点内容、保障措施等问题进行了明确回应，提出到2025年，数据安全产业基础能力和综合实力明显增强；到2035年，数据安全产业进入繁荣成熟期。

数字经济是继农业经济、工业经济之后的主要经济形态。2022年，我国数字经济规模达到50.2万亿元，占GDP比重达到41.5%，[①]其在国民经济中的地位更加稳固、支撑作用更加明显。故不断做强做优做大数字经济对于我国经济实现高质量发展有着举足轻重的意义。

党的二十大报告明确指出，"加快发展数字经济，促进数字经济和实体经济深度融合"。2023年中央经济工作会议对此进一步强调，"要大力推进新型工业化，发展数字经济，加快推动人工智能发展"。而发展数字经济的首要前提便是夯实数据安全底线。

基于数据技术、数据产品等的高技术性和高创新性，完善和促进数据安全应形成系统化、集约化的产业发展，从而紧跟数字经济

[①] 《2022年我国数字经济规模达50.2万亿元》，载中国政府网，https://www.gov.cn/yaowen/2023-04/28/content_5753561.htm，最后访问时间：2024年6月20日。

发展整体趋势，为筑牢数据安全提供"虚实结合"的制度依据与"数实融合"的产业依托。

为了规范数据处理活动，保障数据安全，促进数据开发利用，保护个人、组织的合法权益，维护国家主权、安全和发展利益，2021年，我国颁布实施了《数据安全法》。数据安全产业作为一种新兴业态，其提供的技术、产品和服务能够保障数据持续处于有效保护、合法利用、有序流动状态。然而国内外超预期情况频现，我国数据安全问题正面临严峻考验。可以说，数据安全产业规范健康持续发展是推进数字经济各项制度的前提基础，既关乎我国数据市场的稳定，又决定着全球数据竞争的格局，更在很大程度上影响着国家安全。

《意见》在"指导思想"部分特别指出，"坚定不移贯彻总体国家安全观，统筹发展和安全，把握数字化发展机遇"。因此，推动数据安全产业高质量发展应铸牢总体国家安全观意识，从国家安全高度统筹推进数据安全产业发展，顺应数据安全产业发展大趋势。

在贯彻总体国家安全观的前提下，发展数据安全产业应突出创新驱动。党的二十大报告指出，"创新是第一动力"，而引发社会高度关注的数据滥用、隐私泄露、算法黑箱等安全性问题，其化解之法离不开创新驱动下的技术进步。《意见》在"基本原则"中开宗明义地点出，"坚持创新驱动"；同时，明确提出研究大数据场景下轻量级安全传输存储、隐私合规检测、数据滥用分析等技术，加强数据质量评估、隐私计算等产品研发等。

可见，《意见》立足数据安全产业高质量、可持续发展的内在驱动力，不仅要求提升原研原发水平、突破"卡脖子"核心技术，在数据安全技术、产品方面紧跟甚至引领全球数字技术前沿趋势；更要求在运营模式和商业服务种类方面不断推陈出新，提高数据安全产业融合的场景与效能。创新既是数据安全产业发展的关键依托，亦是全面建设数据要素市场、助推数字经济跨越式发展的核心动能。

除须以创新强化内驱力外，发展数据安全产业亦须多重保障并举。首先，《意见》从数据安全产业的多元治理出发，提出建立数据安全检测评估体系，培育第三方检测、评估等服务机构；鼓励科研院所、企事业单位、普通高等院校及职业院校参与数据安全产业评价、数据安全产品技术要求、数据安全产品评测、数据安全服务等标准制定；推动跨行业标准互通和结果互认等多项保障措施。因此，力争在相关主管部门的正确引导与服务保障下，全面优化数据安全产业标准体系，建立健全数据安全多元治理基础制度。

其次，《意见》从数据安全产业的配套措施出发，要求强化人才供给保障、深化国际交流合作。同时重申了"产学研"一体化思路，强调以产业发展急需为导向补足人才缺口；加强与"一带一路"沿线国家数据安全产业合作，促进标准衔接和认证结果互认，为我国数字安全产业"走出去"扫清障碍。

此外，《意见》还涵盖了推广技术产品应用、构建繁荣产业生态等内容，旨在提高各行业各领域数据安全保障能力，夯实我国数字经济发展基础。

相信随着《意见》的落地落实，我国数据安全产业必将以强劲的创新驱动能力、健全的服务保障能力，为数字中国建设添砖加瓦、强基固本。[①]

---

① 原文首发于《法治日报》2023年2月1日第05版，收录时有调整。

推进数字贸易健康发展　做好数据跨境流动

2023年9月27日，中共中央政治局就世界贸易组织规则与改革进行第八次集体学习，指出要积极营造市场化、法治化、国际化一流营商环境，以推动加入《全面与进步跨太平洋伙伴关系协定》和《数字经济伙伴关系协定》为契机，进一步激发进口潜力、放宽市场准入、推动多边和双边合作深入发展，增强对外资的吸引力。

2023年9月28日，国家互联网信息办公室发布《规范和促进数据跨境流动规定（征求意见稿）》并公开征求意见。2024年3月22日，《促进和规范数据跨境流动规定》（简称《规定》）正式公布并施行。《规定》的出台表明我国正在积极探索简化数据跨境流动管理规定、提高数据跨境流动效率，积极参与数据跨境流动领域的国际合作和规则制定，探索安全规范的数据跨境流动方式，打造数字贸易新优势。

一、《规定》的重点内容及其理解

《规定》的各项条款均很重要且必要，可以概括为五个方面来理解：

第一，规定了不需要作为重要数据申报数据出境安全评估的情形：未被相关部门、地区告知或者公开发布为重要数据的相关数据。

第二，规定了不需要申报数据出境安全评估、订立个人信息出境标准合同、通过个人信息保护认证的数据类型：国际贸易、跨境运输、学术合作、跨国生产制造和市场营销等活动中不包含个人信息或者重要数据的相关数据；在境外收集和产生的个人信息传输至境内处理后向境外提供、没有引入境内个人信息或者重要数据的相关数据；符合《规定》第5条规定情形的相关数据。

第三，关于个人信息和重要数据方面根据向境外提供数据的主体和规模进行了分类管理规定：明确了应当申报数据出境安全评估的两类数据出境活动条件，一是关键信息基础设施运营者向境外提供个人信息或者重要数据；二是关键信息基础设施运营者以外的数据处理者向境外提供重要数据，或者自当年1月1日起累计向境外提供100万人以上个人信息（不含敏感个人信息）或者1万人以上敏感个人信息。同时，《规定》明确了应当订立个人信息出境标准合同或者通过个人信息保护认证的数据出境活动条件，即关键信息基础设施运营者以外的数据处理者自当年1月1日起累计向境外提供10万人以上、不满100万人个人信息（不含敏感个人信息）或者不满1万人敏感个人信息。

第四，对自贸区数据出境活动进行了专门规定，允许自贸区在国家数据分类分级保护制度框架下自行制定免予申报数据出境安全评估、订立个人信息出境标准合同、通过个人信息保护认证的负面清单，经批准后备案。这给自贸区提供了更多的自主权，简化了自贸区数据跨境流动的审批流程。

第五，规定了通过数据出境安全评估的结果有效期为3年，并可申请延长评估结果有效期3年。

二、《规定》释放市场利好重要信号

整体而言,《规定》简化了数据出境的相关规定,对《数据出境安全评估办法》《个人信息出境标准合同办法》等数据出境规定进行细化,对实务处理中的规则予以明确,对从事数据出境相关企业具有较大利好。

(一)降低了数据出境管理的要求及成本

《规定》明确了数据出境活动的管理范围、管理要求、管理方式等,减少了相关数据出境活动限制要求,为数据处理者提供了清晰的规则和指引,降低了数据出境活动的不确定性和复杂性,为企业有效降低了数据合规成本,提供了更多的便利和灵活性。

(二)增强了数据出境管理的灵活性和差异性

《规定》根据数据出境的规模、性质、目的等因素,对数据出境活动进行了分类分级管理,简化了数据出境活动的审批流程,提高了数据出境活动的效率和便利性。同时,《规定》也为自贸区等特殊区域提供了更多的灵活性,为数据出境活动创造了更多的空间和机会,有利于促进数据跨境流动。

(三)规范了数据出境的安全保障和责任追究

《规定》要求各地方网信部门应当加强对数据处理者数据出境活动的指导监督,强化事前事中事后监管。相关规定有助于提高企业对数据安全的重视程度和防范能力,防范数据出境可能产生的风险或损失。

三、《规定》与相关政策的衔接及其含义

（一）规定与相关政策的衔接

按照《规定》第13条要求，《数据出境安全评估办法》《个人信息出境标准合同办法》等相关规定与《规定》不一致的，以《规定》为准。《规定》与《数据出境安全评估办法》《个人信息出境标准合同办法》相比较，主要有以下两方面的改变：

第一，在适用范围和条件上有所调整。《规定》明确了不需要申报数据出境安全评估、订立个人信息出境标准合同、通过个人信息保护认证的数据范围，降低了相关数据出境活动的限制要求，实行分类分级管理，对关键信息基础设施运营者、关键信息基础设施运营者以外的数据处理者分别规定了不同的管理要求，增强了数据出境合规的可操作性。

第二，规定了自贸区可以在现行数据分类分级保护制度框架下自行制定负面清单，报经批准后备案，负面清单外数据出境可以不申报数据出境安全评估、订立个人信息出境标准合同、通过个人信息保护认证。这对于自贸区探索数据出境具有重要意义和利好，自贸区可以通过探索制定低风险跨境流动数据目录、建设国际数据港、开展数据跨境流动安全评估等措施，有助于推动数字经济和数字贸易的创新发展，有利于提升自贸区的国际竞争力和影响力。数据跨境流动可以促进自贸区与国际市场的互联互通，增强自贸区的开放度和吸引力，吸引更多的外资企业和国际机构在自贸区内开展业务，

培育发展新业态、新模式、新业务。

（二）我国对数据跨境流动的基本态度

相关改变也反映出我国高度重视支持数据跨境流动的基本态度：

第一，国家高度重视数据要素的市场化配置改革，规范和促进数据要素依法有序自由流动，促进创新利用。《规定》也鼓励数据处理者在遵守法律法规的前提下，合理有效地利用数据资源，支持国际贸易、跨境运输、学术合作、跨国生产制造和市场营销等活动中收集和产生的数据向境外提供，以此激发数据要素价值实现。

第二，数据跨境流动应当坚持风险可控、合法合规、透明可预期原则。一方面，数据处理者应当根据数据的类型、规模、目的等因素，采取相应的安全保障措施，防止数据泄露、滥用、篡改等风险，保护数据主体的合法权益和国家的安全利益；另一方面，监管规则的透明可预期也有利于提高数据处理者从事数据出境活动的效率和便利性，减少数据出境安全风险。

第三，数据跨境流动的基本前提是应当保障国家安全和社会公共利益，保护个人信息权益。《规定》坚持国家对数据安全的主导权和监管权，要求数据处理者在向境外提供个人信息时，应当取得个人信息主体的同意，保障个人信息主体的知情权和选择权。同时，《规定》要求数据处理者在向境外提供重要数据和个人信息时，应当遵守法律法规的规定，履行数据安全保护义务，保障数据出境安全。

总体来看，《规定》对数字贸易健康发展及做好数据跨境流动有重要意义，既明确了数据出境的管理范围和标准，对不同类型和规模的数据出境活动规定了对应的管理措施，又考虑了数据跨境流动的多样性和复杂性，对特殊情形给予了适当豁免或者简化，还强调了数据处理者的主体责任和义务。这有利于促进我国数字经济的高质量发展，在保障数据安全和合规的前提下，促进数据跨境流动，提高数字经济效率并鼓励创新。①

---

① 原文首发于《第一财经日报》2023年10月10日第A11版，收录时有调整。

加快涉外法治建设　　促进外贸稳健发展

2023年12月8日，中共中央政治局召开会议分析研究了2024年经济工作，提出要扩大高水平对外开放，巩固外贸外资基本盘。2023年12月7日，国务院办公厅印发《关于加快内外贸一体化发展的若干措施》的通知中提出，加快内外贸一体化发展是构建新发展格局、推动高质量发展的内在要求，其中强调了运用法治方式和手段、规范制度和标准、加强相关领域人才培养建设等要求来实现内外贸协同发展，支持内外贸"走出去、引进来"稳企扩业。

2023年11月27日，中共中央政治局就加强涉外法制建设进行第十次集体学习，习近平总书记强调指出，加强涉外法治建设既是以中国式现代化全面推进强国建设、民族复兴伟业的长远所需，也是推进高水平对外开放、应对外部风险挑战的当务之急。涉外法治作为中国特色社会主义法治体系的重要组成部分，事关全面依法治国，事关我国对外开放和外交工作大局。可见，加强涉外法治建设对支持高水平对外开放的重要性，须以系统观念为指导，将涉外法治建设纳入新安全格局的整体建设之中，以此为基础来巩固和促进新发展格局下外贸外资的健康发展。

当前，我国经济总量已稳居世界第二，亟须形成与我国经济实力和国际地位相称的国际经济规则制定话语权，对此，需要充分理解涉外法治背后的文化与历史际会，发掘大国之间、企业之间不同的利益诉求,在尊重不同国际主体的利益诉求、重视国际社会普遍遵循的基础上,寻找与我国价值与利益契合的切入点,求同存异。

为此,须充分认识到涉外法治工作是一项涉及面广、联动性强的系统工程。特别是在对外经贸领域,对外开放向前推进一步,涉外法治建设就要跟进一步,要在纷繁复杂的对外经贸活动中主动参与国际规则制定,推进涉外关系特别是对外经贸关系的法治化,提高我国在涉外领域尤其是对外经贸领域参与规则讨论和制定的话语权和领导力,在规则制定与实施过程中凸显我国国家正当利益和民族发展诉求。具体来讲,须将新时代法治建设的十六字方针"科学立法、严格执法、公正司法、全民守法",全面、准确、系统贯彻和落实到涉外法治建设领域。

一、涉外法治各层面的挑战

然而,在实践中,伴随国内国外环境变化,我国涉外法治工作仍然存在薄弱环节,各个层面均面临复杂挑战。

(一)立法层面

在立法层面,我国涉外执法、司法活动仍缺乏完善的法律依据。一方面,在对外投资和贸易等领域的规则不够完善,存在立法空白地带和立法层级及效力较低的问题,部分立法条文可操作性不强;另一方面,我国已加入了为数不少的多边条约和双边条约,而对如何将数量庞大的国际法进行转化、推动其适用,仍存在许多争议、挑战。譬如,一些法律规定比较原则、笼统,我国法域外适用的法律体系还不够健全。特别是在反干涉、反外国制裁、反单边制裁和反长臂管辖方面，我国涉外法律制度还有短板，需要不断完善和加强。

（二）执法层面

在执法层面，当前世界正处于百年未有之大变局。逆全球化思潮抬头，单边主义、保护主义明显上升，世界经济复苏乏力，局部冲突和动荡频发，全球性问题加剧，世界进入新的动荡变革期。部分霸权国家的过度扩张导致"长臂管辖"与单边制裁行为越发频繁，同时，跨国犯罪、恐怖主义、反垄断审查、金融监管、知识产权纠纷、数据跨境流动等情况的日益增多，对我国涉外执法的合作能力与执法效能提出挑战。

（三）司法层面

在司法层面，虽然在改革开放之初我国早已对涉外民商事案件的法律适用作出了相关规定，但随着改革开放的进一步深化，加之自贸区和海南自贸港的建设、共建"一带一路"经贸合作，以及同周边国家关系等一系列情况不断变化与发展，涉外司法审判工作逐渐拓展到涉外刑事审判和涉外行政审判领域。

（四）守法层面

在守法层面，由于涉外法律体系庞杂、牵涉环节众多，部分涉外企业对涉外法律了解不够，同时缺乏合规意识，知识产权保护观念淡漠，法律风险意识和抵御能力较弱，涉外企业对高质量的法律服务需求十分强烈。

除了立法、执法、司法、守法面临的挑战以外,我国目前涉外法治人才培养也存在短板和弱项,高校与实务部门间的涉外法律人才的协同培育机制还有待进一步优化,司法、执法部门中能够从事涉外案件的工作人员数量较少,无法适应涉外案件办案效率和办案质量的要求。

二、以国际良法促进全球善治

针对以上问题,需要秉持以新安全格局保障新发展格局的理念,完善参与全球安全治理机制。一方面,坚持共同、综合、合作、可持续的安全观,广泛开展国际合作,同国际社会一道努力落实全球发展倡议、全球安全倡议,助力构建人类命运共同体。另一方面,积极推动高水平对外开放,牢牢掌握对外开放主动权,主动塑造于我国有利的外部安全环境,优化安全格局,拓展发展空间。既在融入全球分工体系中不断提升我国的贡献度和影响力,又在积极参与国际安全事务治理中提升我国的话语权,并以国际良法促进全球善治,推动全球治理朝着更加公正合理的方向发展,助力建设一个更加安全的世界。

(一)从立法、司法、执法、守法四个层面构建完善的涉外法治体系

1. 立法层面

在立法上,需要围绕更高水平的对外开放建立涉外经贸法律和规则体系。必须坚定法治自信,保持战略定力,将马克思主义法治

理论的基本原理同中国法治建设具体实际与中华优秀传统法律文化相结合。必须坚持运用习近平法治思想，坚持正确政治方向，及时开展涉外法治理论和实践前沿课题研究，加快弥补我国涉外法律体系中的短板弱项，不断提升立法质量，筑牢涉外法治基础。具体而言，可以对现有法律中的涉外条款作进一步完善，例如，通过细化《外商投资法》中的外商投资国家安全审查、反垄断审查、产业政策审查等方面的具体实施规则，充实应对挑战、防范风险的法律工具箱。

2. 执法层面

在执法上，需要深化国内执法协作和国际执法合作。坚持系统观念、统筹推进、协同联动，要加强中央全面依法治国委员会对涉外法治建设工作的领导与协调功能，推动司法、外交、商务等部门的协调与配合，明确各部门在涉外法治建设工作中的工作职责与范围，建立部门间的沟通协作机制，提高涉外工作法治化水平。同时，进一步加强国际执法合作，建立国际行政执法协作机制，现阶段我国已经在环境保护、金融监管和税收征管领域建立了初步执法合作机制，接下来一方面需要进一步细化现有机制、统一裁量标准，另一方面需要拓宽合作领域。

3. 司法层面

在司法上，要建设协同高效的涉外法治实施体系，提升涉外执法司法效能，推进涉外司法审判体制机制改革，提高涉外司法公信力。具体而言，面对纷繁复杂的国际协定与条约，需要首先厘清国际法与国内法的关系，在司法审判中加强对国际法的运用，阻断不合理的"长臂管辖"，推动必要的司法协助，充分发挥"一站式"国际商事纠纷多元化解决平台的作用。

4. 守法层面

在守法上，企业要强化合规意识，保证合规经营。相关部门要发挥作用，引导我国企业在"走出去"过程中既能自觉遵守当地法律法规和风俗习惯，也能运用法治和规则维护自身安全与利益。与此同时，法律服务机构也要更好服务涉外法律纠纷解决，维护我国公民、法人在海外以及外国公民、法人在我国的正当权益。

（二）以高素质涉外法治人才队伍保障涉外法治体系的建立

加大力度在涉外法治领域培养出一批既"专"又"博"的人才，一方面涉外法治人才需要对金融、数据、税收、反垄断等特定专门领域具有充分的知识储备和实践经验，才能够应对实际法律问题。另一方面涉外法治人才需要政治立场坚定，熟悉中国国情，通晓涉外法律规则，在宏观上具有世界眼光，才能够处理涉外法律问题中广博的国际关系问题。

在复杂多变的国际形势下，中国始终奉行和维护真正的多边主义，坚持推动构建人类命运共同体，在主导国际规则制定的过程中要充分展现作为负责任的大国的全球视野和开阔胸襟，力争在规则制定的讨论中有说服力，展现和平、发展、公平、正义、民主、自由的全人类的共同价值。同时，在部分前沿领域要继续发挥中国智慧、贡献中国经验，尤其是我国在数字贸易领域具有较大的优势，国内相继出台《网络安全法》《数据安全法》《个人信息保护法》以及一系列数据跨境具体规则，鉴于目前全球数字贸易规则还有待建立健全，我国在推动国内制度型开放的同时，应积极参与国际合作，在世界贸易组织（WTO）、"一带一路"、区域全面经济伙伴关系协定（RCEP）等国际舞台上积极引导和推动数字贸易条款设计，参与数字贸易国际规则制定话语权的博弈，为数字贸易国际规则构建贡献中国智慧。[①]

[①] 原文首发于《第一财经日报》2023年12月18日第A08版，收录时有调整。

欧盟给科技巨头戴"紧箍咒"是否真的只为支持公平竞争

2023年9月6日,欧盟委员会根据《数字市场法》(Digital Markets Act, DMA),首次指定了六家企业成为"守门人"(gatekeeper),该指定共涵盖了22项由这六家企业提供的核心平台服务。该消息发布后,同日美股科技企业股价大跌。

一、《数字市场法》为何剑指科技巨头

《数字市场法》的立法目的很明确,就是要在数字经济领域建立和维护可竞争的、公平的市场(contestable and fair markets in the digital sector)。《数字市场法》将执法对象限定为科技巨头企业,是由数字经济领域竞争的固有特征所决定的。

数字经济领域的竞争具有明显的网络效应、倾覆效应(Tipping Effects)和先占为王、赢者通吃的特点。率先进入市场提供某一创新型商品或者服务的科技企业,在成功取得一定数量的消费者青睐后,就会迅速虹吸其他消费者,从而占据市场头部位置。而数字经济领域的头部企业往往会在自己的核心业务之上多栖发展关联商品或服务,继而逐步形成和扩张各自的生态圈版图。

平台多边市场的经营模式使得数字经济领域的科技企业可以向广大消费者一端提供"免费"服务,从其他收费服务端获取盈利。

面向消费者一端，平台企业在通过"免费"服务吸引消费者的同时，会不断获取消费者的数据，提供更个性化的服务，从而起到锁定消费者的作用。在广大消费者用户忠诚度的加持下，平台企业则可以充当起消费者与平台商户之间的"守门人"。此时，消费者看到什么是由平台决定的，消费者看到的只是平台想让他们看到的。

例如，在非平台场景下，某企业若想诋毁自己的竞争者，则必须将诋毁信息散播出去，而在平台场景下，该企业只须向"守门人"平台恶意投诉，即可取得和散播诋毁信息同样的效果。因为一旦"守门人"平台删除了被诋毁商户的链接，就相当于关上了被诋毁商户和消费者之间的门，消费者就看不到相关信息，不可能再选择相关商品。

面向平台商户一端，这些"守门人"平台则处于相对优势地位，有能力控制交易条件，从事不公平交易行为。虽然，欧盟反垄断法也可以对一些数字经济领域头部企业的不公平交易行为进行规制，但是，这些规制是事后的，而且反垄断法的适用须考察头部企业是否具有市场支配地位，行为是否排除、限制竞争，其中认定是否具有市场支配地位的难度就非常大，涉及相关市场界定、市场竞争结构分析、市场份额/力量认定等。欧盟委员会基于欧盟数字市场发展的实际情况，认为有必要制定《数字市场法》对"守门人"进行事前监管。《数字市场法》总结出了一系列典型的不公平交易行为，要求"守门人"原则上不得实施这些行为，与反垄断法的事后监管形成互补。

二、《数字市场法》有何负面影响

虽然欧盟推出《数字市场法》有反垄断和支持小企业发展的考

虑，但这一法案也难说十分公正。

首先，欧盟首次认定为"守门人"的六家企业没有一家是欧盟本土企业，因此它的意图还是非常明显的，等于赋予了域外公司在欧盟境内单一市场进行经营的一种特殊义务，在一定程度上带有很强的政治色彩。虽然有一个抗辩期，但是抗辩成立的可能性应该比较小，在一定程度上等于限制了非本土企业在欧盟境内的发展。说得再直白一点，就是希望通过限制域外企业的发展，来为欧盟境内的科技型平台企业的成长创造一个发展空间。

其次，《数字市场法》还带有很强的产业管制色彩。它是通过采取一种产业管制的思路来对待数字经济的创新发展。从市场竞争逻辑来看，应该是不论企业规模大小，都有公平地参与市场竞争的待遇，如果认定某些企业有特定义务，实际上就等于戴了有色眼镜。从市场竞争规制的逻辑来看，事中事后监管应为常态，即便是引入事前监管也应更加关注竞争行为本身，做好有限度监管。

再次，引入产业管制的事前监管模式，容易出现监管谬误。因为不能保证事前监管一定是最优的，在这种情况下，就可能出现对企业的"误伤"。而欧盟之所以对此选择无视，可能就是因为它打的都是别人家的"孩子"。

最后，欧盟的做法还可能引发蝴蝶效应。即你采取保护，打了我家"孩子"，作为"家长"的各个主权国家，还包括一些新兴经济体，也会选择保护自己家的"孩子"。而这种逆全球化的保护主义抬头，会导致各国间壁垒越筑越高。

当然，虽然欧盟的监管在制度设计上存在一些问题，但是也不能够完全否定其为一种具有开创性的监管模式。我国应理性地看待这一政策，不能盲目去追随。

三、《数字市场法》如何影响科技企业

对于"守门人"企业必须遵守的"应做"和"不应做"的义务，《数字市场法》都作出了明确规范。一旦违反法案的相关要求，"守门人"企业可能面临高达公司全球年营业额10%的罚款，或在反复违规的情况下面临高达20%的罚款，或者定期支付高达每日平均营业额5%的罚款。因此，《数字市场法》相当于给在欧盟发展的高科技巨头们戴了一个"紧箍咒"。

对于其他企业来说，一些可以自主决定的交易活动，《数字市场法》对"守门人"设置了特殊义务，这会对"守门人"的营业活动构成约束，可能需要改变既有的经营模式，短期来看，"守门人"的利益将受到冲击。"守门人"如何应对《数字市场法》合规，会出台怎样的应对措施，将直接关系到《数字市场法》的实际效果。

需要强调的是，公平交易、公平竞争的市场环境是数字经济健康持续发展的基础，只有让数字经济能够持续健康发展下去，该领域的大中小企业才能获得创新经营的空间与时间，广大消费者也才能从中获益。①

---

① 原文首发于《中新经纬》2023年9月9日，收录时有调整。

M公司或将正式过招《数字市场法》，胜率几何

2023年2月21日，M公司在布鲁塞尔与欧盟（EU）举行了一场闭门听证会，为其陷入困境的B公司690亿美元交易进行辩护。自2022年1月M公司提出收购B公司以来，已经历一年有余，各国监管对M公司收购B公司一案大都还处于审查听证阶段，尤其是在欧盟《数字市场法》（DMA）正式生效施行后，M公司在欧盟反垄断领域面临着多重挑战。

一、M公司团队协作通信产品进入欧盟反垄断雷达

早在2020年，美国商用云计算软件开发商S公司旗下企业聊天协作工具就向欧盟递交了对M公司的投诉书，在投诉书中指出，M公司滥用其市场主导地位，将其团队协作通信产品与办公软件相捆绑，这一行为很可能构成滥用市场支配地位中的搭售行为。据国外媒体报道，欧盟委员会计划迅速升级对M公司团队协作通信产品的调查，并正在准备一份反对声明，列出该公司行为的反竞争问题，或将启动正式的反垄断调查。

这并不是M公司第一次遭到欧盟的反垄断调查，但与此前与反垄断机构硬碰硬不同，M公司一改以往的强硬态度，转而积极回应欧盟的反垄断质疑，寻求方法阻止欧盟对其商业行为的反垄断调查。M公司态度的转变，大概率上是因为，一方面由于随着欧盟《数字

市场法》的生效施行，加强对"守门人"的监管是必然趋势，正所谓"枪打出头鸟"；另一方面是由于此次反垄断调查可能并不会对其正常的业务开展带来实质性的影响，M公司也有可能通过与欧盟委员会达成和解，抑或上诉至法院等方式，维护自身权益。

2022年11月1日，《数字市场法》正式生效，数字经济市场竞争领域或将迎来新一轮执法浪潮，以起到对M公司等大型数字科技平台为代表的"守门人"的威慑作用，确保其不会滥用其市场地位，维护数字经济领域的公平竞争环境。这一法案旨在维护数字经济领域公平竞争的市场环境，监管符合"守门人"标准的大型数字科技平台经营者。"守门人"应符合对"境内市场有着重大影响；提供的核心平台业务是商业用户接触终端用户的重要途径；其在业务中具有持久和牢固的地位，或在不久的将来将具有这一地位"等标准。从营业额、商业用户数量、终端用户数量等标准来看，M公司符合"守门人"的界定标准。

二、以反垄断法对搭售行为进行规制

《数字市场法》正式施行后，欧盟对超大型数字科技平台企业的规制，一方面仍然可以继续选择反垄断法作为规制手段，另一方面在其对超大型数字科技平台企业规制的过程中，也可以采取《数字市场法》作为一种偏向事前规制的产业规制手段。

从反垄断法的角度来看，M公司的行为可能构成滥用市场支配地位行为中的搭售行为。所谓"搭售"，是指将两种或两种以上商品捆绑成一种商品进行销售，以致购买者为得到其所想要的商品就必须购买其他商品的商业行为，其目的是限制、排除其在被搭售商品所在市场上的竞争，即通过其滥用在搭售商品所在相关市场上的市场支配地位，来实现对被搭售商品所在相关市场上的竞争损害。当然，实践中有些搭售行为尽管也可能有利于保证商品质量、提高经济效率、促进技术进步等，但是一旦具有市场支配地位的经营者实施搭售行为，其可能侵害的不仅关涉终端消费者的正当利益，还涉及被搭售商品所在相关市场上的其他经营者的正当竞争利益，会对自由公平的市场竞争秩序产生损害。

具体到这次对M公司的调查中，以反垄断法作为规制工具，则存在以下难点亟待解决：首先，在相关市场界定环节，由于数字平台往往具有跨行业跨市场竞争的特征，其在某一边会采取以零价格换取消费者注意力的经营策略，加上数字经济下竞争的高度动态性，导致相关市场的界定较之传统经济下相关市场的界定存在较大难度；其次，在相关市场支配地位认定环节，如何量化市场份额等标准存在较为困难；最后，搭售在某些情况下确实有助于保证商品质量，增进消费者福利。如何权衡这一行为的积极影响与消极影响，综合评估M公司捆绑软件行为的竞争效果也须认真加以考量。

基于此，在反垄断法框架下，应进一步优化滥用市场支配地位行为的认定标准。具体而言，在相关市场界定上，应综合运用需求替代分析、供给替代分析等方法，准确界定相关商品市场；在市场支配地位认定环节，除考察交易金额、数量、商品销售额、活跃用户数、点击量等量化指标外，还应重点关注用户选择度、便利度、遵从度等，以及其他经营者的可竞争性等弹性指标，来确定其是否具有市场支配地位；同时结合搭售行为是否为提升商品使用价值或者创新效率等因素，判断搭售行为是否具有正当性。

三、以《数字市场法》对经营状态进行规制

以《数字市场法》为规制工具，则能更好地克服反垄断法规制中的难点与痛点，合理有效约束以 M 公司为代表的数字平台的竞争行为，维护数字经济领域的自由公平竞争秩序。

首先，《数字市场法》规制的对象为"守门人"平台。通过年均营业额、市值、是否提供核心平台业务、终端用户数量、商业用户数量等标准，可界定出那些具有重大影响、构成接触终端用户的重要途径、在业务中地位较为稳固的平台企业。该类企业往往具有跨地域、跨市场的特点，连接着多个市场，形成一个庞大的生态系统。在这一认定过程中，《数字市场法》略过了相关市场界定这一环节，简化了事中事后调查程序。

其次，《数字市场法》规定通过营业额、用户数量、市值等可计量指标，对"守门人"具有的市场力量予以量化评估，可以清晰反映出"守门人"的经济规模与影响力，便于实践操作。

最后，相较于反垄断法偏重事后规制，《数字市场法》强调事前规制，即通过对"守门人"课以在公平竞争等方面的义务的方式，加大预防规制力度，避免因无法采取及时有效的规制与救济措施，而致使对竞争秩序造成难以挽回的市场生态型损害，出现在相当长时间内难以恢复市场有效竞争的后果，抑制中小企业创新发展。

《数字市场法》进一步规定了"守门人"应承担的义务，主要涵盖数据、自我优待与捆绑交易，以及保证互操作性三方面，尤其明确"守门人"不得利用"核心平台业务"上的强大市场力量来支持其他商品和服务。在此次 M 公司搭售行为中，其重点与难点在于判

定M公司行为是否违背"守门人"义务。譬如，M公司是否利用其在办公软件市场上的地位，将这一优势扩张到团队协作通信产品市场上，推广团队协作通信产品，并未给予其他经营者和用户以正当且充分的空间。数据作为数字市场竞争的关键要素，也是M公司作为"守门人"市场力量的重要来源，适用《数字市场法》是希望通过监管来降低M公司利用核心平台业务上的强大市场力量来支持自身其他服务进行不公平竞争的风险，同时保证核心平台业务与其他竞争对手提供的某些方面的业务交互，提供开放空间，确保公平竞争。

可以看出，相较于反垄断法偏重事中事后规制，《数字市场法》偏重事前规制。反垄断法是市场竞争规制，规制滥用市场支配地位行为须经历相关市场界定、市场支配地位认定、滥用行为认定以及是否具有正当理由等步骤的规范分析，对经营者主体并未有事前课以特定义务，可以认为是"一视同仁"的行为规制法；《数字市场法》则偏重产业管制思维，通过对某些特定义务平台的认定，以特定经营者身份认定为前提，来规制特定经营者的经营行为，相对来讲是"身份+行为"的规制模式，是一部具有法定"偏向"的特定主体规制法，二者的规制理念思路、原则规则、方式方法上有一定区别。

四、M公司如何接招

为有效应对依据《数字市场法》所展开的调查，M公司应进一步强化其与第三方应用之间的互操作性；秉持公平、透明、合理且非歧视的原则，不对自身提供的服务和商品施加优于第三方类似商品和服务更优惠的条件；同时规范自身的数据使用行为，保证公平合理地使用数据。M公司还应进一步优化自身产品，以保证一旦欧盟委员会认定其行为构成搭售团队协作通信产品与办公产品，M公司可从最佳经济技术效益、确保商品质量，以及保护消费者隐私安全等角度提出合理抗辩。

为此，M公司应按照《数字市场法》所列的义务清单进行自检，及时纠正可能涉及禁止性义务的行为，并推动义务的积极履行。此外，M公司还应进一步改进自身在算法透明度、用户对数据享有的可迁移权、算法解释权等方面的工作，以充分保证消费者权益。

据报道，2023年4月12日，M公司旗下的团队交流协作工具已开始按计划广泛推出其付费版本。其在付费版本引入了人工智能技术。该技术的运用也应符合《数字市场法》的相关规定。譬如，在数据使用方面，除非终端用户被告知其享有的具体选择且根据《通用数据保护条例》(General Data Protection Regulation, GDPR) 给予明确的同意，否则M公司作为"守门人"，不得将其核心平台业务的个人数据与其他服务合并或交叉使用，或者使用依托其核心平台业务的第三方服务商的终端用户的个人数据用于广告目的。

当然，M公司也有可能在欧盟审查前选择妥协，这将很有可能导致M公司选择解除对团队交流协作工具的捆绑，若解除捆绑可能会导致团队交流协作工具的用户数量下降，进而影响其人工智能聊天机器人产品支持的增值服务的推广和应用，这方面的战略利益也是M公司必须认真予以考虑的。换言之，如果捆绑有利于其人工智能聊天机器人产品在更大范围内取得持续的现象级的突破，也不排除M公司会冒险一搏，以时间换空间，做好与欧盟执法机构打拉锯战、持久战的准备。

总的来讲，随着《数字市场法》的正式施行，需更加明确的是反垄断并不等于反垄断法，反垄断法仅是反垄断的工具之一。反垄断也绝对不是单一目标，更不是要通过加大处罚力度来抑制经济发展和产业创新。在未来的反垄断调查中，面对技术领域的不断创新，竞争当局当然也包括其他相关部门的工作需要更加重视多元价值、多元利益的统筹推进，在总体安全的基础上保障市场中技术创新的有序推进，结合政策、法律、经济等多元工具，维护和激发自由公平的市场竞争秩序及活力。

五、如何推进我国平台经济的常态化监管

2022年底中央经济工作会议指出，要大力发展数字经济，提升常态化监管水平，支持平台企业在引领发展、创造就业、国际竞争中大显身手。会议为平台经济规范健康持续发展指明了方向，划出了重点，坚定了信心。2023年1月31日下午，中共中央政治局就加快构建新发展格局进行第二次集体学习。习近平在主持学习时强调，只有加快构建新发展格局，才能夯实我国经济发展的根基、增强发展的安全性与稳定性。

为此，在对平台经济常态化监管中，应更加重视多种规制工具的协同使用，统筹好多元价值、多元利益的平衡发展。具体而言，在我国平台经济常态化监管中应进一步强化和优化《数据安全法》《个人信息保护法》《网络安全法》《反垄断法》等法律之间的有机协调。同时，加快《互联网平台分类分级指南（征求意见稿）》与《互联网平台落实主体责任指南（征求意见稿）》的制定出台，构建"事

前+事中+事后"的全周期、全过程监管体系。全面、准确、系统贯彻落实坚持安全与发展并重的理念,树牢安全发展的底线思维,统筹安全与发展,实现高质量发展和高水平安全的良性互动。在保障数据规范采集与使用、技术安全开发与应用、资本有序运行与规范监管的基础上,落实平台经济常态化监管思路与进路,促进和保障平台经济规范健康持续发展。[①]

[①] 原文首发于《第一财经日报》2023年3月1日第A11版,收录时有调整。

新发展理念下如何设好中国版"守门人"

党的十八大以来,我国经济面临世界经济持续低迷,国内经济"三期叠加"等多重挑战。以习近平同志为核心的党中央,果断作出我国经济发展进入新常态、我国进入新发展阶段等重大判断,提出创新、协调、绿色、开放、共享的新发展理念,推动高质量发展不断取得新进展,在高质量发展中促进共同富裕。

立足新发展阶段,贯彻新发展理念,构建新发展格局,是新时代中国特色社会主义事业建设的时代之基、思想之源、前进之向。其中的核心则在于运用好新发展理念来准确理解新发展阶段的特征与规律,推动新发展格局的建设与建成唯有坚持贯彻创新、协调、绿色、开放、共享的新发展理念,才能达成新发展阶段发展目标的实现。在这一过程中,运用好新发展理念解释与回应新发展阶段出现的问题,尤其是中国平台经济规范健康持续发展的问题尤为重要。

现阶段,在平台经济发展中出现了协调超大型平台企业与中小微企业公平均衡发展的挑战,超级平台的崛起与平台垄断现象已成为制约我国平台经济高质量发展的重大阻碍。这一问题在其他主要国家和地区也较为普遍。为了进一步限制超级平台,维护数字市场的健康秩序,各主要国家均对超级平台进行了一定程度的规制,形成了"守门人"制度。

2021年6月,美国发布了《终止平台垄断法》等五项与平台经济发展相关的反垄断提案,引入"涵盖平台(covered platforms)"的概念,旨在限制科技巨头公司,促进数字市场竞争;2022年7月,欧盟理事会通过了《数字市场法》(DMA)。《数字市场法》为"守门人"建立明确的规则,保证其不会滥用自身优势地位。所谓"守门人",有学者认为是指控制移动互联网生态关键环节(技术环境和运营环境)、有资源或有能力影响其他个人信息处理者处理个人信息能力的互联网营运者。[①]不同于传统反垄断法对平台垄断的事后规制,"守门人"制度无须进行相关市场界定、市场支配地位认定、竞争效果评估等复杂的反垄断认定程序,即可直接明确平台责任,属于事前规制,有助于为市场主体释放明确信号,提高市场主体预期,避免违法行为的发生。

在《终止平台垄断法》中,"涵盖平台"被定义为市值超过6000亿美元;在美国境内拥有5000万月活终端用户或10万月活商业用户;且被视为"关键贸易伙伴"的企业。《数字市场法》则规定,"守门人"应当符合三大标准:对境内市场有着重大影响;提供的核心平台业务是商业用户接触终端用户的重要途径;其在业务中具有持久和牢固的地位,或在不久的将来具有这一地位。由此可见,欧美立法中倾向将"守门人"视作具备中介角色,掌握着商业用户与终端用户进入市场的通道控制权的平台企业。

从义务设定上看,美国《通过启用服务切换(ACCESS)法案》要求"涵盖平台"保障数据的可携带性与可操作性,《数字市场法》

---

① 张新宝:《互联网生态"守门人"个人信息保护特别义务设置研究》,载《比较法研究》2021年第3期。

中"守门人"的义务则主要涵盖数据、自我优待与捆绑交易以及保证互操作性三个方面。由此可见，欧美的"守门人"制度更加倾向于打通平台之间的壁垒，实现要素的有序流通，以促进平台经济的发展为主。

与欧美做法不同，我国的"守门人"制度散见于《网络安全法》《关键信息基础设施安全保护条例》《个人信息保护法》《数据安全法》《互联网平台分类分级指南（征求意见稿）》《互联网平台落实主体责任指南（征求意见稿）》之中，亟待形成统一协调、互相配合的"守门人"制度体系，进一步细化"守门人"的认定标准，明确"什么是'守门人'"；同时，还需要完善"守门人"的义务设定，明晰"如何'守好门'"。在这一过程中，必须坚持立足新发展阶段、贯彻新发展理念，构建新发展格局，促进平台经济实现高质量创新，推动平台经济形成开放共享的生态环境。

安全与发展并重，一直贯穿于我国"守门人"的制度构建之中。从认定标准上看，相较于欧美侧重从"经济体量""用户规模""业务类型"等因素界定"守门人"，我国立法还强调了"平台或数据对国家安全、公共利益等因素的重要程度"，以此作为划定"守门人"及其所负主要义务的基准。以《网络安全法》为例，《网络安全法》以"列举+概括"的形式，明确了公共通信和信息服务等重点领域，以及一旦遭受破坏会严重危害国家安全、国计民生、公共利益的重要网络设施、信息系统属于关键信息基础设施，此时关键信息基础设施的运营者就构成了"守门人"；以《数据安全法》为例，《数据安全法》确立了数据分类分级制度，明确在经济社会发展中较为重要、一旦被实施破坏等行为对国家安全、公共利益或者个人、组织合法权益造成的危害程度较大的数据属于重要数据，此时重要数据的处理者就构成了"守门人"；《个人信息保护法》则以提供重要服务、业务类型较为复杂、用户数量巨大，作为认定"守门人"的标准。

《数据安全法》《个人信息保护法》《网络安全法》对"守门人"的界定体现了对平台经济治理中安全价值的高度重视，而《互联网平台分类分级指南（征求意见稿）》则侧重促进平台经济发展，对平台进行更加科学规范的管理，增强监管的针对性与有效性。在下一步的立法修法工作中，建议进一步完善认定标准，细化如何认定平台限制商户接触用户的能力，纳入营业额、月活商业用户数量与月活终端用户数量等因素进行界定。此外，还应重视不同文件之间的衔接，例如《个人信息保护法》中"用户数量巨大"这一标准的认定，应与《互联网平台分类分级指南（征求意见稿）》中"超大型平台"用户规模的标准保持一致。

在义务设定方面，《数据安全法》《个人信息保护法》《网络安全法》均侧重为"守门人"设置在安全保障、规范处理方面的义务，将安全价值置于多元利益衡量价值中的首位。这些义务不仅包括"守门人"规范自身处理数据、信息，进行网络活动时的直接义务，譬如明确安全管理机构与负责人；对重要系统、数据库的备份；制定应急预案并演练，还包含对平台内经营者进行监督的第三方义务，譬如《个人信息保护法》中规定"守门人"应履行健全合规制度、制定平台规则、处理违法商家等方面的义务。

《互联网平台落实主体责任指南（征求意见稿）》也通过为"守门人"设立直接义务与第三方义务的方式，贯彻落实坚持安全与发展并重的理念。譬如,"守门人"应承担公平竞争示范、平等治理、开放生态、促进创新等方面的义务,帮助中小企业共同发展,不断激发平台经济领域的活力;同时,"守门人"还应保证平台经济在规范安全的轨道上运行,承担着内部治理、风险评估、风险防控等方面的义务,完善平台内部合规机制,建立内容审核或广告推荐审核的内部机制,评估其提供的服务是否存在传播非法内容、侵犯消费者合法权益、影响社会秩序、公共利益与国家安全等问题。

考虑到"守门人"通常兼具经营者与管理者双重身份,治理平台主体不仅需要充分发挥监管部门的主导作用,更应充分发挥平台自治的自我矫正作用,形成"有为政府"与"有效市场"的更好结合,搭建多主体共同参与、多工具共同发挥的多元治理体系。相较于监管部门,"守门人"更加了解平台内经营者的商业模式,在监管技术与监管路径上具有一定程度的优势,在肯定"守门人"作为市场主体的自主经营权的同时,赋予"守门人"在合理经营范围内的行业治理权能,由"守门人"在法定或约定的范畴内制定合理规则、规范平台内经营者的不当行为,以此形成更好的平台生态环境,在为监管部门减负的同时,也可以有效约束或抗辩行业和(或)市场监管部门对平台经济领域各类市场主体自主经营行为的不当干预,在降低监管执法成本的同时,有效避免监管部门对平台经济领域市场主体创新创业动能的抑制。

同时,也应充分发挥"有为政府"的主责作用,避免"守门人"滥用平台规则,确保"守门人"不会凭借其数据、算法、技术、平台规则等因素上的优势,扩张其管理权力。为了避免过多义务束缚平台,应进一步强化竞争政策的基础地位,推动公平竞争审查制度的实施，避免对平台主体自主经营活动的不当干预。

总体来说，《数据安全法》《网络安全法》《个人信息保护法》侧重保障数据安全与网络安全，规范个人信息处理活动，安全价值应处于较高的位阶；《互联网平台分类分级指南（征求意见稿）》侧重于推动平台发展，坚持安全与发展并重。中国版"守门人"如要充分实现"守好门"的定位要求，还须进一步明确不同法律文件中关于"守门人"义务规定的衔接问题。譬如，《关键信息基础设施安全保护条例》是依据《网络安全法》制定的，其立法目的、规制对象均与《网络安全法》保持一致，在"守门人"义务上进一步细化了《网络安全法》中的相关规定，形成了互为补充、互相协调的有机规制体系。此外，在日后的执法工作中，应当强化部门间的沟通，通过部际联席会议等方式，保持不同法律文件执行上的协调一致。

进入新发展阶段，必须深入分析国内外复杂形势，树牢底线思维，统筹安全与发展，实现高质量发展和高水平安全的良性互动。具体到平台经济领域，在中国版"守门人"制度的构建上，同样应当坚持安全与发展并重，在保障安全的基础上，促进平台经济规范健康持续发展。①

---

① 原文首发于《第一财经日报》2022年10月13日第A11版，收录时有调整。

长短视频之争作何解？以用户为中心是方向

自2020年以来，长短视频之争越发激烈，诸多热门影视作品的侵权纠纷频发，[①]如侵害《琅琊榜》等信息网络传播权纠纷案、侵害《大明风华》信息网络传播权纠纷案等，一时间引发社会各界热议。

以上案件大多数讨论聚焦于知识产权侵权的认定原则、规则及责任承担方式的相关规定，在互联网场景下的适用性问题，其中也涉及判赔额度的计算方法与范围等。总体来说，关注于知识产权及不正当竞争规制范畴的B2B（Business to Business，企业—企业）纠纷及各自权益的维护和救济方面，仍然因循传统的"行为—权益"逻辑，即以经营者权益为中心展开竞争关系的分析，通过举证相关侵权行为及损害事实来判断行为之合法性，这种以私法赋权为前提的审裁逻辑代表了当前实务界与理论界的大部分观点，具有现实性与可及性。同时，作为学术探讨与实践探索，亦不妨换一个视角从作为普通消费者的用户出发，构建以"用户为中心"的数据和算法技术友好型的网络视频内容平台服务市场上合理规范、健康有序的公平竞争，特别是以"用户为中心"疏通网络长短视频内容平台服务提供之间的互竞与互补关系，以此来推动整个以互联网为基础，以数据

[①] 如江苏省无锡市中级人民法院（2022）苏02民终4041号民事判决书、北京知识产权法院（2021）京73民终1882号民事判决书，载中国裁判文书网，最后访问时间：2024年6月20日。

和算法技术创新适用为支撑的网络视频内容服务市场的高质量发展。

在实践中网络长短视频之争的背后，除去权衡长视频平台与短视频平台的利益外，还需要重点考察各大视频平台在算法利用上是否存在侵害消费者利益的问题。长视频平台的商业经营模式较为传统，一般通过投资、制作影视节目、购买影视节目版权等方式，吸引消费者注意力，获取流量优势，实现盈利；而短视频平台通过平台内用户上传剪辑、加工等的方式，采取"免费经营"抑或是"低价经营"的策略，吸引消费者的注意力，将原本属于长视频平台的流量数据转移至短视频平台上。无论是长视频平台还是短视频平台，其经营行为最终指向的对象均为普通消费者用户。因此，在衡量长短视频之间的利益平衡时，更需要以消费者为关注焦点，关注长短视频内容平台在经营中是否存在危害消费者利益的行为。

互联网经济下平台经营者间的跨界竞争和流量争夺成为常态，表面上的异质化竞争通常会走向同质化的以争夺用户注意力为目标的流量数据竞争。具体来讲，受互联网经济去中心化和去结构化发展的深刻影响，市场竞争模式和行为呈现为"多行多市、跨行跨市"下的融合竞争，主要表现在流量数据的争夺与变现，最终呈现出异质化竞争走向同质化争夺的结果。根据对各平台商业经营模式进行分析，可以发现其经营现状依然以"商业资本＋流量争夺＋短期变现"为主，经营模式与理念有待提升。

具体到长短视频之争上，无论是长视频平台，抑或是短视频平台，均将算法技术的开发与运用作为获取用户注意力、提升流量竞争优势的重要方式和途径。譬如，平台利用算法技术对平台内消费者的相关数据进行建模分析，划分消费者类型，形成较为准确的

"用户画像",再通过推荐算法为消费者个性化地推送符合其心理预期的相关视频内容和形式,使消费者在"信息茧房"中形成心理依赖、路径依赖,从而实现锁定效应,提升平台的用户黏性,进一步巩固平台在竞争中的优势地位。这一过程悄然且自然地发生,使广大消费者用户在不经意间成为数据和算法技术作用的对象,既是算法的消费者,也被算法所消费。

事实上,在被算法所消费的过程中频现的算法歧视(常见的如大数据杀熟)、算法霸凌、算法侵权等乱象,已对消费者权益造成了严重损害,亟须妥善治理。譬如,平台所开发和(或)使用的基于用户大数据分析的个性化算法推荐往往呈现为界面操纵、饥饿营销、推送违法内容等不利于特定群体身心健康的信息、滚动播放等方式,使消费者沉醉于"信息茧房"之中,与现实社会严重脱节,严重者甚至会产生心理疾病,存在危害社会的风险。

为了避免上述问题的发生,实现以消费者用户为中心的算法治理,是解决长短视频之争的关键所在。应当明确市场公平竞争的要义是给消费者用户提供更加优质的服务,要在保障消费者安全的基础上,优化消费者体验,以消费者需求为导向推动长短视频业态的均衡发展,牢牢树立以人民为中心的平台经济发展理念,防止利用科技成瘾的方式来侵害消费者利益,推动科技向善。具体到算法推荐技术的开发、使用及消费上,务必做好开发者、使用者的主体责任设置,提升其使用管理责任,不能以简单的技术中立、避风港原则为由减免其应尽的尽职义务,强调红旗原则在信息网络传播中的适用。

譬如,司法实践中,有的被告认为原告主张的"删除、过滤、拦截"行为远远超过了法律规定的"通知—删除"义务，不仅在技术上不具有可行性，同样不符合利益平衡原则，给被告平台带来了巨大的负担。此处就引出了作为算法技术开发者和使用者的平台在互联网场景下应当负有何种注意与管理义务的讨论。对此，有司法判决认为，被告公司具有充分的条件、能力和合理的理由知道其用户大量地实施了涉案侵权行为，属于法律所规定的应当知道情形，而其所采取的相关措施尚未达到"必要"程度，其行为构成帮助侵权。

在现实中，短视频平台通常会主张算法的"技术中立"特征为其行为效果作抗辩，主要体现在价值判断与责任承担上，即主张算法技术具有客观中立的属性，不能仅由于使用了某项算法技术在客观上造成了侵害，当然，造成侵害结果的原因并非单一的，就简单推定或认定其开发者、使用者应该为该技术的使用承担责任，事实上，该技术在客观上具有实质性的非侵害用途。基于此，短视频平台主张，鉴于算法技术的中立特征，由算法所实施的信息推荐行为具有客观性，平台无选择推荐涉嫌侵权内容的主观意愿，不存在主观过错，且尽到了一般注意义务，故无须承担责任。

虽然随着算法技术的发展，算法已经逐渐脱离纯粹的数学工具属性，具备了一定的自主学习能力，但是这并非无限的自主，其决策过程中仍然隐含承载着平台的价值观和主观决策意图，这种主观决策意图偏见可能来自编程者无意识的编入，也可能来自输入数据自身反映的社会偏见，可见算法的使用以及运行过程及其结果并非完全脱离了开发者或使用者的主观意图，即所谓的中立性也非绝对中立。譬如，在对基于用户大数据的协同过滤算法的开发和使用的目的的价值设定中，是立足于用户中心主义，还是企业中心主义，其算法运行的结果是有区别的。

换言之，很多情况下算法的开发者、使用者甚至消费者在参与算法的过程中，并非没有控制、干预算法自主学习及运行的意愿及实现能力。若放任"技术中立"成为平台运行算法中规避责任的理由，势必会导致算法技术被误用甚或滥用。譬如，如果平台已经发现或者有合理理由可预见到算法推荐技术的使用及实际运行已涉及对相关信息网络传播的侵害，且有充分的能力及时作出侵权阻却，防止侵害结果进一步扩大，却放任甚或希望其结果发生并从中获利，则完全没有理由主张算法技术中立来予以抗辩。

基于此，可以参照《个人信息保护法》第58条所规定的"提供重要互联网平台服务、用户数量巨大、业务类型复杂的个人信息处理者，应当履行下列义务……（三）对严重违反法律、行政法规处理个人信息的平台内的产品或者服务提供者，停止提供服务……"的义务，尽快为特定平台设定"守门人"职责，防止以主张算法推荐的"技术中立"特征来辩护其失当、不当甚或违法目的。如放任下去势必会诱发大量的损害算法向善的侵害现象，也会造成对公平竞争的反向激励，致使搭便车行为的大量出现，最终损害广大消费者的可期待的长期利益的实现。

值得庆幸的是，在有关规范性文件的征求与施行方面也注意到对算法治理的必要性，强调以用户为中心来构建和实施算法治理规则体系。2021年11月14日，国家互联网信息办公室发布的《网络数据安全管理条例（征求意见稿）》第49条强调，互联网平台运营者利用个人信息和个性化推送算法向用户提供信息的，应当对推送信息的真实性、准确性以及来源合法性负责。

2022年3月1日开始施行的《互联网信息服务算法推荐管理规定》明确了消费者用户在算法推荐使用场景中的保护力度,其中第21条规定,算法推荐服务提供者向消费者销售商品或者提供服务的,应当保护消费者公平交易的权利,不得根据消费者的偏好、交易习惯等特征,利用算法在交易价格等交易条件上实施不合理的差别待遇等违法行为。这一规定主要是针对平台经济领域广泛存在的"大数据杀熟"现象,提出了相应的保护措施。

此外,《互联网信息服务算法推荐管理规定》还重点保护了某些弱势群体,避免其因算法推荐而沉迷于网络世界,形成"信息茧房"。《互联网信息服务算法推荐管理规定》第18条第2款明确,算法推荐服务提供者不得向未成年人推送不安全行为、违反社会公德行为以及有损未成年人身心健康的信息,不得诱导未成年人沉迷网络;第19条明确,算法推荐服务提供者应依法开展涉电信网络诈骗信息的监测、识别和处置,便利老年人安全使用算法推荐服务。

现阶段,我国强调建设网络强国、数字中国,以用户为中心的算法治理体系及实施目标是其题中应有之义。为此,在算法开发者、使用者的主体责任设置上,须明确提升其开发、使用及管理责任。具体来讲主要包括以下方面:

一是明确算法开发者在设计过程中是否存在主观过错,在技术设计上是否存在引发侵权行为发生的因素。譬如,算法开发者如果在设计中引导消费者沉迷的视频内容,损害消费者身心健康,此时开发者则需要成为责任承担的主体。

二是查明算法使用者在使用算法技术的过程中是否存在过错。

该类主体可以支配算法的控制、使用、运行，且属于算法获益的直接主体。若是使用者明知算法在设计上存在问题，依然坚持使用，毫无疑问使用者也应成为责任承担的主体。责任的分配由开发者与使用者根据过错程度的比例进行分配。

值得注意的是，在视频内容平台服务场景下，算法使用者与消费者的身份可能发生混同。同一主体既有可能作为消费者，根据算法寻找易于引起流量关注的热点，也有可能作为使用者，上传视频，根据算法推荐服务获取流量关注。此时，该类算法消费者也有可能成为责任承担的主体。[①]

---

① 原文首发于《第一财经日报》2022年11月10日第A11版，收录时有调整。

元宇宙潜在的法律风险与应对

大数据、人工智能、区块链、云计算、第五代移动通信技术（5G）、虚拟现实、生成式人工智能（AIGC）等多种数字技术的发展与融合创新，推动着"元宇宙"这一新经济模式的诞生和发展。"元宇宙"是人类运用数字技术构建的，由现实世界映射或超越现实世界，可与现实世界交互的虚拟世界。在元宇宙中，人们可以像在现实世界中一样，使用虚拟化身（avatars）在虚拟世界中生活，并进行互动和交易等多种在现实生活中可进行的活动，也可以体验到现实生活中难以体验到的活动。

元宇宙的出现为数字经济发展带来新动能，将激发多产业、多技术、多商业模式深度融合，以新模式、新业态带动人工智能、虚拟现实等相关产业跃迁升级。伴随元宇宙相关技术和产业发展成熟度的持续提高，元宇宙在未来的应用范围将不断扩大，不仅会拉动数字经济产业发展，还会带动相关线下产业发展，具有巨大的发展前景。

元宇宙作为一种融合虚拟与现实的赛博空间，具有不同于传统现实世界和虚拟世界的特征。其一，元宇宙是虚拟与现实的融合，但并不是现实世界的完全复刻，理论上可以存在一个甚至多个平行于现实世界的元宇宙空间。其二，元宇宙的底层技术是由区块链、云计算、虚拟现实、AIGC等多种数字技术构成，尤其是近期爆火的

AIGC技术，可以低成本、高效率的方式满足海量用户的需求，但也需要大量采集和处理现实世界的真实数据信息，用于元宇宙空间与现实世界相互之间的交互。其三，元宇宙会形成一套或多套相对独立于现实的虚拟经济体系，虚拟化身将会使用虚拟货币在元宇宙中购买并获得虚拟财产，譬如购买数字资产、交易虚拟物品等行为。

一、元宇宙潜在的法律风险

元宇宙具有不同于传统经济形态的特征，其发展也会对现有的法律制度及监管体系产生冲击，并且潜藏着诸多现行法律法规难以有效规制的法律风险。

（一）垄断风险

元宇宙的构建与运作需要多种高端数字技术的集成与融合，对企业技术实力有较高的要求，强化了元宇宙对数字平台及其背后的技术、资本、数据等要素的依赖。在初期，元宇宙的构建将由科技巨头主导，这些科技巨头可能会凭借数据、技术、用户等优势，主导制定元宇宙的技术标准、规则体系等，并通过提高技术门槛、设置技术封锁等方式，排除限制其他企业有效参与元宇宙市场的竞争，或滥用市场支配地位强迫其他加盟元宇宙的企业接受不公平的条件。

（二）数据安全风险

大数据、虚拟现实、AIGC等技术的发展成熟，不仅能够将静态的现实空间事物转化为数据映射到虚拟空间中，还能将动态行为或者事件进行实时的数据转化，从而实现虚拟与现实的实时互动。这些技术极大提升元宇宙拟真性的同时，也采集并处理了大量包括消费者身高、地址、基本身份信息，经营者商品或者服务等数据，譬如，某人工智能聊天机器人软件的运行需要大量数据的支持，其所采用的数据量多达上万亿，主要使用的是公共爬虫数据集和有着超过万亿单词的人类语言数据集，这些数据集可能涉及消费者隐私、经营者商业秘密甚至国家机密。而且与一般网络空间不同，元宇宙与现实世界的交互更加紧密，所采集的信息量更大且更精确，一旦数据被窃取或者服务器受到攻击，将可能给数据主体带来更严重的损害。

（三）财产安全风险

在元宇宙中，人们可以像在现实世界中一样进行商业活动，购买或出售属于自己的虚拟财产，虽然元宇宙中的虚拟财产在区块链等技术的加持下，被赋予了类似于现实世界物品的唯一性，可以证明财产的权利归属和真伪，但是这并没有在本质上改变数据具有的虚拟性、可复制性、易修改性等特征，这些特征使得虚拟财产仍然容易遭受财产侵权风险。理论上，在区块链技术加持下，非同质化通证（NFT）是不可复制的，具有唯一性，但在特殊的技术手段下，仍可实现对虚拟财产的窃取，进而使虚拟财产的权益受到侵犯和减损。

二、建立健全元宇宙法律规制体系

元宇宙潜在的法律风险将可能对消费者、经营者以及国家等多主体利益产生巨大的威胁，不利于元宇宙生态的规范持续健康发展，需要充分结合元宇宙虚实结合的特性和运行规律，针对潜在的问题，建立健全元宇宙法律规制体系。

（一）调整和完善反垄断相关规定在元宇宙领域的适用

元宇宙存在垄断的风险，但现行反垄断法在元宇宙领域存在适用性不足的问题，譬如传统相关市场界定方法难以有效判定元宇宙虚拟产品的相关市场范围，市场支配地位认定所须考虑的因素也有所改变。

为此，一方面，需要进一步完善以替代分析法为主的相关市场界定方法，综合考量虚拟产品的功能特性与技术特性，并在认定市场支配地位的过程中，适当提高企业与支持元宇宙相关的技术因素、硬件条件，以及用户、流量等因素的考量比重。在判定行为竞争效果时须权衡行为的积极和消极影响，不仅需要评估行为的负面效果，也要注重考量行为对元宇宙发展创新、经济效率以及消费者体验等的积极影响。

另一方面，由于传统反垄断法的事后规制存在滞后性和局限性，难以有效应对动态变化和高技术性的元宇宙领域中市场竞争问题，因此需要引入反垄断事前监管方式，通过设置技术、资本、用户等条件，明确元宇宙领域须承担特殊义务的企业，设置行为"红黄绿灯"，从事前层面约束和规范企业行为，预防可能存在的反竞争风险。

（二）从制度和技术层面加强元宇宙领域的数据安全保护

在制度层面，需要结合元宇宙底层技术所需数据的特性和作用，建立健全元宇宙数据分类分级保护制度，譬如可根据数据主体、数据处理程度、数据权利属性等方面对数据进行分类，并根据数据对于数据权利主体的价值，以及数据一旦遭到篡改、破坏等对数据主体的危害程度进行分级。在数据分类分级的基础上，需要建立与数据类型和安全级别相配套的数据保护标准与共享机制。在技术层面，需要加快推动"数据不可见，业务可展开"的技术研发，推动"隐私计算"技术的应用，这类技术能够让多个数据拥有者在不暴露数据本身的前提下，实现元宇宙数据的共享、互通、计算、建模，最终产生超出自身数据的价值，同时保证数据不泄露给元宇宙中的其他参与方。

（三）建立健全元宇宙虚拟财产的产权制度

由于元宇宙中的虚拟财产具有与实体物品不同的特性，难以适用传统的物权规则，且虚拟财产交易制度的缺失也使得虚拟财产的出售与购买潜藏着包括诈骗、非法集资、洗钱等风险，为此，需要根据元宇宙虚拟财产的功能和特性，建立健全虚拟财产的产权制度。

1. 虚拟财产的权属制度

由于虚拟财产可能同时包含知识产权属性，消费者在购买数字藏品时，并不意味着同时获得知识产权，因此，可参照知识产权以及数据权属相关规则，根据虚拟财产的技术属性和功能，细分虚拟财产权利，明确消费者在拥有虚拟财产时可享受的权利以及禁止事项，譬如消费者对其购买的虚拟房产拥有排他权、使用权、处分权等，但不能随意复制并传播虚拟房产的数据信息。

2. 虚拟财产交易和流通制度

由于元宇宙中虚拟财产的特殊性，在其交易过程中必须经过一定的技术处理和程序对交易过程进行加密，并对虚拟财产的归属进行变更，因此需要相对统一和规范的元宇宙虚拟财产交易平台，以验证虚拟财产的真伪与权限，确保交易流程符合规范，为交易双方提供技术支撑和安全保障，避免欺诈、洗钱等非法行为出现。

3. 虚拟财产的权益保护制度

虚拟财产的可复制性、易修改性等特性易面临非法复制、窃取和篡改等侵权风险，因此需要建立相应的权益保护制度，为消费者提供便捷有效的维权和救济渠道，以及相应的产权纠纷解决机制，采集虚拟财产权属信息以及变更记录等证据信息，及时封锁屏蔽非法复制和传播等侵权行为，并根据情节严重程度对侵权方进行罚款、封锁权限等处罚措施。

元宇宙蕴含着巨大的发展潜力，将是未来全球竞争与创新的重点方向，但其中潜在的法律风险也不容忽视，需要基于元宇宙的底层技术与运行逻辑，提前预见和预防可能存在的法律问题与挑战，推动元宇宙实现规范健康持续发展。①

---

① 原文首发于《西北工业大学学报（社会科学版）》2023年第4期，收录时有调整。

反垄断民事诉讼征求意见亮点有哪些

2022年11月18日，最高人民法院发布《最高人民法院关于审理垄断民事纠纷案件适用法律若干问题的规定（公开征求意见稿）》（简称《征求意见稿》）。《征求意见稿》在2012年发布的《最高人民法院关于审理因垄断行为引发的民事纠纷案件应用法律若干问题的规定》（2020年修正）的基础上，总结了司法案例的经验成果，吸收了《国务院反垄断委员会关于平台经济领域的反垄断指南》等一系列适应新经济发展形势的制度创新，回应了时代关切，聚焦现实提出可行性方案，呈现出诸多亮点，充分体现了高水平的司法智慧。

一、明确了跨越相关市场界定的可能性

有关相关市场界定，《征求意见稿》借鉴了国务院反垄断委员会《关于相关市场界定的指南》与《国务院反垄断委员会关于平台经济领域的反垄断指南》的相关规定，并作出了进一步的创新性尝试。《征求意见稿》规定，原告主张被诉垄断行为违反《反垄断法》的，原则上应当界定被诉垄断行为所影响的相关市场并提供证据或者说明理由。但是，如果原告提供证据足以直接证明被诉垄断协议的经营者具有显著的市场力量，被诉滥用市场支配地位的经营者具有市场支配地位，或者被诉垄断行为具有排除、限制竞争效果，则可以不再对相关市场的界定承担证明责任。至于如何进行"直接证明"，

虽然《征求意见稿》并没有进一步的举例和更具体的说明，但至少开放了反垄断纠纷案件跨越相关市场界定门槛的可能性，具体证明方法可以通过实践来进行经验积累和归纳。

二、明确了行政垄断行为受益人的责任

《征求意见稿》第4条规定："原告以因行政机关和法律、法规授权的具有管理公共事务职能的组织涉嫌滥用行政权力排除、限制竞争行为而受益的经营者为被告，依据反垄断法向人民法院提起民事诉讼，请求该经营者承担民事责任，相关行政行为已经被依法认定构成滥用行政权力排除、限制竞争行为的，人民法院应予受理。"这也就意味着在滥用行政权力保护伞下的经营者将会承担相应的民事损害赔偿责任。在《反垄断法》当中虽然对"滥用行政权力排除、限制竞争"列出了专章规定，但是对于行政机关和法律、法规授权的具有管理公共事务职能的组织滥用行政权力的行为，反垄断执法机构并不能直接作出处罚，只能向有关上级机关提出依法处理的建议。此次《征求意见稿》明确了因滥用行政权力而受益的经营者的责任，可以起到与《反垄断法》禁止滥用行政权力相关规定互为补充的效果，从经营者层面削弱寻求行政保护特权的积极性。

三、明确了纵向价格垄断协议限制竞争效果的举证责任分配

实践中长期以来存在对纵向价格垄断协议是否应当以排除、限制竞争效果为成立要件，排除、限制竞争效果应当由谁来举证的争议。《征求意见稿》第16条第1、4款规定，原告主张被诉垄断行为违反《反垄断法》的，一般应当界定被诉垄断行为所影响的相关市

场并提供证据或者说明理由。但是，若被诉垄断行为属于《反垄断法》第18条第1款第1项、第2项规定的情形的，原告对相关市场界定不承担证明责任。《征求意见稿》第25条第1款进一步明确，被诉垄断行为属于《反垄断法》第18条第1款第1项、第2项规定的垄断协议的，应当由被告对该协议不具有排除、限制竞争效果承担举证责任。这与2022年修正的《反垄断法》中有关纵向价格垄断协议"经营者能够证明其不具有排除、限制竞争效果的，不予禁止"的相关规定可以形成呼应，表明对于纵向价格垄断协议，原告可以不承担对排除、限制竞争效果的举证责任，除非存在被告能够证明其在相关市场的市场份额低于国务院反垄断执法机构规定的标准并符合国务院反垄断执法机构规定的其他条件等特殊情况。

四、明确了"最惠国待遇"纠纷案件的处理方案

《征求意见稿》第24条对互联网平台经营者要求平台内经营者在该互联网平台上提供与其他交易渠道相同或者更优惠交易条件，给出了场景类别的处理方案。《征求意见稿》规定人民法院可以根据原告的诉讼请求和具体案情，区别情形作如下处理：互联网平台经营者与平台内经营者之间具有竞争关系的，依照《反垄断法》第17条，即横向垄断协议的规定审查认定；互联网平台经营者与平台内经营者之间不具有竞争关系的，依照《反垄断法》第18条，即纵向垄断协议的规定审查认定；若原告主张互联网平台经营者滥用市场支配地位，依照《反垄断法》第22条、《电子商务法》第22条的规定审查认定；若原告主张互联网平台经营者违反《电子商务法》第35条的规定，则依照该条规定处理。

此处需要注意的是,《电子商务法》第35条并不以平台经营者具有市场支配地位为前提条件,学术界也有观点认为该条款是有关滥用相对优势地位的规定。《征求意见稿》将《电子商务法》第35条列入审理垄断民事纠纷案件的依据,也意味着司法机关对从反垄断的角度认定平台经营者与平台内经营者间的不公平交易行为持开放性态度。

五、明确了平台"封禁"行为的违法性判断标准

近几年来,围绕平台"封禁"行为的违法性判断、"互联互通"的边界与条件等议题学术界与实务界均展开了较活跃的讨论。此次《征求意见稿》对平台"封禁"行为的违法性判断标准作出了较为详细的规定。按照《征求意见稿》第39条第2款的规定,若具有市场支配地位的经营者没有正当理由拒绝将其商品、平台或者软件系统等与其他经营者提供的特定商品、平台或者软件系统等相兼容,或者拒绝开放其技术、数据、平台接口,人民法院判断涉案行为是否构成《反垄断法》上所禁止的拒绝交易,可以综合考虑兼容或开放的可行性,商品、平台或者软件系统等的可替代性及重建成本,交易相对方对涉案商品、平台或者软件系统等的依赖程度,拒绝兼容或者开放是否实质性地排除、限制相关市场的有效竞争,拒绝兼容或开放对创新以及推出新商品的影响,以及实施兼容或者开放对经营者自身经营活动和合法权益的影响等。

相关规定体现了具体案件具体分析的原则,明确了在反垄断民事纠纷场景下,对平台"封禁"行为的违法性判断还是要考虑"拒绝兼容或者开放是否实质性地排除、限制相关市场的有效竞争",而

不是聚焦于个别经营者的利益得失。

综上，本次《征求意见稿》直面反垄断司法实践中出现的热点问题与争议问题，体现了回应性与稳定性，在实践"不得拒绝裁判"的同时注意到了对裁判结果可预期、可信赖的保障；兼顾了可行性与可及性，在立足我国现阶段经济社会发展需求的基础上，明确了具有可操作性的审理规则；彰显了统一性与权威性，人民法院作为纠纷的最终裁判主体作出明确的法律适用规定，定分止争，有助于实现立法、执法与司法之间的一贯性，不同司法机构之间的一致性。同时，《征求意见稿》也反映出反垄断民事诉讼不仅涉及《反垄断法》，还涉及《电子商务法》等诸多相关配套法律法规。反垄断司法实践的持续进步与发展不可能仅凭司法机关一家之力，还需要司法机关与立法、行政机关的配合协调，经营者的有效反馈，主流媒体的正向宣传，广大科研机构和人民群众的积极参与。[1]

---

[1] 原文首发于《第一财经日报》2022年11月23日第A11版，收录时有调整。

促进数字经济健康发展　科学搭建多维治理体系

随着互联网、人工智能、大数据等新兴产业技术的高速发展，人类社会搭建起一个与物质世界、实体经济融合共生的数字世界，创新发展了作为新经济业态、新生产力组织方式和商业组织结构的，基于信息通信技术和数字数据技术深度结合的数字（数据）经济。在数字化、智能化趋势的推动下，我国数字经济发展呈强劲态势，但其也带来了一系列治理难题，要实现数字经济高质量发展，其亟待可行、可及的有效治理。

强化数字经济治理已是全球趋势，全球数字经济目前正处于规则重塑的重要窗口期，我国数字经济规模已仅次于美国，位居世界第二，应善于把握机遇，增强数字经济关键领域规则制定能力与全球领导力，在比较和对标全球数字经济规则基础上贡献中国智慧和中国方案。2022年1月12日，国务院印发《"十四五"数字经济发展规划》，其中明确了"十四五"时期推动数字经济健康发展的指导思想、基本原则、发展目标、重点任务和保障措施。可见，数字经济的发展已成为我国经济发展新阶段的重要组成部分，是推进经济由高速发展转向高质量发展的动力引擎和变速器，其中规范发展更是逐步实现由数字经济大国迈向数字经济强国的必由之路。2022年10月16日，习近平总书记在党的二十大报告中强调，加快建设网络强国、数字中国。"凡益之道，与时偕行"，可见全面建设社会主义现代化国家，构建高水平社会主义市场经济体制，应以信息化驱动现代化，助力数字经济规范发展，乘势而上全力建设网络强国、数字中国。

面对以信息通信技术和数字数据技术为代表的数字经济时代新技术进步对法治的强烈冲击和现实挑战，尽管国内外理论和实务界对此作出了积极回应，但尚未取得普遍共识。现有研究成果表明，不可只依赖技术赋能进行数字治理，应以多维综合治理为抓手，聚焦数据、算法、平台多要素及多场景的立体化、多层次、整体性协同治理，优化数字治理体制机制及规则体系，助力我国数字经济高质量发展。

一、数据治理以安全为底线

数据是数字经济发展的关键基础要素，是产业数字化与数字化产业的载体与进路，也是生产组织和生产关系网间化、智能化的基础，只有保护好、开发好数据才能切实促进数字经济高质量发展。

现实中基于数据的可复制性、可共享性、单个数据价值低、瞬时性、传输成本相对低、使用加权等特征，其反复使用不仅不会发生实质损耗，相反如果数据不能得到广泛即时深度的复次使用，其价值将会越来越低。换言之，数据在多主体、多场景、多领域下的复次开发能够提高数据的使用价值，使之具有更强的交互性和创新性。这类特征决定了基于数据的数字经济具有很强的正外部效应，数据使用频率越高、使用范围越大，其创造的价值也会越多。数字经济市场主体的数据积累能够快速形成多行多市结构下的范围经济和规模经济优势，为数字经济发展注入新动能，是加快经济社会发展质量变革、效率变革、动力变革的重要引擎和关键要素。

数字经济拥有庞大的数据要素市场,数据要素的安全化适用是数据要素市场健康发展的基础与保障。然而,当前数字经济高速发展中数据安全风险日益凸显,主要表现在以下两方面:其一,大数据技术、算法推荐的广泛应用加剧了个人隐私信息泄露的风险。数字经济时代,人们在现实生活中使用日常的消费、出行、医疗等服务时,往往都会产生大量的个人隐私数据。虽然,《个人信息保护法》对个人信息提供了系统保护框架和基本原则、主要规则,要求作为个人信息处理者的相关重要平台在进行数据获取时需要获得充分授权,但是,在实践中用户仍面临着要么直接签署授权协议,要么不使用该项服务的两难处境,即相关法律法规的可行性与可及性还须落实落地。此外,目前各类应用程序(App)、小程序、网站层出不穷,其个人信息保护和去标签化的措施和流程是否完善,用户难以全面知晓,也无从取证。广大用户在防范隐私泄露方面仍然处于被动地位,为此,加强应用、小程序开发者、使用者及其分发平台的监管主体责任,并以此为抓手开展常态化的行业自查、企业互查以及外部监察,搭建全方位、多层次的由多主体参与的治理新格局。

其二,多数数字经济头部企业在积累海量数据时,往往自觉或不自觉地形成数据垄断,对整个数据要素市场的公平有序竞争产生负面影响,最终危及整个市场的安全运行。在数字经济发展早期,各领域都存在较多的中小经营者,随着流量数据的不断积累,巨量商业资本持续涌入,甚至出现了资本无序扩张的局面,致使在平台经济发展的大多数领域出现了由一两个数字科技巨头占据主导地位的市场格局，包括社交平台、搜索引擎和视频运营商等领域。科技巨头们依托庞大的用户群体和数据累积，自然而然地就会占据市场支配地位，采取数据垄断行为从而损害公平竞争和群体创新的风险急速上升。数据垄断局面一旦形成，就会形成市场壁垒，不仅数据滥用成本更低、行为更隐蔽，反垄断、反不正当竞争执法司法也会因市场竞争失序面临巨大压力，同时诱发数据巨头企业滥用数据权利（力）作恶的风险，甚或加剧已然发生的数据安全危害。

在数字经济时代，人人可提供数据，人人可生产要素，人人可从消费者变成生产者，兼具多重身份。数字经济场景下的广大经营者和消费者，特别是那些中小创新创业者，如果不给予他们充分合理有效的支持，且及时对那些妨碍公平竞争的违法违规行为予以有力有度有序的规制，势必会影响整个数字经济规范健康持续发展。鉴于此，依法给予支持和规范，在数字经济发展中成为必不可少的关键支撑。为此，立足当下，着眼长远，坚持运用法治思维和法治方式，围绕数字经济发展中数据安全与发展问题设置科学合理的制度规范，以安全发展为底线，着力数据发展，为统筹数字经济安全发展营造良好的法治环境。

二、平台治理以规范为基线

随着信息通信技术与数字数据技术的快速迭代与深度融合创新，以互联网平台企业为代表的互联网平台经济迅速崛起。平台经济是基于数字技术，由数据驱动、平台支撑、网络协同的经济活动单元所构成的新经济系统。作为一种商业模式的革新，它颠覆了传统厂商的规模经济模式，厂商的财富密码从流水线变成了算法。譬如，日常生活中的共享出行、网购直播、酒店民宿、餐饮外卖等都属于平台经济的典型表现形式。如今，平台经济，尤其是互联网平台，已经成为推动我国经济发展的重要引擎。

在平台经济蓬勃兴起、纵深发展的同时，所引发的竞争治理、安全治理等问题也在不断凸显，譬如平台强制"二选一"、"自我优待"、过度收集用户数据信息、违法违规妨碍信息传播等现象层出不穷。由此，引发了社会各界对超大型平台基于其强大的数字经济权利（力）所衍生的对国家公共权力、社会公众基本权利的挤压、控制甚或侵害的强烈担忧。故如何建立健全科学合理的平台经济治理体系，有序有效有力监管平台企业特别是超大型平台企业的行为，在促进平台经济健康发展的同时，规范其行为的合法性与合理性，支持平台经济持续发展是当前平台治理中面临的核心任务。

平台经济规范发展，规范是治理基线，发展是治理目标，须全面、科学、准确统筹好"安全"和"发展"两方面任务，夯实治理基调，守牢治理主线。从安全维度上看，首先，平台经济发展须在规范安全的法治环境下展开，遵守包括《个人信息保护法》《电子商务法》《网络安全法》《数据安全法》《关键信息基础设施安全保护条例》等在内的关涉平台经济相关的法律法规；其次，更须在法治基础上构建多元协同、跨域合作、专业互补的联合执法框架，共同助力平台经济规范发展。譬如，平台经营者、网络商品和服务的提供者、相关行业组织与协会，以及中央和地方各级网信主管部门和其他有关部门都应依法维护平台经济的秩序规范。

从发展维度上看，平台经济规范发展要绷紧守法底线，告别无序竞争。在具体执法司法活动中，《反垄断法》《反不正当竞争法》《电子商务法》《国务院反垄断委员会关于平台经济领域的反垄断指南》等多部法律法规明确规范平台经济治理的目标是维护市场公平竞争。在坚持依法促进平台经济健康发展总基调不动摇的前提下，加快平台分类分级治理政策规范的出台，为精准施策提供更为有力的规范依据，促进平台经济市场领域有效竞争，划清法治规范的基线。沿着规范的治理基线，明确平台企业行为违法性的判断基准，提高法律适用的可预测性与可操作性，助力平台经济的规范健康发展。

三、算法治理以科学为明线

支撑数字经济高质量发展的关键基础技术是基于大数据支持的人工智能算法，通过算法训练可使其高效采集、计算、使用、处理海量数据，对数据进行有限、抽象、有效、复合加工与运用。随着人工智能技术的不断发展与广泛使用，算法已经渗透进经济社会生活的方方面面。衣食住行、生老病死、就业失业、信息传播等，无不受到算法推荐和使用的影响。算法不仅为传统产业升级进行全新赋能，而且为社会发展带来更多可能，一个算法社会正在到来。

然而，算法在带动经济增长、提高经济效率、丰富和便利生活的同时，其在市场竞争、信息传播、个人隐私、弱势群体利益等方面的负面影响和风险也逐渐暴露，算法歧视、算法黑箱、算法共谋等问题尤为受到关注。算法治理是算法时代的核心议题，须高度重视，加强算法治理，故此，须从算法运行的科学规律出发，以科学治理为明线，通过科学合理的机制设计，因应动态的算法创新与相对静态、稳定的法律制度之间的矛盾张力，科学合理、有序有效地实现算法治理的目标。

科学的算法治理需要坚持和完善多元共治，实现多元利益的均衡发展。首先，坚持多元共治，不仅需要采取自上而下的立法、行政赋能，通过立法立规明晰算法应用治理中各类主体的职权责，建立责罚相当的治理框架；还要推动自下而上的监督机制完善，拓展监督渠道，调动多元主体参与治理的积极性，形成"政府为核心＋多元主体参与"的治理模式，优化算法治理效果。其次，实现利益均衡，应明确算法治理工作目的是保障和实现多元利益的优化配置，须在遵从科学规律的基础上依法依规协调各方主体利益，以增进社会总福利。譬如，加强广大普通用户、数字劳动者各项权益的科学保护，强化对算法的透明度和可解释性，明确算法开发者、控制者及使用者等各方享有的合法权利，以及公共部门合法使用算法权利，并课以相当的法律义务与责任。

科学的算法治理还应加强事前、事中和事后的全过程、全周期治理。我国目前对于算法的治理较明显地体现为事后治理，但事后治理或追责往往无法有效应对算法应用引致风险的广泛性和破坏性，增强事中，特别是事前的治理才有利于前瞻性地防范算法风险产生。2021年12月出台的《互联网信息服务算法推荐管理规定》强调"算法风险防控机制备案""建立健全算法机制机理审核与评估""验证算法机制机理、模型、数据和应用结果"等，恰好充分说明我国已逐渐重视算法问责前置，推进事前和事中治理工作。在此基础上，须进一步加强事前事中监管落地，有效降低算法风险。

四、场景治理以均衡为主线

经济下行压力仍存，人口流量红利下降，数字经济单纯的商业模式创新遭遇瓶颈，数字企业间的存量用户争夺进入白热化，数字经济发展进入下半场。在"十四五"时期，我国提出数字经济转向深化应用、规范发展、普惠共享的新发展阶段。基于此，以大数据、人工智能、区块链等为代表的新兴技术手段则各显神通，不断对各产业持续赋能升级，一时间新技术、新产业、新业态、新模式层出不穷。

伴随"四新经济"的不断发展，数字经济迈向了更加集成和融合发展的阶段，譬如大力发展融合化在线教育、积极发展智能医疗、支持自动驾驶等。同时，也要看到，在国家布局数字经济中长期发展目标之际，数字经济因其规模快速扩张，其发展不均衡、不充分、不规范的问题日益突出，迫切需要转变传统治理模式、加快补齐短板弱项，及时矫正监管体制机制不适应的问题，提高我国数字经济治理能力与水平，创新治理思路、进路及工具。

基于此，在数字经济发展进入下半场之际，数字企业除努力修炼"内功"外，外部治理机制也须因应新技术、新产业、新业态、新模式的不断变化带来的数字经济发展的新挑战，有序有效推动数字经济的创新升级。在这一过程中务必坚持以均衡发展为主线，加强多元多维治理，优化以数字经济应用场景为轴心的融合治理，重点扶持一批技术创新优、应用效果好、复制推广性强的数字经济新技术、新业态、新产业、新模式，努力实现从产业出圈到数字破圈的突破。

当前，数字经济成为经济发展的新引擎，数字经济治理也成为国家治理体系建设的关键内容之一。为充分保障数字经济发展的活力和秩序，建议从以上方面完善数字经济多维治理体系，促进数字经济规范健康持续发展。①

---

① 原文首发于《第一财经日报》2022年11月1日第A11版，收录时有调整。

以公平竞争促进知识产权高水平保护

2023年12月8日，中共中央政治局召开会议分析研究2024年经济工作，指出"要以科技创新引领现代化产业体系建设，提升产业链供应链韧性和安全水平"，再次强调以科技创新赋能产业发展。其中，保护和促进科技创新的制度要义则在于保护知识产权，保护知识产权即是保护创新。

在我国着力经济高质量发展的过程中，创新是第一动力，尊重和保护知识产权就是激励创新，知识产权在调整经济结构、优化产业布局、提升企业国际竞争力上有基础性和关键性作用。当前，国际形势复杂多变，全球产业链、供应链较为脆弱，在这种情势下，保增长、促发展，扩大外贸出口面临更大挑战，只有推动高水平创新，供给高科技含量的优质产品和服务，才能在国际竞争中获得和维持交易优势地位，推动国际贸易的稳步展开。为此，就需要营造良好的竞争环境，以高水平竞争促进高水平知识产权。

2023年是《反垄断法》实施十五周年暨新修正《反垄断法》实施一周年。新修正的《反垄断法》将"鼓励创新"写入立法目的，充分表明了国家对保护创新的重视。2023年9月，全国范围内掀起了2023年公平竞争政策宣传活动，第十二届中国知识产权年会同期举办，从规范竞争实现公平来促进知识产权高水平保护的角度，研讨竞争与知识产权的关系，正当其时。

早在2023年6月25日,国家市场监督管理总局发布《禁止滥用知识产权排除、限制竞争行为规定》(简称《规定》)。《规定》共33条,在2015年《关于禁止滥用知识产权排除、限制竞争行为的规定》的基础上,立足于我国国情和经济发展的阶段性特点的理论研究,系统总结了重点领域的实践经验成果,广泛听取了相关部门、专家学者的意见建议,有效地回应了新发展阶段中知识产权的滥用问题。《规定》旨在鼓励创新,维护知识产权领域公平竞争的市场秩序,助力全国统一大市场建设和知识产权强国建设,对于知识产权领域公平竞争法治与《反垄断法》实施的衔接有重要意义。

一、体现"宽严相济""保反兼顾"

《规定》着力规制了知识产权领域反垄断行为。为保障知识产权的合理健康发展,增强反垄断法执法权威,《规定》强化了对知识产权领域具有的反垄断行为的震慑和惩戒力度,并对情节特别严重、影响特别恶劣、造成特别严重后果的,加大惩处的力度;《规定》还引入了刑事责任条款,新增反垄断执法中发现公职人员涉嫌违法犯罪的相关处理规定。

同时,《规定》也更好地体现了"柔性"执法。《规定》在第28条新增执法机构罚款的数额可以综合考虑消除违法行为后果的情况等因素,给予当事人纠正违法行为、消除损害后果的机会,有助于保持经营主体的活力,促进经营主体规范健康发展,实现有效市场与有为政府的更好结合、良性互动。

《规定》坚持发展与监管并重,进一步细化宽大制度,健全正当理由抗辩制度。《规定》第20条规定的"正当理由"可以考虑鼓励创新，行使或者保护知识产权所必需，为满足产品安全、技术效果、产品性能等所必需等因素。《规定》坚持兼顾当前，着眼长远，统筹反垄断监管与保护创新发展之间的关系，着力为各类经营主体公平参与市场竞争提供制度保障，充分激发知识产权权利人和实施人的创新活力动力。

《规定》以监管促发展，以威慑促合规。知识产权具有天然的"独占性"和"排他性"，属于预设的垄断权，具有合法性，而反垄断则是对垄断权的限制，是对某种独占行为和能力的遏制，故从一般意义上讲《反垄断法》不适用于经营者依照法律法规行使知识产权的行为。然而，当知识产权人的行权行为有可能背离知识产权制度的初衷，排除、限制竞争，阻碍创新时，就需要兼顾维护市场公平竞争与保护知识产权。

虽然，对此点平衡在知识产权法律体系中也有相关制度，譬如合理使用、强制许可等，但是，其与《反垄断法》的制度设计及实施效果仍有不同，后者更强调对市场竞争秩序等社会公共利益和消费者福利的关注，更多是从行为本身的正当与否展开判断，更多是立足于社会整体福利的增进，而非私权的保护。这一点完全可以从《规定》新增刑事责任条款、大幅提高惩处力度等修法举措中窥见一斑。加强对于知识产权领域反垄断行为的监管，并不是要对合法行使知识产权行为予以遏制，而恰恰为了更好地鼓励创新，给予市场主体公平合理地参与市场竞争创新，促使更多不同种类和数量的知识产权竞相涌现，使创新成为我国高质量发展的主旋律。

二、做好与现行《反垄断法》的衔接

为了规制知识产权领域的垄断行为对市场公平竞争产生的不利影响,依据《反垄断法》制定《规定》,《反垄断法》是《规定》的上位法。《反垄断法》作为维护市场自由公平竞争的基本法律制度,对包括滥用知识产权排除、限制竞争的行为等进行规制。《反垄断法》已于2022年进行过修正,因此,有必要根据修正后的《反垄断法》重新调整、制定《规定》。

在修正后《反垄断法》的实施过程中,执法机构和相应的配套法规都随之进行了调整。为注重与现行反垄断配套法规的协调统一,《规定》对相关规则予以完善和细化,健全了知识产权领域反垄断制度规则体系,增强了《规定》的指引性和可操作性。

首先,《规定》进一步明确了"滥用知识产权排除、限制竞争行为"的基本内涵。将利用行使知识产权的方式达成垄断协议,滥用市场支配地位,实施具有或者可能具有排除、限制竞争效果的经营者集中等三类垄断行为均纳入调整范围。

其次,《规定》健全了利用行使知识产权的方式实施垄断行为的认定规则。例如,以《反垄断法》和国务院反垄断委员会《关于相关市场界定的指南》为基础,并考虑知识产权、创新等因素的影响界定相关市场;参照《国务院反垄断委员会关于知识产权领域的反垄断指南》相关规定制定安全港的具体标准;根据《反垄断法》和《禁止滥用市场支配地位行为规定》的规定进行市场支配地位的认定和推定。

最后,《规定》加强了对知识产权领域典型、特殊垄断行为的规制。例如，参考《国务院反垄断委员会关于知识产权领域的反垄断指南》明确了专利联营滥用行为相关情形，加强了标准制定和实施过程中有关垄断行为的规制。

三、对拒绝行为的违法性认定有新变化

关于禁止滥用知识产权排除、限制竞争行为的规定 （2015年4月7日国家工商行政管理总局令第74号公布　根据2020年10月23日国家市场监督管理总局令第31号修订）	禁止滥用知识产权排除、限制竞争行为规定 （2023年6月25日国家市场监督管理总局令第79号公布　自2023年8月1日起施行）
第七条　具有市场支配地位的经营者没有正当理由，不得在其知识产权构成生产经营活动必需设施的情况下，拒绝许可其他经营者以合理条件使用该知识产权，排除、限制竞争。 　　认定前款行为需要同时考虑下列因素： 　　（一）该项知识产权在相关市场上不能被合理替代，为其他经营者参与相关市场的竞争所必需； 　　（二）拒绝许可该知识产权将会导致相关市场上的竞争或者创新受到不利影响，损害消费者利益或者公共利益； 　　（三）许可该知识产权对该经营者不会造成不合理的损害。	第十条　具有市场支配地位的经营者没有正当理由，不得在行使知识产权的过程中，拒绝许可其他经营者以合理条件使用该知识产权，排除、限制竞争。 　　认定前款行为应当同时考虑以下因素： 　　（一）该项知识产权在相关市场不能被合理替代，为其他经营者参与相关市场的竞争所必需； 　　（二）拒绝许可该知识产权将会导致相关市场的竞争或者创新受到不利影响，损害消费者利益或者社会公共利益； 　　（三）许可该知识产权对该经营者不会造成不合理的损害。

与之前《关于禁止滥用知识产权排除、限制竞争行为的规定》相比，《规定》第10条第1款拒绝许可知识产权行为的违法性认

定标准发生了一定的变化，主要体现在删除"必需设施"要件的要求。

"必需设施"一般可以理解为当特定企业拥有某项开展市场竞争所必需的设施，竞争者又不可能复制这种设施，那么控制必需设施的企业就有义务允许其竞争者以合理的条件使用该设施。然而，"必需设施"是在美国和欧盟等法域的反垄断执法实践中逐渐形成的理论，对于"必需设施"的内涵并未形成具体、明确、统一的成文概念，而随着司法实践的发展，必需设施也逐渐从铁路桥梁等有形设施扩展到知识产权等无形设施。

"必需设施"违法性认定的一般逻辑为该经营者处于市场支配地位，在控制着必需设施的情况下拒绝交易或提供设施，属于滥用市场支配地位的拒绝交易行为，对竞争产生排除或限制的效果，从而构成垄断行为。控制必需设施的企业是否具有市场支配地位，这一问题会随着必需设施概念的宽窄程度不同而得出不同答案。若"必需设施"意味着没有任何实际或潜在的替代品，那么控制必需设施就比一般意义上具有市场支配地位的认定标准更高，控制必需设施就是比具有市场支配地位更加狭义、更加严格的概念。

此次，《规定》删除了"必需设施"要件主要有两方面的原因。首先是为了体现《规定》与《反垄断法》的统一。因为《反垄断法》上并没有"必需设施"的概念。虽然在《禁止滥用市场支配地位行为规定》和《国务院反垄断委员会关于平台经济领域的反垄断指南》当中提及了"必需设施"，但依据相关规定，控制"必需设施"的企业实施拒绝交易行为也仅是拒绝交易的一种表现形式而已。其次表明了具有市场支配地位的经营者拒绝许可知识产权的行为违法性认定重心，还是在于行为是否会排除、限制竞争，也就是行为所能引发的效果，而不是对"必需设施"概念的探讨。

四、部分规则的施行效果仍须实践澄清

《规定》的出台虽然在规则层面为规制知识产权领域反垄断行为提供了相关指引，但是保护知识产权与反垄断规制二者如何平衡在实践操作中仍是较为复杂的问题，仅具有法律法规层面的相关规定，在实践中的具体适用层面仍可能存在一定问题。

首先是有关"安全港"规则的适用。《规定》与修正后的《反垄断法》相协调，规定仅纵向垄断协议可以适用"安全港"制度，横向垄断协议不适用"安全港"制度，对于安全港的具体标准参照《国务院反垄断委员会关于知识产权领域的反垄断指南》中的相关规定。

根据《国务院反垄断委员会关于知识产权领域的反垄断指南》中的相关条款，涉及知识产权的横向垄断协议和纵向垄断协议均设立了"安全港"制度，同时根据垄断协议的不同类型分别设置了不同标准。目前《国务院反垄断委员会关于知识产权领域的反垄断指南》尚未修订，而该指南中的"安全港"制度是否仍可作为执法机构在知识产权反垄断执法中的参考依据尚未知晓。

同时，由于知识产权具有法定的排他性和独占性，在《反垄断法》适用中一般适用除外规定，只是在涉及滥用知识产权排除、限制竞争时，才启用反垄断法规制，是反垄断法适用中较为特殊的领域，其所处的相关市场涉及技术市场与产品市场，相关市场份额可能难以计算。由此可见，"安全港"规则在知识产权反垄断领域的具

体应用还有待实践观察。

其次是对"组织帮助型垄断协议"的认定与适用。《规定》第6条增加"经营者不得利用行使知识产权的方式，组织其他经营者达成垄断协议或者为其他经营者达成垄断协议提供实质性帮助"。这一规定从知识产权角度对修正后的《反垄断法》提出的"组织帮助型垄断协议"规定作出了进一步细化，明确行使知识产权也可能是经营者达成轴辐协议的方式。然而，目前对"组织帮助型垄断协议"的内涵界定以及其适用的违法认定原则、责任分配以及责任豁免等问题仍然存在较多分歧，须寻求理论共识，通过具体实践进一步明确组织帮助型垄断协议的反垄断法规制路径。

总体来讲，保护知识产权与反垄断不仅需要法律法规层面的规制，也需要结合具体实践综合考量相关制度的适用。保护知识产权与反垄断二者虽然存在潜在的冲突，但反垄断与保护知识产权也具有共同的目标，即保护竞争和激励创新，提高经济运行效率，维护消费者利益和社会公共利益。目前在实践中，《反垄断法》与《著作权法》《专利法》《商标法》之间衔接性尚有不足，甚至存在冲突。冲突的消除一方面需要正确认识反垄断与知识产权法之间的关系，另一方面需要加强不同法律法规在具体规定上的衔接。在实践中要充分认识到，保护知识产权与维护市场公平竞争两者间具有高度的一致性。前者以权利逻辑为主展开，侧重授权、赋权、权利现实及救济，偏重私法品格；后者始于行为逻辑，关注行为本身的正当性，聚焦行为对市场竞争秩序等社会公共利益的影响，具有典型的社会法品性，虽然两者之间存在区别，但仍然有合作协同的空间。

调处知识产权保护与公平竞争维护的司法实践

2023年3月5日上午，第十四届全国人民代表大会第一次会议开幕，《政府工作报告》指出："加强知识产权保护，激发创新动力。加快建设全国统一大市场，建设高标准市场体系，营造市场化法治化国际化营商环境。加强反垄断和反不正当竞争，全面落实公平竞争审查制度，改革反垄断执法体制。"这充分体现了国家对于鼓励创新，保护知识产权与维护公平竞争的高度重视，两者之间有着密切的关系。保护知识产权就是促进和保护创新，就是支持高水平竞争，这与维护公平竞争的市场秩序是一致的，通过维护和促进公平竞争的市场秩序，为实现高水平竞争夯实基础，在此基础上推动高水平创新，两者间相辅相成，相向而行，同向发力。鉴于此，聚焦司法领域，特别是从地方司法经验出发，对典型案例予以述评，以期推动对协同知识产权保护与公平竞争维护的法治思考。

早在2023年1月13日，国家知识产权局就发布关于《中华人民共和国商标法修订草案（征求意见稿）》公开征求意见的通知，同时发布了"关于《中华人民共和国商标法修订草案（征求意见稿）》的说明"，明确此次修改《商标法》的主要目标与任务就是突出"维护社会公平正义，营造公平竞争的市场秩序"的立法目的。2023年1月16日，天津市高级人民法院发布了15件"2022年度天津法院产权保护典型案例",①其中知识产权司法保护典型案例占到了10件之多。其中涉及重点之一即在于如何调处包括《商标法》在内的知识产权法和反不正当竞争法之间的关系,两者是否会出现冲突和竞合,如何选择与适用,均值得予以关注。

一、知识产权保护法和反不正当竞争法的关系

依据2008年《民事案件案由规定》,"不正当竞争、垄断纠纷"是作为第二级案由位于第一级案由中的第五部分"知识产权纠纷"项下的。2011年,最高人民法院对《民事案件案由规定》进行了修改,将原来第一级案由中的第五部分变更为"知识产权与竞争纠纷",这也就意味着"竞争纠纷"上升为了第一级案由,并且明确了"竞争纠纷"与"知识产权纠纷"是并列关系。

(一)对于知识产权法和反不正当竞争法均没有明确规定的行为,反不正当竞争法的原则性条款具有兜底作用

《最高人民法院关于适用〈中华人民共和国反不正当竞争法〉若干问题的解释》第1条规定:"经营者扰乱市场竞争秩序,损害其他经营者或者消费者合法权益,且属于违反反不正当竞争法第二章及专利法、商标法、著作权法等规定之外情形的,人民法院可以适用反不正当竞争法第二条予以认定。"也就是说,反不正当竞争法的原则性条款具有兜底作用,对于没有落入《反不正当竞争法》第二章

---

① 《天津高院发布产权保护典型案例》,载天津市高级人民法院网,https://tjfy.tjcourt.gov.cn/article/detail/2023/01/id/7104537.shtml,最后访问时间:2024年6月20日。

和知识产权法规定范围的行为，仍可适用反不正当竞争法的原则性条款来进行违法性认定。

（二）不能得到知识产权法保护的"权益"，可能得到反不正当竞争法保护

《最高人民法院关于当前经济形势下知识产权审判服务大局若干问题的意见》（法发〔2009〕23号）指出："妥善处理专利、商标、著作权等知识产权专门法与反不正当竞争法的关系，反不正当竞争法补充性保护不能抵触专门法的立法政策，凡专门法已作穷尽规定的，原则上不再以反不正当竞争法作扩展保护。"但在与知识产权专门法的立法政策相兼容的范围内，仍可以从制止不正当竞争的角度给予保护。

对于依据知识产权法不能获得保护的权益，仍然存在依据反不正当竞争法获得保护的可能性。但是，争议行为是否违反反不正当竞争法，要按照反不正当竞争法规定的要件来进行认定。反不正当竞争法有其固有的立法目的和违法性判断标准，即使依据知识产权法不能得到保护的权益，获得了反不正当竞争法的保护，也并不意味着与知识产权专门法的立法政策不兼容。

反不正当竞争法与知识产权法违法性认定的差异缘于立法目的不同，反不正当竞争法关注的是竞争秩序，知识产权法关注的则是权利保护。在反不正当竞争法领域，违法性的认定须考虑争议行为是否违反了自愿、平等、公平、诚信原则和商业道德，而受到反不正当竞争法保护的是具有不确定性的"合法权益"。知识产权法保护的则是具有排他性的"权利"，他人侵犯知识财产权即

构成侵权。

（三）对于同时可适用知识产权法和反不正当竞争法的行为，反不正当竞争法存在兜底适用与选择适用两种可能

实践中，原告为了最大限度保护自身利益，可能会对同一行为同时主张违反知识产权法和反不正当竞争法。此时不同的审理法院可能采取不同的处理方式，有些法院会要求权利人择一请求，也有些法院会一并审理两项主张，将反不正当竞争法作为补充适用。

在"广东省首届十大涉外知识产权案例"之一的"F公司与Z公司、H研发中心著作权权属、侵权纠纷案"①中，广东省中山市中级人民法院即在二审民事判决书中明确了要求权利人择一请求的态度。广东省中山市中级人民法院指出："F公司起诉认为该美术作品因其具有独创性应受著作权法的保护，又因该公司的长期推广使这一具有美感的美术作品在其首饰上的运用成为知名商品特有的装潢而受到反不正当竞争法的保护。故F公司认为被诉侵权行为既侵害了涉案著作权，同时，又因擅自使用了与知名商品特有的装潢相近似的装潢而构成不正当竞争行为。即基于同一违法行为，产生两种受不同法律规范调整的法律责任，发生了法律责任竞合，此时，权利人应择一提出请求。经本院释明，F公司明确请求选择以侵害著作权为由来保护其权利，本院予以准许，故在此对双方上诉请求中关于不正当竞争的问题不再进行审查。一审法院没有就权利人主张所产生

---

① 《华南国际知识产权研究院发布广东省首届十大涉外知识产权案例》，载华南国际知识产权研究院网，https://sciiip.gdufs.edu.cn/info/1017/1015.htm，最后访问时间：2024年6月20日。

的法律责任竞合问题向当事人予以释明，要求其择一提出请求，且一并认定被诉侵权行为既构成侵害著作权又构成擅自使用与知名商品特有装潢相近似的装潢构成不正当竞争的双重评价，属于认定事实与适用法律错误，本院在此予以纠正，本案定性为著作权侵权纠纷。"①

《北京市高级人民法院侵害著作权案件审理指南》则选择了将反不正当竞争法作为著作权法的补充兜底工具来适用的处理方式。该审理指南的第1.4条【审查案由】规定："同一案件中，针对同一被诉侵权行为，原告既主张侵害著作权又主张违反反不正当竞争法第二条的，可以一并审理。如果原告的主张能够依据著作权法获得支持，则不再适用反不正当竞争法第二条进行审理。如果原告的主张不能依据著作权法获得支持，在与著作权法立法政策不冲突时，可以依据反不正当竞争法第二条进行审理。"

二、此次典型案例对知识产权法和反不正当竞争法的选择与适用的启示

（一）知识产权法与反不正当竞争法调整范畴存在差异，诉讼主张须有理有据

知识产权法和反不正当竞争法调整的范畴存在差异，错误选择适用法律将面临无法得到支持的风险。"2022年度天津法院产权保护典型案例"之一"赵某诉Q公司侵害作品信息网络传播权纠

---

① 广东省中山市中级人民法院（2016）粤20民终1574号民事判决书，载中国裁判文书网，最后访问时间：2024年6月20日。

纷案"①的典型意义指出,"Q公司通过缩略图嵌入广告为第三方导流并获取利益的行为,是否具有不正当性而构成不正当竞争行为,应属于反不正当竞争法调整的范畴。经法院充分释明后,赵某仍坚持以侵害信息网络传播权为由进行诉讼,其诉讼请求无法得到支持"。②

(二)考量立法目的与企业名称权内涵,老字号合法权益可得到反不正当竞争法保护

司法实践中有一批对有较高知名度的"中华老字号"给予司法保护的典型案例。例如,涉案字号是我国中医药领域具有悠久历史的老字号。在案证据及相关材料显示,包括该字号在内,数家包含该字号的企业被认定为"中华老字号"。甲公司作为该字号的权利人,其享有的合法权益依法应予以保护。乙公司、丙公司在《品牌授权使用合同书》已经解除、当事人丁亦作出停止使用该字号有关标识承诺的情况下,无正当理由在平台上使用了"联合创立"等文字宣传自身产品。生效判决充分考量了《反不正当竞争法》的立法目的与企业名称权的内涵,以及涉案老字号企业的历史渊源与其字号的实际使用情况和现有社会影响力等因素,最终认定乙公司、丙公司的涉案行为构成对甲公司的不正当竞争。

---

① 天津市和平区人民法院(2022)津0101民初2367号民事判决书,载中国裁判文书网,最后访问时间:2024年6月20日。
② 《天津高院发布产权保护典型案例》,载天津市高级人民法院网,https://tjfy.tjcourt.gov.cn/article/detail/2023/01/id/7104537.shtml,最后访问时间:2024年6月20日。

（三）认定互联网领域新型不正当竞争行为，须综合考量多种因素

司法实践中有一起涉"无人直播"的新型不正当竞争案件，法院立足于维护网络直播行业健康生态、促进直播产业经济良性发展，综合考量被告的主观意图，被诉行为的特征、影响和损害后果等因素，最终认定该行为构成不正当竞争。涉案"无人直播"行为是指通过使用经改装的手机设备以重复播放预制视频的形式即可在涉案平台进行的直播，无须主播现场出镜，即可长时间覆盖平台直播空间，从而以简单方式长时间、低成本地吸引用户流量，实现经济利益。被诉制造并推广销售无人直播手机的行为处于无人直播产业链条的上游，相比个人的无人直播行为，其影响力更广泛、破坏性更强、专业性更高、平台规制难度更大，对直播产业的良性发展和直播平台的市场竞争秩序造成较大影响，也是网络直播行业的重点治理对象。本案从《反不正当竞争法》的角度，对推广、销售"无人直播"设备的行为予以规制，一方面可以对违反平台规则与诚信原则的直播从业者提出警示，另一方面也可为同类案件的审理提供参考。

通过以上司法实践的探索，基本上表明了在法律实践中保护知识产权与维护市场公平竞争两者间具有高度的一致性。前者以权利逻辑为展开，侧重授权、赋权、权利实现及救济，偏重私法品格；后者始于行为逻辑，关注行为本身的正当性，聚焦行为对市场竞争秩序等社会公共利益的影响，具有典型的社会法品性，两者有区别，但是两者存在合作协同的空间，共同为当事人包括权利人和（或）

行为人提供法律救济，其共同的目标都是维护公平、合理、可期待的市场经济法治秩序，以公平促创新，以创新促发展，以发展实现更好的公平，实现经济社会循环发展。①

---

① 原文首发于《第一财经日报》2023年3月15日第A11版，收录时有调整。

《公平竞争审查条例》夯实市场经济法治基础

2024年6月6日，国务院总理李强签署国务院令，公布《公平竞争审查条例》（简称《条例》），自2024年8月1日起施行，这是我国社会主义市场经济法治化进程中的重要里程碑，深刻体现了习近平总书记关于"社会主义市场经济本质上是法治经济"的重要论断精神，为加快建设全国统一大市场提供了坚实的制度保障。

一、我国公平竞争审查制度的发展

我国公平竞争审查制度建设起点可追溯至2016年6月《国务院关于在市场体系建设中建立公平竞争审查制度的意见》的公布，标志着我国探索在市场体系建设中建立公平竞争审查制度。这一制度旨在规范政府涉及市场经济的相关行为，防止政府对市场不当干预，确保各类市场主体在公平环境下参与竞争，是社会主义市场经济建设中的重要制度创新。

2017年10月，国家发展改革委、财政部、商务部、国家工商总局、国务院法制办联合印发了《公平竞争审查制度实施细则（暂行）》；随后，2021年6月，市场监管总局、国家发展改革委、财政部、商务部、司法部联合印发了《公平竞争审查制度实施细则》（简称《实施细则》）。其间，2019年2月，市场监管总局研究制定了《公平竞争审查第三方评估实施指南》，并于2023年4月予以修订。

这一阶段，在《国务院关于在市场体系建设中建立公平竞争审查制度的意见》确定的公平竞争审查制度框架基础上，各级有关部门不断实践探索，完善了审查的原则、范围、标准和程序，同时，探索并细化了公平竞争审查第三方评估制度，提高了审查的专业性和公正性。这一时期，公平竞争审查制度循序渐进地有效融入政府决策流程，成为规范政府制定经济政策的重要制度保障。

2022年3月，《中共中央、国务院关于加快建设全国统一大市场的意见》(简称《意见》)印发，指出要"加快建设高效规范、公平竞争、充分开放的全国统一大市场"，其中就明确指出要"完善公平竞争审查制度"。2022年8月，《反垄断法》修正将公平竞争审查制度纳入法律规定，标志着公平竞争审查制度正式上升为法律，其权威性、约束力显著增强。这不仅是对既有实践经验的总结和巩固，也是对市场经济法治化的有力推进和保障。2024年，《条例》的公布实施是对《反垄断法》规定的具体落实，前后历时8年，我国公平竞争审查制度的发展反映了我国政府对市场规律的深刻认识和对法治经济的坚定追求，展现了制度创新与市场发展的动态平衡。

全国统一大市场建设就是要打破地方保护和市场分割，打通制约经济循环的关键堵点，促进商品要素资源在更大范围内畅通流动。在一定程度上，建设全国统一大市场不仅有助于破除地方保护主义和行政垄断，还能够促进产业升级转型，提升经济整体竞争力。公平竞争是维系市场秩序、促进资源优化配置的基本原则，基于此，公平竞争审查制度建立健全和深化落实是全国统一大市场建设的应有之义。

二、《条例》公布实施对于加快建设全国统一大市场的重要意义

《条例》作为一项重要的行政法规，旨在通过将公平审查机制制度化，来实现预防和纠正行政机关涉及市场经济行为中可能出现妨碍市场竞争的政策措施，确保市场公平竞争环境，以此来保障全国统一大市场建设。

（一）《条例》为加快建设全国统一大市场提供制度保障

党的二十大报告提出，今后一段时期要加快构建新发展格局，着力推动高质量发展，其中就指出要"构建全国统一大市场，深化要素市场化改革，建设高标准市场体系。完善产权保护、市场准入、公平竞争、社会信用等市场经济基础制度，优化营商环境"。《条例》通过一系列制度设计，优化市场环境，促进要素自由流动，强化市场基础制度，为全国统一大市场的建设提供制度保障。

《条例》明确政策措施不得：（1）限制市场准入和退出；（2）限制商品、要素自由流动；（3）影响生产经营成本；（4）影响生产经营行为等。这就要求政策措施起草单位在制定涉及市场经济的政策措施时遵循公平竞争原则，增强经济活动的公平性与透明度。这与《反垄断法》中对"滥用行政权力排除、限制竞争"的规制，共同构成了对我国行政垄断的"事前＋事中＋事后"全周期治理，有效预防和制止滥用行政权力排除或限制竞争，纠正可能存在的地方保护、行业壁垒等问题，着力优化营商环境，创造稳定、公平、可预期的市场经济环境。

（二）《条例》有助于破除地区间、行业间的市场壁垒

《意见》要求，目前全国统一大市场建设的着力点就是要"坚持问题导向，着力解决突出矛盾和问题，加快清理废除妨碍统一市场和公平竞争的各种规定和做法，破除各种封闭小市场、自我小循环"。《条例》建设实施公平竞争审查制度，可以有效约束政府不当干预市场行为，为商品、资本、技术、数据等要素跨区域自由流动提供保障。通过确保各类要素与资源根据市场规律自由流动，优化资源配置效率，提升经济体系的整体效能，是我国构建高水平社会主义市场经济体制中不可或缺的重要组成。

（三）《条例》能够促进"有效市场"与"有为政府"更好结合

《意见》要求"坚持市场化、法治化原则，充分发挥市场在资源配置中的决定性作用，更好发挥政府作用"，"有效市场"是指信息能够迅速、准确地在市场主体间传播，市场价格能够充分反映市场状态，在这种市场中，资源配置是有效率的，价格机制能灵活调节供求，促进经济整体的稳定增长。然而，在真实经济中由于垄断、外部性、公共物品、不完全信息等因素会导致市场失灵，市场机制在某些情况下无法有效分配资源，这就需要"有为政府"介入，政府不仅维护市场秩序和提供公共物品，解决市场失灵问题，还通过合理的政策引导、规划和监管，促进经济长期发展。

但在这一过程中也可能由于各种原因导致"政府失灵"，因此，现实经济中需要寻求市场与政府之间恰当平衡。《条例》对公平竞争

审查制度进行细化落实，实现了"有效市场"与"有为政府"更好结合，体现了政府在市场经济中的"双手并用"策略，即既要发挥市场机制的作用，也要合理运用政府力量进行引导和调控。通过事前审查机制，预防经济政策对市场竞争的潜在扭曲，确保政府行为与市场机制形成良性互动，这也将推进我国治理体系和治理能力现代化更进一步。

（四）《条例》强化我国市场经济政策中竞争政策的基础地位

《条例》通过确保竞争政策的有效执行，为各类市场主体创造一个更加公平、透明、可预期的市场环境，能够加快营造稳定公平透明可预期的营商环境。

基于经济政策视角而言，与竞争政策相并列的还有其他经济政策，譬如产业政策、财政政策、货币政策等，各类经济政策各有侧重，共同服务于国家经济发展。2022年《反垄断法》修正时，在第4条第2款新增"国家坚持市场化、法治化原则，强化竞争政策基础地位，制定和实施与社会主义市场经济相适应的竞争规则，完善宏观调控，健全统一、开放、竞争、有序的市场体系"。《反垄断法》的修正与公平竞争审查制度的强化实施，体现了我国对竞争政策基础地位的重视，竞争政策的核心在于预防和制止市场上的反竞争行为，减少市场扭曲，通过竞争实现资源的高效配置。

《意见》指出要"加快营造稳定公平透明可预期的营商环境。以市场主体需求为导向，力行简政之道，坚持依法行政，公平公正监管，持续优化服务，加快打造市场化法治化国际化营商环境"。同时还指出"鼓励各地区持续优化营商环境，依法开展招商引资活动，防止招商引资恶性竞争行为,以优质的制度供给和制度创新吸引更多优质企业投资"。公平竞争审查制度正是实现上述目标的关键工具之一,确保地方政府出台的各类经济政策措施不会限制市场竞争,造成市场分割、阻碍资源有效配置,或对不同市场主体形成不公平待遇。

三、《条例》变化特点

《条例》与之前的《公平竞争审查制度实施细则》相比,在多个维度上进行了调整和完善,重申了公平竞争审查的法律基础和政策背景,进一步明确了制度对于维护市场秩序、激发市场活力的重要作用,体现了国家对于公平竞争审查制度定位的提高,对于实现经济高质量发展具有深远意义。

(一)高度提炼审查标准

相比于《实施细则》而言,《条例》在审查标准设置上提炼程度更高,表述更加精细,在市场准入退出、商品和要素自由流动、影响成本和行为等方面的细节上进行了补充和优化,这使得审查标准适用性更强,有利于政策制定机关在审查过程中更好把握。

(二)细化例外规定实施

加强统筹协调竞争政策与其他政策的力度,有些政策可能具有一定的排除限制竞争效果,但是若其目的和效果是实现其他价值目标,能给社会带来的利益远大于其可能对市场竞争产生的不利影响,那么这类政策可以出台。《条例》在例外规定的适用情形时体现了最小化原则、必要性原则，并设置了落日条款要求，在体现对多元价值冲突协调的同时，充分利用立法技术来明确例外条款的适用，这有助于将为了实现其他价值目标而对市场竞争的影响限制在最小范围内。

（三）强化创新审查机制

《条例》在审查机制上强调了国家和地方两个层面的协调，分别明确国务院和县级以上地方人民政府应建立健全公平竞争审查工作机制，这较之《实施细则》的额规定更为系统和具体。《条例》进一步明确"应当听取有关经营者、行业协会商会等利害关系人关于公平竞争影响的意见。涉及社会公众利益的，应当听取社会公众意见"。这有助于提升审查的效率和质量，增强了政策制定的科学性和民主性，确保政策措施符合公平竞争原则。

（四）进一步加强审查保障

《条例》第5条、第7条分别明确规定"县级以上地方人民政府应当建立健全公平竞争审查工作机制，保障公平竞争审查工作力量，并将公平竞争审查工作经费纳入本级政府预算""县级以上人民政府将公平竞争审查工作情况纳入法治政府建设、优化营商环境等考核评价内容"。这确保了审查工作有稳定资金保障，避免了因资金短缺而影响审查质量或效率，体现了政府自我监督和效能提升的决心，通过绩效考核机制倒逼各级政府更加重视和执行好公平竞争审查，避免政策制定中的反竞争行为。[①]

---

① 原文首发于《第一财经》2024年6月18日，收录时有调整。

加快营商网络环境法治化建设

2023年5月31日,中央网络安全和信息化委员会办公室召开优化营商网络环境企业座谈会。会议强调,优化营商网络环境是保障产业链供应链稳定,维护国家产业和经济安全,保持和提升国际核心竞争力,推动经济健康发展的迫切需要。要准确把握当前营商网络环境存在的主要问题,全面客观分析涉企虚假不实信息和侵犯企业家权益信息等问题成因,切实解决困扰企业和企业家的网上有害信息,着力优化营商网络环境。要正确对待新闻舆论监督和网民社会监督。

法治是最好的营商环境。法治化营商环境是社会主义市场经济的重要组成部分,也是多种所有制经济共同发展的基础和沃土,这在营商网络环境中同样适用。

现阶段,我国经济恢复基础尚不牢固,面临需求收缩、供给冲击、预期转弱等压力,网络上更是时常出现一些影响经济发展、抹黑营商环境的恶劣甚或违法言论,给企业和企业家的形象造成冲击,严重破坏了社会主义市场经济发展信心和稳定预期。为此,需要优化营商网络环境,提升管网、治网、用网的法治化水平,严格依法维护企业和企业家在网络空间中的合法权益,助力经济高质量发展。

一、营商网络环境的定位

"营商环境"已经成为近几年的热词,从国务院到地方各级人民政府,"优化营商环境"反复出现在文件及会议中。而"营商网络环境"作为一个新概念,是以互联网为代表的信息通信技术和数字计算技术及其市场化、商业化及产业化高速发展的产物,体现了鲜明的数字时代特征。

根据中国互联网络信息中心（CNNIC）发布的第53次《中国互联网络发展状况统计报告》,截至2023年12月,我国网民规模达10.92亿人,较2022年12月新增网民2480万人,互联网普及率达77.5%。[①]为此,须找准营商网络环境的定位,进一步明确营商网络环境法治化的丰富内涵与范畴,加快营商网络环境法治化体系与制度的建设与实施。

营商环境是经济发展管根本、管长远的核心竞争力。步入数字时代,营商网络环境已成为营商环境的重要组成部分。营商环境的治理从实体空间延展到网络空间,优化营商环境从可识别、可量化的规则约束,覆盖到虚拟空间对技术的约束,也体现了营商环境治理的理念和方法的与时俱进。

优化营商网络环境并非将善意的批评拒之门外,而是着力治理编造传播虚假不实信息的网络乱象,用法治为经营主体营造稳定、公平、透明、可预期的环境,让它们放开手脚,轻装上阵,专心致

---

① 2024年3月22日发布,载中国互联网络信息中心,https://www.cnnic.net.cn/n4/2024/0322/c88-10964.html,最后访问时间：2024年6月20日。

志搞发展，走向更加广阔的舞台。

二、营商网络环境建设面临的系统挑战

营商环境是一个系统工程，网络空间属于第五空间，随着数字经济的纵深发展与广泛应用，网络的两面性也在不断地发展变化中有所体现，一些带有时代特性的法治化问题频发。网络空间并非法外之地，网络空间治理也非常关键。目前，现存法律法规无法满足日益增长的网络经济的发展治理需求。

为此，坚持问题导向，网络的聚集、扩散效应，以及基于算法的推荐，虚假信息的传播范围与速度都值得关注。当前，营商网络环境发展建设面临困境，存在法治体系不完善、创新驱动不充足、服务保障不健全的系统挑战。

（一）营商网络环境法制体系建设尚待健全

伴随着信息通信技术、数字数据技术及生成式人工智能的发展，虚假信息、假新闻等问题逐渐显现，其价值偏向给企业合法权益、营商环境带来严重冲击。社会上有一些否定、怀疑民营经济的言论，网络上针对企业和企业家，特别是针对民营企业和民营企业家的各类虚假不实信息时有出现。这些虚假不实信息通过捏造事实、主观臆断、歪曲解读、恶意关联、蓄意炒作和翻炒旧闻等方式，在舆论场上兴风作浪。

还有通过泄露个人隐私、诋毁侮辱谩骂、虚构私生活话题、关联炒作负面新闻、捏造违法犯罪事实、违规使用姓名肖像等方式，损害企业品牌形象，侵害企业家合法权益，甚至从中牟取非法利益。

面对建设营商网络环境立法执法中出现的"具体事项无法可依""执法处罚有法不依"等问题,制度层面的供需失衡与失序并存,须在系统观念下予以统合完善。

(二)营商网络环境的创新驱动模式尚待明晰

当前营商网络环境建设的措施仍较为程式化,缺乏具有网络针对性特点的创新性举措,未能有效激发市场活力,须通过法治建设培植创新驱动发展新引擎。

传统意义上优化营商环境的方式,主要是"走出去"招商引资、制定土地和税收优惠政策、"五通一平"、引导转变社会观念等。但在当今时代,数字化方式正有效打破时空阻隔。因此,需要利用信息技术发展的最新成果促进政务信息、商务信息、社会信息的便捷传输、透明运行和高效沟通,推动经营主体全生命周期服务形成闭环,全面提升市场一体化水平,有效降低制度性交易成本,真正筑牢高标准市场体系的微观基础。

(三)促进营商网络环境的法治化保障体系尚待优化

如今,经济发展面临"三重压力"叠加国内外超预期局势,营商网络环境不稳。须通过有为政府与有效市场的更好结合,加强服务保障体系,有效推动营商网络环境建设。

若网络谣言满天飞,企业疲于应对,又怎能安心搞生产谋发展?这些违法违规行为不仅损害了企业和企业家形象声誉,使企业蒙受经济损失,也挫伤了民营企业的发展信心和稳定预期,影响了民营经济作用的发挥。要加快营造稳定、公平、透明、可预期的营商环境，着力完善高水平的公平竞争制度，为推动高质量发展和民营经济健康发展作出应有贡献。

三、优化营商网络环境的法治对策

优化营商环境是深化改革开放，驱动高质量发展的保障条件。社会主义市场经济本质上是法治经济，"建设法治化营商环境"是优化营商网络环境的关键所在。为建设法治化营商网络环境，保护企业网络合法权益，应依据具体问题采取务实举措，为经营主体营造稳定、公平、透明、可预期的网络环境，让更多企业安心搞经营、放心谋发展，在高质量发展之路轻装上阵、大胆发展。

（一）建立公平竞争的营商网络市场秩序

现阶段，全球范围高度重视数字经济领域的竞争监管，我国也在积极推进平台经济的监管工作。从促进民营经济健康发展角度，优化营商网络环境，保护企业网络合法权益，需要加强政策统筹协调，把握好监管执法的力度、尺度和效度，进一步完善网络环境治理，明确反垄断和反不正当竞争的相关规则，落实平台在用户信息核验、信用管理、产品和服务质量监督、网络和数据安全等方面的主体责任。重视数字知识产权保护，加强恶意软件监管，加大网络侵权打击力度。

（二）加强网络安全与用户权益保护

优化营商网络环境需要突出两个重点：一是着力维护企业和企

业家的网络合法权益，二是着力治理编造传播虚假不实信息的网络乱象。在网络安全方面，要持续推动网络安全技术创新，加强个人信息保护，严惩窃取、泄露、篡改个人信息等各类不法行为，加大案件查处和警示力度，进一步健全网络安全管理制度。在用户权益保护方面，建议加快推动平台健全交易规则、服务协议和争议解决机制，加大平台算法及用户权益保护规则审查，完善投诉处理机制，堵住用户权益受损的制度漏洞。

2023年5月31日召开的中央网络安全和信息化委员会办公室专题座谈会提出，应进一步加强网络侵权举报受理，拓宽举报受理方式，开设线上涉企举报专区，降低企业举报难度；进一步提升举报处置效果，指导网站平台完善分级分类网络侵权举报处置举措，检查网站平台对转交转办网络侵权举报受理处置情况，推动网站平台向社会公示网络侵权举报受理处置结果；进一步加强问题账号等的管理，从严处置恶意首发、胁迫企业开展商业合作的账号，严厉打击雇佣网络水军对企业进行诋毁、抹黑等行为；进一步加大宣传、辟谣和曝光力度，加强正面宣传引导，强化辟谣信息发布，持续曝光情节严重、影响恶劣的典型案例。

（三）不断提升政府监管与服务能力

营商网络环境的经营理念和发展路径与传统营商环境有所不同，需要建立面向营商网络环境的监管体制，进一步加强央地联动与异地协作，减少地方之间的政策差异性，避免重复监管和多头监管。加快数字政府建设，推进公共数据开放共享，全面提高在线服务能力。数字经济创新活跃，需要提升法规和标准的适应性。建议全面推进营商网络环境建设,加快数字基础设施建设,加强动态监测评估,及时修订法律法规和标准要求,增强法规和标准的适应性,为营商网络环境发展提供指引。①

---

① 原文首发于《第一财经日报》2023年6月29日第A11版,收录时有调整。

以公平竞争治理为抓手　深入持续优化营商环境

公平竞争是市场经济的基本原则，是市场机制高效运行的重要基础。党的二十大报告明确指出，完善产权保护、市场准入、公平竞争等市场经济基础制度，优化营商环境。2023年12月中央经济工作会议强调，加快全国统一大市场建设，着力破除各种形式的地方保护和市场分割。2024年《政府工作报告》提及营商环境、全国统一大市场建设、公平竞争等热点问题时既肯定了一年来"深化改革扩大开放，持续改善营商环境。出台建设全国统一大市场总体工作方案，清理一批妨碍公平竞争的政策规定"，又进一步要求"为各类所有制企业创造公平竞争、竞相发展的良好环境"。可见，持续优化营商环境与建设全国统一大市场相辅相成、互为表里，而两者的联结与抓手则是如何筑牢公平竞争这一市场经济的法治基石。

一、营商环境公平竞争治理现况

党的十八大以来，党中央高度重视、积极部署公平竞争重大政策，推动我国公平竞争治理进入新阶段，营商环境改善明显，全国统一大市场建设步入正轨。截至目前，竞争规则方面构建起由一部法律、一部行政法规、五部部门规章、八部反垄断指南组成的反垄断法规制度体系；政策审查方面，公平竞争审查制度实现中央、省、市、县四级政府全覆盖，累计审查增量文件159万件，清理存量文件447.01万件，废止和修订排除、限制竞争的文件9.08万件；监管执法方面，依法查处垄断协议、滥用市场支配地位案件333件，审结经营者集中案件5249件，依法查处不正当竞争案件25.05万件。[①]当下，我国仍处于经济恢复和产业转型升级的关键期，推动经济运行持续好转、内生动力持续增强、社会预期持续改善、风险隐患持续化解等一系列迫切诉求，对公平竞争治理提出了更高要求，由此暴露出的问题困境也亟待归结原因、对应化解。

二、营商环境公平竞争治理困境

（一）配套规则依据体系亟须健全

公平竞争治理是法治轨道上的系统性治理活动，应严格受到法律法规的制度约束，唯此方能为公平竞争相关立法、执法、司法、守法提供依据基础，为市场主体提供稳定的政策环境与市场预期。尽管现有公平竞争法律的基础制度体系已日渐完备，但相关配套规则指引与全国统一大市场建设目标的契合度不高、颗粒度不细、可操作性不强，无法直接有效地为产权保护、市场准入、公平竞争等具体制度规则提供统一标准。此外，部分重点法规依据的制定修订工作尚未完成，重点领域、新兴领域、涉外领域亦缺少基础性监管规则，致使营商环境后续优化处于无法可依的窘迫境地。

[①] 中共国家市场监督管理总局党组：《持续优化公平竞争的市场环境》，载《求是》2024年第2期。

（二）行政垄断与地方保护须破除

在我国经济建设与发展中，行政垄断与地方保护主义是阻碍全国统一大市场建设的痼疾之一，既破坏了公平竞争的市场秩序，又容易滋生腐败问题。与市场经营者相比，拥有行政权力的行政机关具有强制力，其容易实施垄断行为，破坏全国统一、竞争有序的市场环境，阻碍市场发挥配置资源的决定性作用，严重降低经济运行效率。同时，行政垄断与地方保护主义还会造成行政效率的损失，政府行政威信的降低，并可能成为行政权力寻租的温床，其危害比常见的经济垄断更大。故应寄望在法治轨道上合理约束行政权力在经济规制中的行使，利用公平竞争审查、专项治理行动等具体措施，尽早厘清政府与市场的权益边界。

（三）新业态部门协同监管不到位

由新质生产力驱动的新兴业态通常会涉及多个行业与市场，表现出显著的"多行多市"的跨界动态竞争特性。以互联网头部平台企业为典型代表，其中多数已发展为具有显著跨界与跨区特性的组织形态：依托互联网线上融合线下的模式能够在任意区域内提供多种商品或服务，业务范围涵盖多个行业对应多个市场。仅针对某一行业甚或行业内某一细分市场进行的分业分市监管，已很难从根本上进行有效约束。以数字经济业态为例，监管治理活动往往涉及网信办、交通运输部、中央人民银行、国家金融监管总局、国家税务总局、国家发展和改革委员会、国家市场监督管理总局等多个部门单独或联合展开的治理活动。虽然基于行业主管部门牵头的行业监管有其纵向监管优势，但是与市场监管部门主导下的相关市场竞争治理相比，其持续性、稳定性、规律性仍有不足。特别是在牵涉地方政府切身利益时，行业监管政策与执法行动在实践中存在演变为"运动式""选择式"执法的风险，从而对市场预期产生消极影响。

三、营商环境公平竞争治理建议

（一）细化全国统一大市场及相关领域具体规则指引

依照2024年《政府工作报告》要求，尽早制定"全国统一大市场建设标准指引"。通过该标准指引简化行政程序，推动我国营商环境市场化、法治化、国际化水平不断提升。具言之，标准指引的重点内容应从产权保护、市场准入、公平竞争等方面着眼：其一，明确各种所有制经济产权的平等保护，建立统一规范的涉产权纠纷案件执法司法体系；其二，实行"全国一张清单"管理模式，确保所有市场主体在同一标准下竞争；其三，强化竞争政策基础地位，优化竞争政策与其他经济政策的协调保障机制。

此外，完善重点领域、新兴领域、涉外领域监管规则。补充如能源、交通、金融、粮食、房地产、信息网络、教育、医疗等领域的监管规则，确保国民经济稳定运行；聚焦人工智能、生物科技、数字经济等新兴行业，制定既能鼓励和促进技术创新又能有效防范风险的监管规则，推动相关产业规范健康发展；密切关注跨国公司等外资企业的具体运营与国际贸易事务，秉持发展与安全动态平衡原则，应对国际风险和挑战，更好保护我国公民和企业的合法权益。

（二）开展地方保护与市场分割等专项问题治理行动

根据《中共中央 国务院关于加快建设全国统一大市场的意见》、2023年中央经济工作会议及2024年《政府工作报告》指示，应适时开展针对地方保护、市场分割、招商引资不当竞争等问题的专项整治行动。各级市场监管部门应统一思想、严格贯彻中央指示精神。

一方面，根据《反垄断法》《反不正当竞争法》《公平竞争审查制度实施细则》等法律法规，重点锚定不公平的市场准入和退出壁垒，借助专项治理维护国家经济政策的统一性，破除地方保护和市场分割以推动区域协调发展，加快全国统一大市场建设。

另一方面，在实际操作中健全惩戒约束手段，对实施地区封锁的行政机关或者法律法规授权的具有公共事务职能的组织，及其主管人员和其他直接责任人员，除依法停止违法行为、消除违法后果、给予行政处分或者追究刑事责任外，其违法行为给经营者或者消费者造成损失的，应当依法承担赔偿责任。此外，还可以通过第三方机构或政府相关部门对于参与市场分割、招商引资不当竞争的相关主体进行失信联合惩戒，降低其信用评级，维护公平竞争的营商环境。

（三）加强多元主体协同共治创新公平竞争治理工具

为防止各监管部门因监管范围不统一、分工协作不到位而产生的监管缺位风险，应探索建立与新经济业态相适应的多元主体协同治理新模式。实践中，建议从主体协同和工具创新两个维度予以应对：其一，以"明晰主管部门、监管机构职责，强化跨部门、跨层级、跨区域协同监管，明确监管范围和统一规则，加强分工合作与协调配合"为基本原则，同时依托多元共治格局创新治理模式的来源与形式，鼓励行业协会牵头制定团体标准引导企业主动合规，同时加快企业公平竞争合规国家标准的建设，结合社会公众监督厚植公平竞争文化氛围。

其二，创新治理工具需要积极融合前沿科技手段，以"监管科技"助力"科技监管"。深度应用大数据、算法、人工智能、区块链等技术建立如违法线索线上发现、流转、调查处理等一站式监管技术，监测预警、线上执法、信息公示综合监管系统等，倒逼相关部门及时转变监管理念、更新协同模式。

当前，在"稳中求进、以进促稳、先立后破"的主基调下，全国统一大市场背景下，更应着眼于公平竞争治理具体规则指引的细化、专项治理行动的强化、多元治理工具的优化，从而助力营商环境持续改善，实现"有为政府"与"有效市场"的科学适配，坚持市场在资源配置中起决定性作用和更好发挥政府作用的动态平衡。①

---

① 原文首发于《第一财经日报》2024年4月18日第A11版，收录时有调整。

数字经济下商业秘密保护何其难

2023年6月28日,上海市公安局普陀分局向有关媒体通报,上海某一公司3名员工使用公司开发的游戏代码,换个皮肤和名称包装为自己研发的新游戏,并成功上线,在半年内就赚了1.5亿元的侵权案件。该案件已作为刑事案件立案,相关犯罪嫌疑人涉嫌非法获取计算机信息系统数据罪、侵犯著作权罪等,引起了社会广泛关注。[①]其中还可能涉及侵犯企业的商业秘密,事实上,在我国对商业秘密的保护在刑事法律上是有规定的。

无独有偶,2023年6月27日,国家市场监督管理总局发布了《2023年反不正当竞争"守护"专项执法行动典型案例(侵犯商业秘密篇)》。其中明确表示,商业秘密保护已成为反不正当竞争的重要内容。国家市场监督管理总局高度重视商业秘密保护工作,连续多年部署开展重点领域反不正当竞争专项执法行动,2018年至2022年共查处各类不正当竞争案件5万余件,其中侵犯商业秘密案件344件。[②]

[①] 《游戏公司前员工非法获取游戏源代码 "自立门户""换皮"上线半年盈利1.5亿元》,载中国新闻网,https://www.sh.chinanews.com.cn/fzzx/2023-06-29/113449.shtml,最后访问时间:2024年6月20日。

[②] 载国家市场监督管理总局网,https://www.samr.gov.cn/xw/zj/art/2023/art_8cc4fc00a811431396c60138fff63195.html,最后访问时间:2024年6月20日。

商业秘密是需要经权利人采取相应保密措施的技术信息、经营信息等。作为现代产权制度安排下一种重要的产权标的，其最大的特点是不为公众所知悉，且在企业市场竞争中具有重要的创新价值，是企业所拥有的独特信息资源，具有巨大的商业价值。商业秘密具有秘密性、价值性和保密性。

在数字经济时代，企业步入数字化转型进程，产业数字化和数字产业化成为企业发展必须接受的现实任务和挑战。无论是技术类商业秘密还是经营类商业秘密，都能够通过文本、表格、图纸、代码等数据形式存储于企业内部网络中，成为企业无形的数据资产，代表着企业的核心竞争力，具有极大的商业价值，通常企业都会采取相应必要的保护措施。

商业秘密保护也是反不正当竞争的重要内容。在我国，《民法典》《反不正当竞争法》《刑法》等对其进行了专门规定。近年来，为规范市场竞争，监管部门先后部署专项执法行动，对侵犯商业秘密等不正当竞争行为形成有力震慑。

结合国家市场监督管理总局发布的《2023年反不正当竞争"守护"专项执法行动典型案例（侵犯商业秘密篇）》看，有的员工在掌握了公司的关键信息后另起炉灶，设立同类型公司，成为"老东家"的竞争对手；有的不法企业以高薪为诱饵，招募权利人软件开发人员，窃取其源代码用于自己的系统开发及商业运营；还有员工跳槽后拿走原单位的三维立体（3D）打印材料技术文件，导致原单位商业秘密泄露。这些案例一方面说明离职员工或在职员工成为当前企业商业秘密泄露的主要风险点，另一方面反映出数字经济下商业秘密保护面临着一些新挑战。

但同时，数字经济下企业商业秘密被侵犯的案件也仍然存在商业秘密侵权类案件的一些共性，包括但不限于：第一，在企业人员离职和入职时都没有做好尽职调查和风险防范；第二，对不同商业场景下不同企业的商业秘密的界定及其权属认定还存在法律规定上的不明确；第三，也是尤为重要的，即侵犯商业秘密的违法成本过低，违法行为可能带来的收益高，违法行为被查处的概率较低。

一、数字经济下商业秘密保护面临的挑战

商业秘密包含技术信息与经营信息。其中技术信息、经营信息的具体含义在《最高人民法院关于审理侵犯商业秘密民事案件适用法律若干问题的规定》中进行了进一步解释。技术信息是指与技术有关的结构、原料、组分、配方、材料、样品、样式、植物新品种繁殖材料、工艺、方法或其步骤、算法、数据、计算机程序及其有关文档等信息。经营信息是指与经营活动有关的创意、管理、销售、财务、计划、样本、招投标材料、客户信息、数据等信息。其中客户信息，包括客户的名称、地址、联系方式以及交易习惯、意向、内容等信息。在数字经济下，技术信息与经营信息等商业秘密保护都面临着以下挑战。

（一）商业秘密的泄露途径与方式增加，泄露风险扩大

随着数字场景的增多和数字技术的发展，盗窃、贿赂、欺诈、胁迫等不正当手段皆可借由互联网进行。由于数据具有易复制、可篡改的特性，商业秘密的内容、形成过程、保密措施等容易因为人为或技术因素的介入出现时间、方式、环境信息的错误与缺失。一

方面，部分以数字形式存储的商业秘密文件通过社交通信工具、视频会议软件、电子邮箱、云空间等数字场景进行传阅与展示，使得商业秘密泄露的风险面迅速扩大；另一方面，人工智能算法技术的发展与运用日渐广泛，不论是专门利用算法技术不正当地获取商业秘密，还是算法自主不当地获取商业秘密，都因为算法特有的复杂模型与技术隐层而更为隐蔽，难以察觉和举证。

（二）商业秘密的权属及保护范围难以确定

在数字环境中，大量的数据信息分散地存在于互联网中，单个信息或许不具有秘密性和商业价值，然而随着算法技术的发展，大量公开信息被收集并分析形成了具有商业价值的信息，由此便产生了纠纷。同时，并非所有技术信息与经营信息都是商业秘密，例如在软件产品的研发中，产品说明书、软件流程图、用户界面（UI）设计图、测试用例、程序代码等各种类型的文档与数据量较大，甚至部分算法技术存在开源情况，但在研发过程中与其他部分一起组成了商业秘密，此时需要根据技术特点对商业秘密的范围进行重新界定。

（三）商业秘密侵权举证难度大，难以得到有效救济

根据《反不正当竞争法》第32条的规定，在侵犯商业秘密的民事审判程序中，商业秘密权利人需要提供初步证据证明采取了保密措施，且合理表明商业秘密被侵犯。在数字经济场景下，商业秘密的内容、形成过程、保密措施等极易因人为或技术因素的介入出现时间、方式、环境信息的错误与缺失，导致对商业秘密权属和不正

当竞争行为的认定出现困难,举证难度显著增加。譬如,在互联网中的加密技术安全等级不一,达到何种程度才能够被判定为"保密措施"尚没有明确规定。

同时需要注意的是,虽然《2023年反不正当竞争"守护"专项执法行动典型案例(侵犯商业秘密篇)》中的企业均维权成功,通过笔者对中国裁判文书网相关数据的统计,近五年来相关案件的平均胜诉率为30%左右。较低的胜诉率与商业秘密侵权举证难度大密不可分,这也是商业秘密保护面临的一个挑战。

二、数字经济下商业秘密保护对策

党的二十大报告提出,加快实施创新驱动发展战略,加快实现高水平科技自立自强。而商业秘密保护对于保护企业经营成果、鼓励企业创新、促进市场竞争、营造良好的市场营商环境,进而实现高质量发展,具有不可或缺的作用。加强商业秘密保护,对于规范市场竞争重大意义,也需要多方面共同努力。

以《2023年反不正当竞争"守护"专项执法行动典型案例(侵犯商业秘密篇)》中的案例为例,软件系统源代码作为企业的商业秘密,具有易复制、转化成本低、难识别的特点,这与传统线下经济中商业秘密的承载形式、管理方式都有区别。如果在企业人员离职和入职时都没有做好尽职调查和风险防范工作,那么这些软件系统源代码就很容易被获取。然而,侵犯商业秘密不仅会给企业造成巨大的经济损失,而且会阻碍企业的创新发展,更会破坏公平的竞争环境。

为更好面对数字经济下商业秘密保护的挑战,需要政企结合形成合力，多元共治激发多方商业秘密保护的参与动能。建立"政府主导、部门联动、企业参与、社会跟进"的商业秘密保护体系，实现商业秘密保护工作的系统化、规范化、模块化、程序化运行。

（一）企业层面

对企业来说，首先，需要完善对人的保密措施，建立健全保密制度，制定员工手册，针对入职人员与离职人员签订保密承诺书，对涉密人员进行分类管理，不同岗位的员工仅能接触与本岗位相关的商业秘密，并限定商业秘密使用者的使用时间、频次，定期对员工进行保密宣传教育；同时，完善对物的保密措施，对涉密载体与涉密区域采取隔离、加锁、加密等防范措施，加强涉密区域的监控系统与出入使用记录记载。同时需要注意的是，企业在制定此类规定时需要平衡保护商业秘密和员工的合法权益。在制定规定时，公司应充分考虑员工的权益，并确保规定的适用范围和限制是合理和合法的。

其次，有必要针对商业秘密泄露建立内部报告机制，鼓励员工举报任何恶意泄露商业秘密的情况，通过多种途径帮助企业发现不当行为。对商业秘密实施全程留痕管理，保留接触商业秘密的记录、显示商业秘密研究过程的材料，以及各类开支单据，以证明商业秘密的价值及遭受的损失。一旦发现商业秘密泄露，及时启动维权机制，最大限度减小损失。

（二）监管层面

从监管层面，有关部门要强化监管，广泛发掘案件线索，加大重点领域、重点行业商业秘密侵权行为打击力度，积极发挥典型案例的教育警示作用，引领促进商业秘密保护水平持续增强，助力企业增强市场竞争力。

（三）社会层面

在社会层面，政府、企业、高校可合力开展商业秘密保护工作推进会、商业秘密保护培训会，支持企业强化商业秘密管理保护工作，可引入商业秘密领域资深专家，组建商业秘密专家委员会，深入企业服务，帮助企业识别风险点，指导完善保护机制，加强商业秘密保护建设，完善商业秘密保护体系，更好地保护企业的商业秘密。[①]

[①] 原文首发于《第一财经日报》2023年7月6日第A11版，收录时有调整。

网络反不正当竞争新规对数字经济发展具有重大意义

新型网络不正当竞争行为如大数据杀熟、刷单等不断涌现,给消费者和市场秩序带来严重影响。针对这些现象,2024年5月6日,国家市场监督管理总局发布《网络反不正当竞争暂行规定》(简称《规定》),旨在预防和制止网络不正当竞争,保护各方权益,促进数字经济健康发展,为经营者提供具体竞争行为指引,助力数字经济高质量发展。

一、《规定》凸显实践导向、注重规制实效

在当前数字经济发展如火如荼,但围绕互联网不正当竞争的行为却层出不穷的背景下,确保公平竞争市场环境,不仅是激发互联网经营主体经济活力的关键所在,也是加快建设全国统一大市场的强大动力,并最终助力推动中国经济高质量发展。《规定》的发布有三点重要意义。

(一)因应网络不正当竞争日益复杂化,顺应《反不正当竞争法》修订的趋势

2022年11月国家市场监督管理总局公布了《中华人民共和国反不正当竞争法(修订草案征求意见稿)》,反不正当竞争法律体系进一步完善,其修订重点在于完善数字经济反不正当竞争规则,新增

或细化了互联网竞争行为。《规定》的发布紧密配合了《反不正当竞争法》的修订趋势，根据网络竞争行为复杂多变的特点，对网络不正当竞争行为进行更为具体和精细的分类提炼梳理，明确认定标准，从而更好地适应数字经济快速发展的新形势，保障市场秩序的稳定和公平，加大了对各类网络不正当竞争行为的监管力度，为维护公平竞争、促进数字经济健康发展提供了有力法律依据。

（二）强化平台责任，维护市场公平竞争秩序

当前，互联网平台作为数字经济的重要组成部分，已从方方面面影响人们的生活。然而，平台经营者具有"经营者"和"管理者"双重身份，商业逐利本性会驱使其利用数据优势、技术手段、平台规则等多重优势构筑难以撼动的市场地位，实施自我优待、数据不兼容、捆绑销售等行为，不当排斥、妨碍其他经营者的产品或服务的市场进入和正常交易，从而影响公平竞争的市场环境。《规定》突出强调了平台的主体责任，强化其在数字经济中的责任和义务，加强对大型平台的监管和规范。同时，督促平台经营者对平台内竞争行为加强规范管理，及时限制不正当竞争行为的发生，保障其他经营者公平竞争的权益。通过对平台经营者责任和义务的明确规定，有助于平台经营者更好规范自身经营行为，为市场主体提供了一个更加稳定、健康的竞争环境。

（三）加快推进全国统一大市场建设，推动数字经济高质量发展

在数字化加速推进的当下，竞争从传统的行业领域延伸到了互

联网领域，在此背景之下，互联网领域企业竞争角逐的行为数量日益增多、类型逐渐多元、形式也变得更加隐蔽。种种限制其他经营者市场准入或制约竞争正常经营的行为，将妨碍经济运行效率提升，制约商品和要素自由流动、公平竞争，制约全国统一大市场的形成。《规定》的发布与全国统一大市场建设存在密切联系，通过打破平台经济的行业壁垒、促进数据等新型要素自由流动、实现资源优化配置，维护市场的公平竞争环境，提高市场的透明度和效率，为全国统一大市场的形成提供了良好的制度保障和发展环境。

《规定》通过坚持实践导向、注重规制效果，着力完善网络不正当竞争行为认定标准及规制要求，构建高标准、高水平的公平竞争制度。《规定》的发布凸显了立法与执法之间彼此交织，从而更好地服务于市场公平竞争秩序和数字经济发展大局。通过对网络不正当竞争行为的明确规定和要求，落实《反不正当竞争法》的立法目的，保障不同规模经营主体之间的公平交易，更有效地应对日益复杂的市场环境和竞争格局，促进各类企业协同发展，营造良好市场环境。

二、《规定》全面梳理网络领域不正当竞争行为

（一）回应社会热点问题

《规定》第9条明确对刷单、好评返现等互联网环境下所诞生的新型虚假宣传行为进行有力规制，确保相关主体宣传内容的真实性和客观性，规范互联网营销行为。此外，随着互联网技术的飞速发展，大数据、算法、人工智能等新兴技术为企业提供了前所未有的

商机和竞争优势,与此同时,这些技术手段也被用于进行不正当竞争活动,包括数据泄露、舆情操纵、虚假宣传等,给市场秩序和消费者利益造成了严重损害。《规定》的出台正是为了应对这一挑战,其第二章共有11条内容涉及禁止利用技术手段实行不正当竞争行为,通过明确规定和规范互联网经营行为,引导经营者合法、合理利用技术手段,维护公平竞争环境,促进互联网经济的健康发展。

(二)精细化规制网络领域竞争行为

从法律实践来看,互联网专条规制效果有限,其分类处理并不周延,无法涵盖大多数类型的互联网不正当竞争行为。《规定》针对互联网环境下的新型不正当竞争行为进行了更为详细和精准的规范,针对恶意干扰和恶意不兼容进行了重构,并增添更多的新型不正当竞争行为类型,明确认定网络不正当竞争行为的具体要件,赋予处理网络新型不正当竞争行为所需的客观性与精确性,有效覆盖不断发展变化的竞争行为手段。

(三)强调数据在市场竞争中的重要地位

数据作为互联网时代的核心资源之一,被广泛应用于商业活动、市场推广以及用户行为分析等方面,鉴于互联网新型不正当竞争行为依托网络环境存在,其实行离不开数据作为媒介的支持。在司法实践中,涉及数据的新型不正当竞争行为的判断是司法裁判的重点和难点。《规定》的内容彰显对数据的重视,在具体行为认定一章共有7处提及数据,突出了对数据使用的管理和规范。这一举措既有助于提高司法机关对涉数据新型不正当竞争行为的认识和处理能力,维护公平竞争的市场环境；也为企业使用数据提供规范指引，明确了数据在市场竞争中的合法使用范围和界限，实现对数据要素的有力保护与有序流通。

三、《规定》实现多元主体参与、多法协同治理

（一）着重强调平台的主体责任

《规定》第6条指出"平台经营者应当加强对平台内竞争行为的规范管理，发现平台内经营者采取不正当竞争方式，违法销售商品、提供服务，或者侵害消费者合法权益的行为，应当及时采取必要的处置措施"，鉴于平台作为数字经济的重要载体，其发展与健康直接影响着整个市场的竞争环境。这一规定明确了平台经营者在维护公平竞争秩序方面的责任，将平台纳入互联网竞争行为的监管和管理之中，有效缓解行政执法的压力，并且有利于提前防范和制止各种违法违规行为在平台上的蔓延，维护公平竞争的市场秩序。

（二）设立专家观察员制度

设立专家观察员制度，引入第三方专业机构对网络不正当竞争行为进行监督和评估。专家观察员具有丰富的行业经验和专业知识，能够客观、公正地评估不正当竞争行为的性质和影响，并提供专业建议和意见。这一制度的设立有助于增强监督力度，加强对网络不正当竞争行为的监管，提升执法效率和水平。同时，专家观察员制度的建立还有助于促进法律实施的科学性和规范性，确保执法行为符合法律规定和专业标准。

（三）构建多法协同治理体系

《规定》在法律体系中形成了有机衔接和互为支撑，实现多法协同治理。《规定》以《反不正当竞争法》为基本框架，明确了网络不正当竞争的认定标准和行为范围，为有效规制网络不正当竞争行为、维护公平竞争秩序提供了坚实的法律基础和有力的法律保障。《反垄断法》作为维护市场竞争秩序的重要法律，对于滥用市场支配地位、搭售、捆绑销售等垄断行为进行了规制，为《规定》中关于防止平台滥用数据优势等行为提供了参考，这一点也反映在对《电子商务法》第35条的扩充规定上，譬如对涉及电子商务领域的不正当竞争行为进行了具体规定，为《规定》平台交易相关内容提供处理规范。此外，多法协同治理还体现在法律责任的设定上，通过设置准据性规范将违反《规定》的法律责任分类细化，严格遵守上位法规定，并做好协同设置。

四、《规定》在具体实施中的注意点

（一）明确《规定》实施的具体定位

《规定》是对现行《反不正当竞争法》《电子商务法》施行的进一步解释和细化，而非在现行《反不正当竞争法》《电子商务法》之外或之上的另行规定。基于此，在理解和适用《规定》时必须遵守现行法律、行政法规的相关规定。

具体到网络领域反不正当竞争行为的规制，从现行《反不正当竞争法》规定来看，大致分为传统不正当竞争行为和利用技术的网络新型不正当竞争行为，至于前者传统不正当竞争行为的线上化或者网络化，严格意义上讲不属于网络新型不正当竞争行为，其规制理念、思路及方法应有所区别。由此，《规定》在具体实施中也应该区分该两类行为，即便都发生在网络领域，其规制理念、思路及方法也应有所不同。

对于传统不正当竞争行为的网络化呈现还是应保持传统不正当竞争行为违法性构件的判断，对于竞争关系、竞争行为及效果的识别等要素，只有对于利用技术手段的网络领域新型不正当竞争行为的规制，才有予以注重事前预防性规制的必要。换言之，不能因为当前网络成为日常生产生活的背景，基于网络泛在的事实而超限监管，对监管本身也有时刻保持规制的必要。

（二）注意《规定》的适用衔接

应注意《规定》对现行《反不正当竞争法》互联网专条及《电子商务法》相关条款的补充、优化及完善的逻辑顺序，恪守法定性优先的原则，做好《规定》的规范化实施。

首先，法定性优先原则强调任何法律制定与实施都必须在既定法律体系内进行，不得超越或违背上位法的精神和具体规定。这意味着《规定》在实施过程中，必须确保与现行《反不正当竞争法》《电子商务法》以及其他相关法律保持一致，特别是针对互联网领域的不正当竞争的专门条款，是作为法律下位的细化规定，作为相关补充而非替代，确保法律体系的内在和谐与连贯性。《规定》针对互联网不正当竞争行为的认定标准、法律责任等方面进行优化，使之更适应网络环境的特殊性，譬如，对违法行为的识别更加精准、处罚更加合理。

其次,《规定》在实施过程中,应充分考虑和尊重既有的相关法律法规、司法解释,尤其是尊重在现行法律规定下已经判决生效的司法判决,确保《规定》的解释和适用与既决案件的裁判要旨相协调,避免法律适用不一致,维护法律实施的稳定性和可预期性,有效回应市场主体经营者在具体经营活动中的信赖利益需求。《规定》在实施中体现规范性、适度性,确保监管既能有效规制不正当竞争,又能促进数字经济的持续健康发展。

(三)厘清"政府"与"市场"的边界

鉴于当前经济环境下互联网平台经济的敏感性和复杂性,《规定》在实施过程中,监管部门应当更加注重灵活性与稳定性相结合,厘清"政府"与"市场"的边界,避免过度干预市场而导致相关市场经济非正常波动。

做到"有效市场"与"有为政府"的结合,要发挥市场对资源配置的决定性作用,通过促进对相关企业竞争合规提升市场主体自我规范能力,通过行业自律与政府监管的双重机制共同维护健康的公平竞争市场秩序。对此,更加建议通过建立长效监管机制,采取柔性监管措施,如行政指导、竞争建议、风险预警等措施,树牢以良法促善治,以监管促发展,统筹国内法治与涉外法治的系统观念,实现数字经济在全球范围内的高质量发展。

随着数字经济高质量发展,各类新业态、新模式、新产业、新技术不断创新发展,在这一过程中各类网络新型不正当竞争行为也会不断涌现,从传统不正当竞争行为的网络化,到利用技术手段妨碍、破坏合法提供的网络产品和服务的正常运行——此时还是针对数字产品和服务,到更聚焦数字产品和服务底层关键要素,譬如数据、算法、算力等的获取和使用,直至"要素+场景+技术"的生态系统的妨碍或破坏,即从数字经济发展早期的单个侵权行为针对的具体产品和服务,到数字经济发展中期的关键要素倾夺,直至中后期的整个数字经济生态系统的妨碍或破坏,其侵权行为的技术性、复杂性、系统性会更强,损害的现实性和显现度不那么明显,但是等到发现时已经难以恢复,损害程度巨大。为此,亟须提高监管层科技监管的能力和水平,同时,激励和落实多元共治,强化科技伦理与法律规则之间的融合,注重科技治理、伦理治理及法律治理的三结合。①

---

① 原文首发于《中新经纬》2024年5月16日,收录时有调整。

司法中数据不正当竞争认定规则日趋清晰与精细

数据作为重要的生产要素已经成为兵家必争之地。实践中，围绕数据的爬取与反爬取，爬取后数据的合理使用，以及开放应用编程接口（OpenAPI）开发合作模式中的授权使用原则等问题都曾产生不正当竞争纠纷。在争讼案件不断积累的过程中，数据不正当竞争认定规则也不断清晰，可以归纳出以下几点：一是限制搜索引擎抓取应有行业公认合理的正当理由；二是判断限制非搜索引擎抓取行为的正当性须保护经营者自主权与多元利益的平衡；三是抓取后数据的使用不可超出"必要的限度"；四是OpenAPI开发合作须遵守"用户授权"＋"平台授权"＋"用户授权"的三重授权原则；五是区分数据抓取行为与使用行为的正当性认定标准，构建数据权益动态赋权制度，促进数据安全合法流动。

一、限制搜索引擎抓取应有行业公认合理的正当理由

在Q公司诉B公司（设置机器人白名单限制抓取）不正当竞争纠纷一案[①]中，法院查明，2012年11月1日，在中国互联网协会的牵头组织下，十二家互联网企业签署了《互联网搜索引擎服务自律公

[①] 北京市高级人民法院（2017）京民终487号民事判决书，载中国裁判文书网，最后访问时间：2024年6月20日。

约》。该公约第7条第1款规定，遵循国际通行的行业惯例与商业规则，遵守robots协议（Robots Exclusion Protocol，机器人协议或爬虫协议）。第8条规定，互联网站所有者设置机器人协议应遵循公平、开放和促进信息自由流动的原则，限制搜索引擎抓取应有行业公认合理的正当理由，不利用机器人协议进行不正当竞争行为，积极营造鼓励创新、公平公正的良性竞争环境。

一审法院强调，Q公司的搜索引擎属于通用搜索引擎，而通用搜索引擎的网络机器人进入一个对公众开放的网站抓取信息通常并不会损害网站的利益，反而有利于其宣传推广。在综合考量案件情况之后，一审法院判决B公司立即停止涉案不正当竞争行为。B公司提起上诉。二审法院判决指出，可以将互联网行业协会组织其会员起草并签署的行业自律公约的相关约定作为认定互联网行业惯常行为标准和公认商业道德的参考依据。最终在对涉案行为给经营者利益、消费者利益、竞争秩序带来的影响进行分析后，二审法院判决驳回上诉，维持原判。

二、判断限制非搜索引擎抓取行为的正当性须保护经营者自主权与多元利益的平衡

在Z公司与W公司不正当竞争纠纷一案[①]中，二审法院强调，搜索引擎是给被搜网站带来流量和利益，而非搜索引擎的网络机器人往往不是给被搜网站带来流量，反而可能带走被搜网站的流

---

① 北京市高级人民法院（2021）京民终281号民事判决书，载中国裁判文书网，最后访问时间：2024年6月20日。

量。由于非搜索引擎场景应用的网络机器人，已经不像搜索引擎那样当然地对公众利益，以及互联网的互联、互通、共享、开放的精神产生影响，因此在对这些网络机器人通过robots协议进行限制时，不宜当然地借用对于搜索引擎进行限制的规则。也就是说，《互联网搜索引擎服务自律公约》仅可作为搜索引擎服务行业的商业道德，而不能成为互联网行业通行的商业道德。

在该案中，二审法院还指出，在判断robots协议对于网络机器人限制行为的正当性时，其核心在于保护网站经营者的自主经营权与维护其他经营者利益、维护消费者利益、维护竞争秩序之间的平衡。尽管robots协议客观上可能造成对某个或某些经营者的"歧视"，但在不损害消费者利益、不损害公共利益、不损害竞争秩序的情况下，应当允许网站经营者通过robots协议对其他网络机器人的抓取进行限制，这是网站经营者经营自主权的一种体现。

三、抓取后数据的使用不可超出"必要的限度"

遵守robots协议抓取信息，是否就不会构成不正当竞争？在H公司与B公司不正当竞争纠纷案中，一审法院明确回答："robots协议只涉及搜索引擎抓取网站信息的行为是否符合公认的行业准则的问题，不能解决搜索引擎抓取网站信息后的使用行为是否合法的问题。"[1]

二审法院判决[2]中更进一步指出，H公司对涉案信息的获取付出

---

[1] 上海市浦东新区人民法院（2015）浦民三（知）初字第528号民事判决书，载中国裁判文书网，最后访问时间：2024年6月20日。

[2] 上海知识产权法院（2016）沪73民终242号民事判决书，载中国裁判文书网，最后访问时间：2024年6月20日。

了巨大的劳动,具有可获得法律保护的权益,而B公司的竞争行为亦具有一定的积极效果,在此情况下应当对两者的利益进行一定平衡。B公司在使用来自点评网站的评论信息时,理想状态下应当遵循"最少、必要"的原则,即采取对H公司损害最小的措施。但是要求B公司在进行商业决策时,逐一考察各种可能的行为并选择对H公司损害最小的方式,在商业实践中是难以操作的。但如果存在明显有对H公司损害方式更小的方式而未采取,或者其欲实现的积极效果会严重损害H公司利益的情况,则可认定为使用方式已超过必要的限度。

四、OpenAPI开发合作须遵守三重授权原则

在W公司与T公司不正当竞争纠纷案[1]中,二审法院指出,W公司的社交软件在实施开放平台战略中,有条件地向开发者应用提供用户信息,坚持"用户授权"+"平台授权"+"用户授权"的三重授权原则,目的在于保护用户隐私同时维护企业自身的核心竞争优势。涉案争议应用是一款基于移动端的人脉社交应用,通过分析用户的W公司社交软件和通讯录数据,帮助用户发现新的朋友,并且可以使他们建立联系。但是,T公司违反《开发者协议》,未经用户同意且未经W公司授权,获取新某微博用户的相关信息并展示在涉案争议应用的人脉详情中,侵害了被上诉人W公司的商业资源,不正当地获取竞争优势,这种竞争行为已经超出了法律所保护的正

---

[1] 北京知识产权法院(2016)京73民终588号民事判决书,载中国裁判文书网,最后访问时间:2024年6月20日。

当竞争行为。

五、区分数据抓取行为与使用行为的正当性认定标准，构建数据权益动态赋权制度，促进数据安全合法流动

在 T 公司诉 S 公司数据不正当竞争纠纷案[①]中，一审法院指出，数据的价值在于流通，数据的有效利用有助于提高企业的生产效率、改善产品品质与服务体验，特别是某些新兴产业的生存与发展更需要依赖于对数据的收集与利用，通过对原始数据的加工创造出的衍生数据产品，从而创造数据的再生价值，推动社会经济与行业的整体进步。涉案的被告 S 公司未经原告许可，整体搬运涉案数据并直接用于涉案产品的新闻栏目中，该行为既非实现涉案产品正常运营的必要手段，亦不符合社会公共利益的价值需求，其所实现的效果并不足以弥补被诉行为给原告所造成的损失，影响了正常的市场竞争秩序和健康公平的行业生态，降低了消费者的福利，超出了数据利用的合理限度，具有不正当性。

同时，法院认为，平台经营者在合法收集、管理数据的过程中付出了巨大的劳动，其对数据控制、处理、收益等合法权益理应受到保护。其他企业任意爬取、使用，客观上已经超出了合理使用的限度，损害了数据持有者的合法权益，应当承担相应的法律责任。

基于此，通过该案的判决可以大致总结两项基本规则，也可以认为是在贯彻实践《中共中央 国务院关于构建数据基础制度更好

[①] 赵振博：《数据利用需谨慎 任意爬取使用有风险》，载天津滨海新区法院微信公众号，https://mp.weixin.QQ.com/s/Y8OWEa519zLkXnJVD73lFA，最后访问时间：2024年6月20日。

发挥数据要素作用的意见》(简称《数据二十条》)意见的基础上，对当前司法实践中就数据不正当竞争行为违法性认定规则的调整与完善。

其一，在人工智能场景下，利用机器人爬虫技术通过全网抓取已成为数据企业获取生产原料的主要方式，对数据爬取等数据机器化获取行为在提高数据获得效率，降低数据使用成本，增进数据流通速率，更好释放数据价值上的合理性与合法性认定有了新的认识，不再简单地以数据静态赋权的方式，来判断数据爬取行为的当然违法性，将数据获取行为正当性的判断与数据动态创新所带来的价值一并考量。其中，也要看到随着网络爬虫应用场景的不断扩展，非搜索引擎应用场景下的网络爬虫也开始收集其他网站公开乃至用户生成的各种数据，可能出现不仅无法给网站带来流量，反而分流源网站流量的情况，在此种情形下，网络服务提供者在收集、使用他人数据时应负有更高的注意义务，须尊重他人合法数据权益。

其二，关注数据利用的合理限度，或者试图建立数据合理使用的判断标准，将数据权益动态赋权制度引入司法裁判，更加关注与数据安全合法流动相关的价值实现，即为了实现数据安全合法流动所必需的行为及成本的合理分配，必须赋予数据企业在数据采集、使用、存储、流通、交易等各环节中所付出的必要成本和可预期收益的充分填补与合理回报，以明确稳定且更好地规范与激励数据企业合理使用数据，多维度、全流程细化和优化数据行为正当性识别标准。特别须关注数据安全、合法流动，平台经营者为管控和处理其享有合法权益的数据，在不损害公共利益和他人合法利益的前提下，有权自主决定哪些信息或数据，在什么范围内、允许或限制哪些主体进行抓取和使用，理应属于经营者自主经营的范畴。

在科学合理配置数据权益的基础上，平衡数据安全保护与开发使用的关系，在不断完善数据分类分级的基础上，建立以市场机制为基础的数据合理使用制度，在明确利益享有与安全义务相匹配的基础上，动态适配有序竞争与合理规制之间的关系。[①]

[①] 原文首发于《第一财经日报》2023年9月20日第A11版，收录时有调整。

"恶意不兼容"行为认定须以"恶意"查明为前提

2024年5月6日,国家市场监督管理总局发布了《网络反不正当竞争暂行规定》(简称《规定》),对于预防和制止网络不正当竞争,维护公平竞争的市场秩序,鼓励创新,保护经营者和消费者的合法权益,促进数字经济规范健康持续发展具有重大意义,是进一步完善数字经济下竞争法律法规制度及实施的重要一步。

当前,我国数字经济发展步入下半场,从数字经济大国向数字经济强国奋进,从早期的量的增长到中后期的质的提升,激励各类新业态、新模式、新产业、新技术不断创新发展,各类网络新型不正当竞争行为的样态及发生机理也在不断变化。从传统不正当竞争行为的网络化,到利用技术手段妨碍、破坏合法提供的网络产品和服务的正常运行——此时还是针对数字产品和服务,到更聚焦数字产品和服务底层关键要素,譬如数据、算法、算力等的获取和使用,直至"要素+场景+技术"的生态系统的妨碍或破坏,即从数字经济发展早期的单个侵权行为针对的具体产品和服务,到数字经济发展中期的关键要素倾夺,直至中后期的整个数字经济生态系统的妨碍或破坏,其侵权行为的技术性、复杂性、系统性会更强,损害的现实性和显现度不那么明显,但是等到发现时已经难以恢复,损害程度巨大。

为此,亟须提高监管执法和司法裁判对科技运用的识别能力和治理水平,以及利用科技治理科技的技术能力。特别需要关注技术发展对规则制定和实施的挑战,重视技术侧规则对法律侧规则的实质影响,做好法律规则精细化、技术化升级,为法律规则的适用提供稳定的可操作的具体标准。譬如,对当前争议较大的网络不正当竞争中何谓"恶意不兼容"的判定,结合《规定》中有关"恶意不兼容"认定的细化规定,进一步细化"恶意不兼容"中何谓"恶意"的识别标准,以明确"恶意不兼容"条款适用的前提。

一、《规定》细化"恶意不兼容"认定因素回应现实需求

"恶意不兼容"行为可能会损害经营主体正当竞争利益与社会公共利益,由此被界定为垄断行为或不正当竞争行为。现行《反不正当竞争法》第12条第2款第3项规定,经营者不得利用技术手段,通过影响用户选择或者其他方式,实施恶意对其他经营者合法提供的网络产品或者服务实施不兼容。该条款规定经营者不得实施"恶意不兼容",但是对于如何认定"恶意不兼容"并未进行详细规定,致使实践中对"恶意不兼容"的认定存在很大争议。基于此,细化"恶意不兼容"的认定标准具有重要的现实意义。

《规定》第12条第1款规定:"经营者不得利用互联网、大数据、算法等技术手段,通过影响用户选择或者其他方式,实施流量劫持、干扰、恶意不兼容等行为,妨碍、破坏其他经营者合法提供的网络产品或者服务正常运行。"第15条第1款规定:"经营者不得利用技术手段,恶意对其他经营者合法提供的网络产品或者服务实施不兼容。"第15条第2款规定:"判定经营者是否恶意对其他经营者合法提供的网络产品或者服务实施不兼容,可以综合考虑以下因素:

（一）是否知道或者应当知道不兼容行为会妨碍、破坏其他经营者合法提供的网络产品或者服务正常运行；（二）不兼容行为是否影响其他经营者合法提供的网络产品或者服务正常运行，是否影响网络生态开放共享；（三）不兼容行为是否针对特定对象，是否违反公平、合理、无歧视原则；（四）不兼容行为对消费者、使用该网络产品或者服务的第三方经营者合法权益以及社会公共利益的影响；（五）不兼容行为是否符合行业惯例、从业规范、自律公约等；（六）不兼容行为是否导致其他经营者合法提供的网络产品或者服务成本不合理增加；（七）是否有正当理由。"

《规定》通过列举七项考虑因素，细化判定经营者是否构成"恶意不兼容"的认定方法，是对《反不正当竞争法》第12条第2款的细化，为"恶意不兼容"的认定指明了方向，回应了现实需求。可以预见，《规定》作为反不正当竞争法项下的部门规章，其关于"恶意不兼容"的认定因素的细化能为监管执法机关规制网络不正当竞争行为提供重要依据，同时，部门规章并不能被直接引用成为民事诉讼中的裁判依据，但是依据《最高人民法院关于裁判文书引用法律、法规等规范性法律文件的规定》第6条，根据审理案件的需要，经审查认定为合法有效的其他规范性文件，可以作为裁判说理的依据。换言之，《规定》也能为司法机关裁判相关不正当竞争行为提供重要参考。为此，如何准确理解和解释《规定》的相关条款内容，对认定"恶意不兼容"行为就显得十分重要。

二、《规定》"恶意不兼容"认定因素相关规定尚存困顿

常态化监管的目标是促进平台经济创新发展，鼓励和支持平台

企业健康合规发展。平台间"不兼容"现象的出现在一定程度上阻碍了平台互联互通,客观上减损了企业,特别是中小企业创新发展的效率,推高了数据流通交易的成本,然而,并非所有的"不兼容"行为都属于违法行为,都具有可责性。因为在实践中,出于对社会公共安全、国家整体安全的考虑,以及对经营者自身正当利益的保护等,"不兼容"行为及现象有其存在的必要性和合理性,譬如对网络中违法的、不健康内容的过滤,对网络恶意攻击、刷量等,而采取的断链、封锁等治理技术和手段等,就具有合理。当然,对于损害市场公平竞争秩序、损害社会公共利益与消费者合法利益的"不兼容"行为,应严格依法监管,以监管促发展。这次《规定》虽然细化了"恶意不兼容"的认定因素,但是在某些方面仍存在改进空间。

(一)各类认定因素之间可能存在互斥

《规定》第15条第2款中提及"综合考虑以下因素",赋予了裁量者相应的裁量自主权,具有一定合理性。但是一项行为可能满足其中一项或几项因素,不满足另外几项因素,此时该行为是否应被认定为"恶意不兼容"?若仅仅因为一项行为符合其中一项或几项因素,就将该行为认定为"恶意不兼容"难免失之偏颇。究竟满足几项认定因素的行为应被认定为"恶意不兼容"仍有待商榷。

(二)大中小"兜底条款"的设置很可能扩张对"恶意不兼容"的解释与适用

《规定》第15条第2款第7项"是否有正当理由"可以看作反向排除的"小兜底条款",该"兜底条款"具有很强的主观裁量性,可能出现过度适用的风险,在将属于"恶意不兼容"的行为排除的同时,有可能将不是"恶意不兼容"的行为——由于对"正当理由"无法认定,认定为违法,从而损害了"无恶意"行为实施者的合法权益,扩张了"恶意不兼容"的适用范围。同时,"是否具有正当理由"又可以看作行为实施者的抗辩条款,行为实施者可以主张自己实施的行为具有"正当理由"以此豁免处罚。然而,究竟何种理由属于正当理由,在《规定》中并未予以明确。

此外,《规定》第22条作为第二章在细化《反不正当竞争法》互联网专条时的"中兜底条款",将"利用网络"和"利用技术"手段的不正当竞争行为统摄其中;第23条至第25条,主要是对《电子商务法》第35条的细化和扩充;第26条又是对整个第二章网络不正当竞争行为中关键识别问题的一般性解释,包括"利用网络"和"利用技术"两类"妨碍、破坏其他经营者合法提供的网络产品或者服务正常运行"的情形的认定,可以理解为是《规定》第二章的"大兜底条款",如此一来,大中小"兜底条款"都会影响对"恶意不兼容"行为的认定,这给经营者、监管者、司法者等都带来了困惑。

(三)未对"恶意"的认定方式进行明确

认定行为是否属于"恶意不兼容",关键在于行为实施者是否具有"恶意"。"恶意不兼容"认定的关键在于准确客观判定"恶意"——此时的"恶意"已兼具该行为认定的主客观要件,既是主观要求,也是"不兼容"行为被认定为违法的客观要件。然而,《规定》主要是通过归纳罗列具体行为类型,对于"恶意"的认定因素未进行规定,仍为实践中判定"恶意不兼容"留下了困境。

三、坚持在厘清"恶意"的前提下认定"恶意不兼容"

"恶意不兼容"的判定关键应在于厘清"恶意"的认定标准,在实践中对于"恶意"的认定存在不同看法,有的认为"故意"等同于"恶意",还有的认为"恶意"是"恶性程度更高的故意"。

《规定》第15条第2款第2项规定"不兼容行为是否影响其他经营者合法提供的网络产品或者服务正常运行,是否影响网络生态开放共享"。根据该项,似乎可以将影响其他经营者合法提供的网络产品或服务正常运行、影响网络生态开放共享的不兼容行为直接认定为"恶意不兼容",但是实际上并非所有的"不兼容行为"都应直接认定为"恶意",即便某项不兼容行为可能影响网络开放,但是影响"网络开放"不等于影响"网络生态",对影响"网络生态"的判断和实践评估具有层次性、阶段性、高度动态性等,即行为实施者在实施行为时可能囿于自身能力、客观技术发展水平等客观上限制自身的合理预见性,即法律不能要求经营者超过自身能力作出在客观上难以合理预见的决定。因此,不能简单地以"不兼容"的后果推导"恶意"的存在。

《规定》第15条第2款第3项"不兼容行为是否针对特定对象,是否违反公平、合理、无歧视原则",尽管一项行为可能针对某一对象实施——客观上讲在实践中竞争的针对性是常态——但是有针对性并不等于具有主观恶意。平台企业享有经营自主权,具有选择交易方的自由,拒绝与某一企业交易实际上是平台企业享有经营自主权的体现,不能仅据此判定行为实施者具有恶意。

故此,判定行为实施者的行为是否属于"恶意不兼容",应坚持在厘清"恶意"的前提下进行认定。在1998年美国版权法修正案中规定了"红旗原则","红旗原则"是避风港原则的例外，指如果侵犯信息网络传播权的事实是显而易见的，就像是红旗一样具备明确性与显著性，网络服务商就不能装作看不见，或以不知道侵权的理由逃避责任。"红旗原则"的主观认定的分析模式是判断网络服务商是否存在对违法行为主观识别的必要及可能。基于此，在判定行为实施者的不兼容行为是否具有"恶意"，可考虑借鉴"红旗原则"中对于主观认定的分析模式，即行为实施者是否具有"兼容"的法定义务（"必要"），并具备履行"兼容"的法定义务的能力（"可能"）。在厘清"恶意"的判定标准下，还须进一步判断行为是否损害市场公平竞争秩序，只有损害市场公平竞争秩序的行为方可被认为属于"恶意不兼容"。

此外，对于是否具有"正当理由"的理解，还可以通过反向判断来识别，即"恶意不兼容"行为所针对的对象的正当利益（诉求）是什么，换言之，在市场竞争中经营者正当利益的诉求是否包括寻求竞争者给予帮助，如果这不是一种应有的竞争场景下的正当利益诉求，那么就不能以此为由，认为其所遭受的"不兼容行为"不具有正当性。[①]

---

① 原文首发于微信公众号"知产前沿"2024年5月20日，收录时有调整。

推动经营者加强反垄断合规
以公平竞争促进高质量发展

2024年4月25日,为指导和推动经营者加强反垄断合规管理,提升反垄断合规风险防范能力和水平,维护公平竞争市场秩序,促进经营者持续健康发展,国务院反垄断反不正当竞争委员会对《经营者反垄断合规指南》(简称《指南》)进行了修订。

这是2022年《反垄断法》修正实施后,对2020年《指南》的进一步细化和完善,为经营者提供了更加具体的反垄断合规操作指引,为加快建设全国统一大市场提供法治保障。

一、《指南》修订的重要动因

(一)回应《反垄断法》修正,提示法律风险

2022年6月,我国《反垄断法》进行修正,反垄断法律体系进一步完善,对垄断行为的界定更加明确,规制范围和力度也有所增强。《指南》修订能够让经营者更加准确理解和遵循新《反垄断法》的要求,有效识别反垄断风险,有助于经营者更好合规,规范自身经营行为,避免反垄断法律纠纷,在营造市场化、法治化、国际化一流营商环境上持续用力,为市场主体提供一个更加透明、公平的竞争环境。

（二）强化企业合规，推动高质量发展

当前，我国企业需要从简单的体量增长转向自主创新突破的高质量发展，这就要求企业在发展中，必须注重内部管理规范性和外部行为合法性，坚持依法合规经营、不断发展壮大。反垄断合规作为企业合规管理的重要组成部分，其体系建设程度直接关系企业长期竞争力和发展潜力。《指南》适时修订，增强了其指引性和可操作性，为企业建立健全合规管理体系提供了明确方向和实用工具，帮助企业有效预防和控制合规风险，在激烈的市场竞争中保持稳健发展，推动我国经济实现高质量发展。

（三）促进公平竞争，加快推进全国统一大市场建设

《指南》修订与全国统一大市场建设存在深刻联系。全国统一大市场建设，旨在消除市场分割、打破地方保护主义，促进各类要素在全国更大范围内顺畅流通，更好促进经济循环发展。《指南》适时修订强化了对经营者反垄断合规要求，提升企业合规意识。全国统一大市场建设离不开每一个微观市场主体的合规自律，《指南》正是通过提升经营者合规水平，为全国统一大市场建设提供微观基础；同时，全国统一大市场建设目标和要求，又为《指南》修订提供了宏观方向和动力，二者协同发力，有助于形成更加公平、开放、统一的市场体系。

二、《指南》修订的特点亮点

《指南》修订体现了立法与法律实施的互动反馈，以更好服务于市场公平竞争秩序维护和经济发展大局，凸显了《反垄断法》预防

功能。通过引导企业构建事前反垄断合规体系，预防和减少违法行为发生，而非仅仅依赖于事后惩罚机制。通过激励反垄断合规来激发企业间良性竞争，促使企业将更多的资源投入产品创新与质量提升，从而推动经济向更高质量的发展阶段迈进。

（一）强化问题导向，精准识别风险

修订后的《指南》突出问题导向，鼓励企业依据自身的行业特性、市场地位及竞争格局，识别和聚焦高风险的业务领域、关键环节和敏感内容。《反垄断法》在具体适用过程中，具有很强的个案分析特点，这意味着在快速变化的市场环境中，不同行业、产业、企业都面临着不同的反垄断合规关键点。《指南》不停留于抽象的原则性指导，而是通过"场景化"方法，将反垄断相关法律规范与企业日常运营紧密结合，如在产品定价策略、行业交流活动、企业并购及应对反垄断调查等具体场景中，提供了更为明确的风险预警和实例分析。《指南》在各相应部分设置了共22个参考示例，为经营者提供更加清晰明确的指引，这不仅提升了《指南》的实用性，还使经营者能够在模拟情境中学习如何有效识别和规避潜在的反垄断风险点，从而实现合规管理的精准化和个性化。

（二）注重实践落地，优化《指南》适配体系

本次《指南》修订更加注重企业发展所存在的多元化和复杂性问题，鼓励经营者根据自身发展阶段和管理能力等实际情况，来制定实施与其相匹配的反垄断合规管理体系。《指南》详细规定了合规管理的基本原则、机构设置、职责分配等内容，为企业构建起一套

从顶层战略设计到基层执行细节的完整"反垄断合规路线图",能够实现反垄断合规责任全覆盖,增强了合规管理的系统性和可操作性。

(三)突出合规激励,鼓励企业主动合规

本次《指南》修订创新地融入了合规激励专章,将企业主动加强合规管理与行政监管激励反馈紧密衔接。具体而言,《指南》将与现行法律规范体系内《反垄断法》《行政处罚法》等相关法律适用进行有机衔接,明确了合规表现良好企业可享受的政策优惠,比如在行政处罚裁量、宽大处理制度、中止调查程序等方面中会给予更多考虑。《指南》为衡量企业合规体系的真实性、完善性及有效性提供了科学依据,能够激励企业主动投资于合规建设,该合规建设并非单纯成本负担,而是将合规作为提升竞争力和规避风险的战略选择。

三、《指南》实施展望

《指南》修订在既有基础上进行了系统优化,彰显了国家有关部门充分考虑了近年来《反垄断法》实施及修正过程中的重大变化,以及对当前市场经济环境的敏锐观察,体现了对经营者合规管理更加切合实践需求的反馈。《指南》在多维度上进行了全面、细致的更新,通过一系列结构调整与具体内容充实,为经营者提供更加有力的合规指导和支持。

(一)《指南》完善了总则原则性规定,为反垄断合规管理奠定了坚实基础

一方面,《指南》拓展了适用范围,确保能够覆盖更广泛的经

营者群体,对于各类规模、各类行业、各类产业的经营者,均能在《指南》中找到适合己方的合规指导。另一方面,《指南》新增了坚持问题导向、务实高效、全面覆盖原则,这是对当前市场环境变化的响应,也强调了企业合规管理灵活性和实效性。

(二)《指南》细化了分则各章具体内容,为经营者提供了一套全面、系统的合规管理架构

1. 组织层面

《指南》增设合规管理组织专章,指导企业构建多层次、分工明确的反垄断合规管理组织体系,不仅明确了合规管理机构设置的总体安排,还详细列出了不同层级机构、不同责任主体在合规管理体系中的具体职责,确保合规要求能够形成上下联动、协调有序管理组织,有效提升合规管理的系统性和有效性。

2. 行为层面

《指南》修订内容深入细化了合规风险的识别与管理,增加了场景化指导,使经营者能更直观地理解和应对各种反垄断合规风险。针对垄断协议、滥用市场支配地位、经营者集中等关键行为风险要点,新增经营者可能面临的与行政机关滥用行政权力排除、限制竞争相关的垄断行为风险,《指南》提供了具体的风险点和处置建议,完善了法律责任说明和境外合规风险提示,为我国经营者在"走出去"方面提供更加周全的指引。

3. 运行保障层面

《指南》新增了一系列运行机制,包括合规审查、咨询、监督、评估与改进等,形成了闭环管理流程;强化了合规汇报机制和合规

培训的针对性，以促进合规文化的内化与合规能力的持续提升；强调合规承诺的示范效应，鼓励企业主动展示其对反垄断合规的承诺和努力，形成良好的示范带动作用。

需要指出，《指南》在法律渊源上不属于法律、行政法规、部门规章等，不具有法律拘束力和强制力。《指南》第39条也指出"本指南仅对经营者反垄断合规作出一般性指引，不具有强制性。法律法规规章对反垄断合规另有专门规定的，从其规定"。然而，这并不代表《指南》没有实践意义，反而是通过《指南》逐步探索不断完善，为防范反垄断法律风险，进一步优化营商环境提供了有力支撑。同时，更加期待随着经营者反垄断合规的市场实践发展和法律法规演进，《指南》的相关内容，尤其是反垄断合规激励部分，可能会被吸收进更高位阶的法律法规，甚至今后在《指南》实施成熟后，可以在不断完善中提升其法律位阶，从而在长远角度上对我国反垄断法律和政策体系产生影响。

综上，此次《指南》修订，体现了《反垄断法》理论与实践的最新发展，充分考虑了当前全球经济下的挑战和机遇，通过多方面、多维度细化和完善，提高反垄断合规的可操作性，为企业开展反垄断合规提供了有效指引，有助于企业提升合规管理能力，减少违法风险；更深远意义在于，通过强化企业合规管理，促进市场公平竞争，鼓励创新，为我国经济高质量发展奠定更加坚实基础。[1]

---

[1] 原文首发于《第一财经日报》2024年4月30日第A11版，收录时有调整。

放宽经营者集中申报标准　鼓励企业投资与创新发展

2024年1月22日，修订后的《国务院关于经营者集中申报标准的规定》（简称《规定》）公布施行。此次修订放宽经营者集中申报标准（简称申报标准），适应我国经济发展的需要和水平，紧扣我国国情，营造更加公平竞争的市场环境，拓展各类市场主体的发展空间。

一、本次申报标准修订主要内容及其意义

反垄断法意义上的控制经营者集中，是对具有或者可能具有排除或限制竞争效果的经营者集中行为进行控制，是一种事先预防性规制。与之相比，反垄断法所禁止的垄断协议与滥用市场支配地位是对违法垄断行为的事后规制。同时，与经营者之间达成的垄断协议、经营者滥用市场支配地位等相比，经营者集中行为会长期改变市场结构，对于市场竞争的影响更加深刻、更加广泛，因此，为避免由一家经营者或少数经营者垄断市场，将在集中行为发生前进行审查。

申报标准是经营者集中反垄断审查制度的门槛，起到初筛竞争风险、划定监管范围、明确申报义务、便利守法经营的作用。我国申报标准采取的是经营者营业额标准，该标准具有客观、明确、便于判断的特点，有利于保证申报制度的可操作性和可执行性。申报

标准的制定和调整，应当考虑市场竞争状况和国家发展需要，以及与其他国家和地区的协调，以符合统筹好国内法治和涉外法治的反垄断法治要求。

《规定》与2018年版相比，营业额门槛有三个提高：一是，将参与集中的所有经营者上一会计年度的全球合计营业额标准，由超过100亿元人民币提高至超过120亿元人民币；二是，将参与集中的所有经营者上一会计年度的中国境内合计营业额标准，由超过20亿元人民币提高至超过40亿元人民币；三是，将参与集中的所有经营者中至少两个经营者上一会计年度的中国境内营业额标准由均超过4亿元人民币提高至均超过8亿元人民币。由此可见，随着我国经济不断发展，申报标准须及时修订，以保持与我国经济社会发展水平相适应，申报标准提高能够促进市场主体开展投资并购活动，激发市场活力，实现预防潜在竞争问题和减轻企业负担的平衡。

申报标准提高将有效减少不具有竞争问题的中小规模并购申报，使得只有可能对市场竞争造成影响的规模较大的经营者集中才需要申报，有效降低了企业申报频率和强度，减少企业制度性交易成本，提高企业的经营效率和灵活性；为各类市场主体，特别是中小企业营造更为轻松的市场环境，鼓励市场主体进行创新和合作，提高市场主体的活力和竞争力，促进市场多元化和繁荣。

二、本次申报标准修订亮点

我国反垄断法律体系由"1部法律+1部行政法规+6部部门规章+8部反垄断指南"构成，2022年6月《反垄断法》修正后，除《金融业经营者集中申报营业额计算办法》外的配套部门规章已在2023年完成修订。《规定》因营业额标准确定较为复杂，需要根据我国经济社会发展情况测算，并通过相关经济学分析才能得出较为准确的标准，同时，因其法律位阶高、修订程序多，使得修订时间较长。此次修订还有两大亮点。

（一）删除"扼杀式并购"的规定

《规定》正式版本删去了《规定（修订草案征求意见稿）》中关于超大型企业收购初创企业（理论上称为"扼杀式并购"）的有关条款。

首先，需要明确经营者集中在基本经济原理上具有积极效果和消极效果，"扼杀式并购"一词虽具有负面色彩，但其本质应是中性词语，需要分析其经济效果来判断法律上是否进行经营者集中控制。《规定（修订草案征求意见稿）》第4条关于"扼杀式并购"进行了探索，但正式出台版本删去了相关条文，表明我国在《规定》制定过程中依然保持审慎态度，对于这一理论难题在尚未有明确结论的情况下，不贸然进行规定，充分体现了对市场的尊重，充分发挥了"有效市场"在资源配置中的基础性作用，恪守"有为政府"的行为边界。

其次，需要澄清在市场经济体制下，企业之间因市场经营行为、市场优胜劣汰等原因进行的合并、重组是常见的现象。企业之间进行的合并、重组将使得原各个企业的劳动力、资本、技术、数据等生产要素，以及在生产经营过程中所积累的市场份额、销售网络、消费群体等迅速聚集于合并后的企业。因此在经营者集中后，对于企业而言，具有扩大企业规模、提高企业生产经营效率、增强企业竞争力等重要作用；对于产业而言，可能具有实现优化和调整产业结构、提升产业生产效率、促进技术传播推广等重要作用；对于市场而言，具有优化市场资源配置、增强企业竞争力进而增强市场竞争等重要作用。

最后，也需要明确经营者集中同样会产生一些反竞争效果。一是对于具有直接竞争关系的经营者进行集中，最直接的表现是在企业集中后，市场上的竞争者数量减少，原本具有竞争关系的竞争者在集中后，直接消除了彼此之间的竞争，使得市场份额迅速集中导致市场集中度过高，此后市场竞争不充分，会扭曲市场对资源的配置作用。二是对于不具有直接竞争关系的经营者进行集中，同样可能产生反竞争效果（如纵向的封锁效果）。

综上，"扼杀式并购"作为一个复杂的经济现象，其效果可能因行业、市场、企业和交易的具体情况而异，需要具体问题具体分析。对于营收极低的初创企业而言，超大型企业收购是其创新发展的重要资金来源，甚至部分初创企业创建目标，就是希望通过特色产品服务研发来被超大型企业收购而实现盈利。因此，《规定》正式版本删去相关条文，也是为我国中小微企业提供更为宽松的市场环境，希望能够培育出更多"独角兽企业"，对此类具有投资性质的经营者集中放宽要求，鼓励企业投资，激励创新发展。

（二）增加"兜底规定"

《规定》与2018年版相比增加了"经营者集中未达到本规定第三条规定的申报标准，但有证据证明该经营者集中具有或者可能具有排除、限制竞争效果的，国务院反垄断执法机构可以要求经营者申报"的"兜底规定",有力保护好市场公平竞争秩序。

在2022年《反垄断法》修正中就增加了第26条第2款"经营者集中未达到国务院规定的申报标准,但有证据证明该经营者集中具有或者可能具有排除、限制竞争效果的,国务院反垄断执法机构可以要求经营者申报",在法律层面确立了我国经营者集中的"营业额标准"+"主动审查标准"。此次《规定》配套进行了相关规定,确立了即使经营者未达到相关规定标准,只要有证据证明相关集中可能存在反竞争效果,执法机构也可以主动介入,要求参与集中的经营者履行申报义务。

我国采取的"营业额标准"会因不同行业经济规模差异,导致部分行业相关市场内的集中行为难以纳入经营者集中控制制度的规制范围。同时,在当前数字经济场景下,"扼杀式并购"的经济效果依然有待观察,为了避免相关行业与市场的竞争受损、损害创新,《规定》赋予反垄断执法机构的"主动审查权"弥合了单一"营业额标准"的不足,使得反垄断执法机构在有证据的情形下能够主动启动集中申报程序,对于可能具有反竞争效果的经营者集中及时进行审查,以实现科学审慎反垄断监管。

三、做好标准放宽后的落地衔接,有效激发市场活力

首先,此次《规定》修订放宽申报标准符合市场预期,是根据我国经济发展情况和市场竞争状况进行的合理调整,为资本有序流动提供了宽松环境,体现了国家对于企业创新激励发展的政策导向,有利于进一步促进市场竞争,增强我国企业的国际竞争力,推动我国经济高质量发展。

其次,放宽标准有效减少经营者集中申报数量,降低经营者制度成本负担,提高国务院反垄断执法机构的执法效率,使其能够更加专注于对可能损害市场竞争的经营者集中进行审查和监管,从而提高反垄断监管的针对性和有效性,提升反垄断监管执法效能,促进市场公平竞争。

再次,放宽标准需要与《公司法》等相关法律法规做好衔接与相互配合,使营业额的确定、企业资本运营监管等方面更加规范,保证经营者集中的申报和审查工作与公司法律制度的一致性和协调性。

最后,需要国家发展和改革委员会等有关部门共同为政策落地实施做好衔接,针对不同行业、市场、地区的特点,制定相关政策措施,引导和激励经营者按照国家的发展战略和目标,开展投资业务,提高创新能力,增强市场竞争力,推动各产业创新发展。

反垄断豁免条款适用面临的挑战及改进

《反垄断法》第20条确立了垄断协议的豁免制度，作为《反垄断法》的重要组成部分，这一条款对于实现《反垄断法》的立法目的具有深远影响。它不仅有助于稳定经营者的合理预期，明确经营行为的正当性，还能深入推动营商环境优化。反垄断豁免允许特定领域或特定情境下的行为排除适用《反垄断法》的违法性及责任，其核心在于对垄断行为的竞争效果进行评估。若其积极影响显著超过消极影响，且有证据表明经营者所达成的协议行为不会严重限制相关市场的竞争，并能与消费者分享该行为所带来的竞争利益，则此类垄断协议行为可获得豁免。然而，在实践中由于该豁免条款规定过于原则，尚存在认定标准不明、适用条件不清、适用程序模糊等不足，使得该条在实践中未能得到良好的实施，削弱了其应有的价值。

一、垄断协议行为的主要类型

垄断协议是各国反垄断法明确禁止的垄断行为之一，对垄断协议进行法律规制是反垄断法实体制度的三大支柱之一。垄断协议，也被称为独占协议或排他性协议，是指多个独立经营者通过协议、决定或协同行为等方式联合实施的排除、限制竞争的垄断行为。

我国现行《反垄断法》规定，垄断协议行为主要有横向垄断协议行为、纵向垄断协议行为以及"组织或帮助"其他经营者达成垄断协议行为。

第一种是横向垄断协议行为，也称为卡特尔行为，指具有同业竞争关系的经营者通过明示或默示行为，如积极促成、直接意图表示、符合市场交易规则和习惯等方式，达成的限制或排除市场良性竞争的协议、决定或协同行为。其主要通过固定价格、限制数量、分割市场等手段形成干预市场的力量。

第二种是纵向垄断协议行为，也称为垂直协议行为或垂直限制协议行为，指同一行业中的两个或两个以上处在产业上下游不同环节且具有买卖关系的经营者，以协议或其他方式之合意实施的旨在排除或限制竞争以获取某种利益的垄断行为。其中，"上游经营者"是前一阶段的经营者，"下游经营者"则是后一阶段的交易相对人。

第三种是"组织或帮助"其他经营者达成垄断协议行为，它兼具横向和纵向垄断协议行为的特点。2022年修正的《反垄断法》第19条明确将"组织或帮助"其他经营者达成垄断协议行为纳入反垄断法规制范围，这类协议行为在学理上通常被称为"轴辐协议"。然而，轴辐协议的概念尚未有统一界定，我国法律也未有明文规定，仅在部分案例与学术文献中有所描述。

一般来说，轴辐协议通常发生在具有竞争关系的横向经营者与上（下）游供应商之间。在这种协议中，"轴心"代表占据核心地位的上游或下游企业，而"轮辐"是横向共谋中的竞争者。由轴心经营者与上游或者下游的多个轮缘经营者分别达成相互平行的纵向协议，轮缘经营者之间通过处于中心位置的轴心经营者的组织、协调达成横向合谋，在轴心经营者与轮缘经营者的共同作用下，实现排除、限制竞争的目的。轴辐协议中既有纵向关系，即轴心经营者与轮缘经营者之间"明"的安排，又有横向关系，即轮缘经营者之间"暗"的合谋，但是轴辐协议本质上依然是轮缘经营者之间达成横向垄断协议，其违法性识别及豁免可适用横向垄断协议的基本条件。

在实践中，反垄断执法机构与法院在垄断协议的违法性认定上虽有不同标准，但有两点共识。一是反垄断法所禁止的垄断协议必须具备排除、限制竞争的效果，否则无禁止之必要。二是垄断协议产生的损害效果既包括实际损害，也包括潜在损害，只要某项协议具有"排除、限制竞争的可能性"，即符合效果标准，而非必须待损害实际发生后才采取禁止措施。

二、垄断协议行为的豁免适用

对上述提及的各类垄断协议，包括推定禁止的垄断协议，都允许当事人依据《反垄断法》第20条提出豁免抗辩。

（一）横向垄断协议行为豁免

在评估协议的积极效果时，法院及当事人有时可能选择不适用豁免条款，这导致豁免条款的效力受限。直接评估协议效果而不考虑豁免条款，可能在法律适用程序上存在问题。在适用豁免条款时，关于举证责任的分配，横向垄断协议的形式要求一旦达成，一般就会产生排除、限制竞争的实际效果或潜在效果，可以推定其具有排除、限制竞争的效果。因此，被告须承担证明协议不具有排除、限制竞争效果的举证责任。

若经营者欲根据《反垄断法》的豁免规定情形主张豁免，须举证以下三项关键事实：其一，有关协议符合《反垄断法》第20条规定的法定情形之一；其二，有关协议为实现法定情形之一所必需，不会严重限制相关市场的竞争；其三，有关协议能够使消费者分享由此产生的利益。对于上述三项关键事实，经营者应提供充分证据证明相关协议具有法定情形之一项下所指积极的竞争效果或经济社会效果，且该效果是具体的、现实的，而非基于一般性推测或抽象推定。

（二）纵向垄断协议行为豁免

由于纵向协议签订主体一般为相互间不具有竞争关系的经营者，且各自的利益诉求不尽相同，这类协议往往仅抑制品牌内部竞争，而不会对品牌间的竞争产生直接影响，即无法排除、限制相关市场上其他经营者的竞争行为，因此对相关市场竞争所产生的反竞争效果明显弱于直接作用于品牌间竞争的横向协议，不易对市场产生限制或排除竞争效果，不易构成《反垄断法》所定义的限制或排除竞争的垄断协议。

鉴于纵向协议反竞争效果一般轻于横向协议，《反垄断法》对于纵向垄断协议的认定，要求其具有排除、限制竞争的实际效果。在举证责任方面，主张被诉协议构成垄断协议的一方须证明该协议具有排除或限制竞争的效果，证明垄断协议具有积极效果的举证责任则应由达成该协议的一方承担。

三、激活反垄断豁免条款的关键

（一）明确豁免条款适用要件

我国对于垄断协议的认定和处理存在模糊性。在欧美反垄断法中，垄断协议的认定主要基于对其产生的限制竞争效果与促进竞争效果的权衡。一般而言，只有净效果为负的垄断协议才被视为违法，只有极少数的硬核卡特尔直接适用本身违法原则。然而，在我国司法实践中，关于垄断协议积极效果评估的判断标准并不明确，缺乏具体的规定和指导，导致法院和反垄断执法机构在处理案件时存在一定的困难和挑战。

不论是美国法还是欧盟法，在考察垄断协议能否豁免时，均要证明该协议"是否为达成其目标所必需的限制"。我国《反垄断法》第20条对于垄断协议豁免情形的规定较为笼统，给实际应用带来了挑战。

并且，缺乏明确的申请程序和审查标准是导致垄断协议豁免难以落地的重要原因之一。在实际操作中，企业或组织需要向有关部门提交垄断协议豁免申请，但目前尚无统一、明确的申请流程可供参照。同时，审查标准也不够具体和明确，使得审查结果存在不确定性，不利于经营者作出准确的判断和决策。

（二）进一步完善豁免责任机制

加强反垄断行政执法与司法衔接，对于营造公平、稳定、透明、可预期的营商环境至关重要。反垄断执法机构与各级法院间应建立衔接机制，增强数据信息共享，研究建立案件线索通报和调查取证衔接机制，开展典型案例交流，相互提供专业技术支持，共同促进反垄断行政执法与民事司法形成合力，以提升反垄断工作的质量。

建立协议行为审查与豁免机制，鼓励经营者对协议行为进行咨询，以避免潜在的排除、限制竞争的垄断协议给市场和消费者带来不利影响。在协议达成前，经营者或行业协会可向反垄断执法机构咨询特定情形是否符合豁免条件。反垄断执法机构在开展调查后、作出决定前，应允许经营者提交豁免申请。在审查阶段，反垄断执法机构须根据《反垄断法》规定，在申请材料的基础上，结合国家经济政策，根据豁免要件作出决定。

此外，企业也应建立反垄断合规部门，妥善、合理、高效适用反垄断法豁免制度。2024年4月25日，国务院反垄断反不正当竞争委员会发布新《经营者反垄断合规指南》，为增强经营者公平竞争意识、提高反垄断合规管理水平提供了参考。为完善实践中豁免制度适用责任机制，企业应配合反垄断执法机构的调查和审查，将内部反垄断合规管理与豁免申请制度相衔接，建立企业内部的事前、事中、事后全流程反垄断风险评估制度，充分发挥反垄断法豁免制度的作用。

（三）细化积极效果评价标准

执法机构与司法机关在评估垄断协议的积极效果时应持谨慎态度。首先，垄断协议达成方须证明其在经济学和商业逻辑上对相关市场的运转、竞争效率以及消费者利益和需求具有实质益处。

其次，必须确保消费者能够直接或间接受益于该协议，这种利益应是可见或可预见的，难以预见或仅为理论存在的利益不应计入其中；并且这一利益须为消费者所关注，且他们愿意为之支付相应成本。

最后，达成垄断协议的行为必须是无法被没有任何违法嫌疑、对竞争不含排除或限制作用的行为所替代的。如果经营者可以通过非垄断协议行为的合法方式全部或部分实现自身经营目标，则无须采取有违法嫌疑的方式。综上，即构建了对垄断协议行为的最小化原则与可替代性原则的识别标准及方法。①

---

① 原文首发于微信公众号"知产前沿"2024年5月11日，收录时有调整。

多方合力精细治理　促进新就业形态健康发展

有关新就业形态优化发展与新就业形态劳动者健康发展的讨论，特别是2023年底发生的青岛外卖骑手遇害事件，引发了社会各界对新就业形态如何治理以及其从业者相关权益如何保障的广泛关注。针对新就业形态领域中所涌现的网约车市场饱和、直播主播涉税违法、外卖骑手权益保护、网络房地产经纪运营规制、职业探店人行为规范等所表现出的社会现象及背后的法律问题，都值得深入分析，精细应对。

一、何谓新就业形态

在实践中，依托互联网的平台经济是数字经济的一种表现形式，因此新就业形态及其相关劳动，在很大程度上都基于互联网信息技术和互联网平台组织展开，其中数字技术和算法推荐起到很大作用。基于这些特性，平台经济中极易形成认知混同和形态交织，这就要求在具体治理过程中探求精细化策应方法。在探讨新就业形态劳动者的权益保障问题时，首先应当厘清新就业形态劳动者、新就业形态等关键词的根本内涵。

早在2021年7月，人力资源和社会保障部等八部门联合印发《关于维护新就业形态劳动者劳动保障权益的指导意见》，对支持和规范发展新就业形态、维护新就业形态劳动者劳动保障权益提出了若干举措,但并未对"新就业形态"与"新就业形态劳动者"进行明确定义。

2023年11月,人力资源和社会保障部办公厅印发《新就业形态劳动者休息和劳动报酬权益保障指引》《新就业形态劳动者劳动规则公示指引》《新就业形态劳动者权益维护服务指南》,其中两份指引指出,"本指引所称新就业形态劳动者,主要指线上接受互联网平台发布的配送、出行、运输、家政服务等工作任务,按照平台要求提供平台网约服务,通过劳动获取劳动报酬的劳动者"。据此,新就业形态是指一种依托互联网平台与深度依赖数据、算法及相关技术,适用于不同场景的灵活就业模式。

相关政策文件的不断细化,反映出我国政府部门高度重视和支持新就业形态发展,也体现了我国对新就业形态及新就业形态劳动者保护的积极探索和制度创新。同时,政策文件的演进过程也反映出新就业形态及相关定义和范围还存在一定争议和不确定性,需要根据实际情况和发展变化进行不断探索完善。因此,新就业形态既是我国就业领域的一大机遇,也是一大挑战,需要各方共同努力和协作,为新就业形态劳动者提供更加公平、合理、有保障的就业环境和服务。

二、新就业形态中劳动法律关系识别

对于当前网约车司机、外卖骑手等灵活就业群体中不断出现的收入水平下降、劳动权益受损救济难等问题,其根本症结在于无法精准识别这类新就业领域灵活用工过程中所涉及的基本法律概念和法律关系。只有准确定位主体法律身份,才能更好地识别在提供劳动服务中所形成的各类法律关系,进而提供合法且适当的规制工具及相应的救济措施。

《关于维护新就业形态劳动者劳动保障权益的指导意见》专节指出，要"规范用工，明确劳动者权益保障责任"，其中就强调，符合确立劳动关系情形的，企业应当依法与劳动者订立劳动合同。不完全符合确立劳动关系情形但企业对劳动者进行劳动管理的，指导企业与劳动者订立书面协议，合理确定企业与劳动者的权利义务。个人依托平台自主开展经营活动、从事自由职业等，按照民事法律调整双方的权利义务。

以外卖骑手权益保障为例，当灵活就业从业者与互联网平台产生权益纠纷时，重点要明确从业者的报酬如何实现，以及从业者与平台是否存在隶属和管理关系这两大难题。若平台将劳动者带来的流量和数据变现，那么作为数字劳动提供者的从业者与作为获益方的平台之间就如何分配基于流量和数据收益带来的利润及可能引发的责任，也需要结合具体情况予以认定，只有这样才能对分享和分担机制进行合理设计。

事实上，此类矛盾的出现和激化多是由于平台的算法所导致，因此大众也常常将外卖骑手称为"困在算法中的骑手"。一般情况下，平台的算法设计逻辑更倾向效率优先，目的是获取更多的商业利益，更多考虑的是如何节约成本、吸引更多用户。目前所倡导的"算法取中"则要求兼顾公平与效率，增强算法的包容性，保障劳动者安全。基于此，在算法优化方面，建议平台以"保证算法向善"为基本原则，进一步细化落实关于算法解释权的规定，提高算法透明度，同时，建立畅通的劳动者投诉举报机制，在调整派单、抽成等涉及劳动者核心利益的算法规则时，应全面了解并充分吸纳劳动者的诉求,对算法不合理之处及时修正。

除外卖骑手外,部分直播主播同样面临着类似的困局。以直播主播为代表的劳动者所具有的新个体经济特征与新就业形态劳动者存在交叉之处,他们作为劳动力的载体,通过付出时间换取金钱;平台作为劳动力供给方,在提供平台的同时也可以获得流量收益。此种情况下,主播与直播平台之间很难形成劳动者/劳务者与用人单位/雇主之间的关系。然而,换个角度看就会有不同的结果,如果将主播看成与直播平台的合作者,譬如,主播接受了直播平台的具体管理、运营包装、报酬支付等条件,按照直播平台规定付出特定劳动、保障工作时长等,两者之间就绝非所谓"合作关系",在这种场景下,可以说主播从事了一项新职业,两者之间可能构成实质性的劳动关系或劳务关系。

从传统意义上讲,部分主播或者说主播及其合作的直播平台等作为劳动力供给方,其与具体用工企业等劳动力需求方之间的关系,可以被表述为直播平台与具体用工企业之间的市场化"合作关系"。某种场景下看,主播与具体用工企业之间并不存在任何形式上的"关系",连"合作关系"都不存在,更谈不上现行劳动法下的"劳动关系"或"劳务关系",这里的法律关系,可表述为"主播与直播平台间的合作关系""直播平台与具体用工企业之间的合作关系",各自都是"收益自决、风险自担"的市场主体,当主播出现人身伤害或第三人权益侵害时,缺乏用工企业责任为担保的劳动行为极易引发赔偿纠纷。但是,此种认识也不是绝对的,在具体案件中需要结合个案情况具体分析。譬如,结合直播现象来看,如果存在就商品或服务功能、质量进行虚假宣传,或者通过违法使用数字技术进行流量造假、刷单炒信等虚假交易行为,其对消费者、其他经营者所带来的损害就可能涉及多方主体的责任,其中不排除平台为主播承担相应责任的可能。

总的来说,以互联网信息技术和数字技术为主要介质的数字经济发展步入高质量发展阶段,其中依托互联网平台组织体、数据、算法、技术、资本和平台规则的新业态、新模式、新产业不断涌现,新就业形态的发展也从野蛮生长走向有序发展,广大灵活就业从业者法律身份的定位及从业过程中各类行为所引发的法律关系的识别逐渐清晰和规范,相关治理理念也不断优化,既要严守安全底线,也要为新业态发展留出空间。

三、精细治理新就业形态须多管齐下

鉴于新就业形态发展所具有的技术复杂性、主体多元性、监管多层性等特征,建议在法治框架下进一步推动政府、个人、企业、社会形成治理合力。

(一)提高监管水平,做好利益协调

相关监管部门要集中精力把握新就业形态用工产业健康发展的关键要素和环节,透过表象看本质、放权市场、专精本职、提升服务。政府监管部门是新就业形态的监管者和协调者,更是引领者与服务者。政府应当根据新就业形态的特点和需求,完善相关的法律法规、政策措施,既要支持和鼓励新就业形态的创新和发展,又要加强对新就业形态中具体问题的管理,及时解决新就业形态劳动者所面临的现实困难,协调新就业形态的利益关系,在切实保护好广大新

就业形态劳动者权益的基础上，推动互联网平台不断创新发展。

（二）结合具体情形，分类分级精准施策

要根据新就业形态各行业类型与新就业形态劳动者具体表现分类分级精准施策。新就业形态集中于劳动密集型产业，同时还具有较高的技术含量、市场活力、社会效益等特点，如网约配送、出行、家政等服务，监管部门应根据新就业形态不同类型行业的特性和规律，把握其发展的关键要素和环节，如市场需求、技术创新、行业规范、劳动保障等，制定和实施相应的政策措施和服务保障，促进新就业形态的高质量发展。

（三）成立工会和行业协会组织，拓宽沟通渠道

考虑在政府指导下成立新就业形态从业者工会组织，代表新就业形态广大从业人员发声、维权。新就业形态用工服务平台及用工企业成立行业协会组织积极拓宽劳资双方沟通渠道，听取新就业形态从业者的迫切诉求。进一步讲，可由监管部门、新就业形态从业者工会、行业协会参与构建新就业形态灵活用工的联动协调机制，充分发挥多元主体共商共建共治共享的主动性和积极性，保障新就业形态领域各新业态健康发展。

（四）注重引导互联网平台企业健康发展

互联网平台企业是新就业形态的平台及提供者，也是新就业形态的推动者和密切合作者。相关平台企业应该根据市场的需求和变化，提供和优化新就业形态的服务和产品，为新就业形态劳动者提

供更多的就业机会和收入渠道，为消费者提供更好的服务和体验。企业要严格遵守法律法规和行业规范，履行社会责任和义务，保障新就业形态劳动者的劳动条件和权益，与新就业形态劳动者建立良好关系，同时，要与其他同行企业形成良性竞争，共同维护新就业形态相关市场公平竞争，促进新就业形态健康发展。①

---

① 原文首发于《第一财经日报》2024年2月8日第A07版，收录时有调整。

数/智/经/济/发/展/的/法/治/促/进

第二编

数字经济时代
数据要素治理的经济法治回应

以数据要素治理为契机 开启互联网治理新格局

2022年11月11日，以"共建网络世界 共创数字未来——携手构建网络空间命运共同体"为主题的2022年世界互联网大会乌镇峰会落下帷幕，与会嘉宾就数实融合、人工智能、数据治理等热门话题展开讨论。随着我国数字经济的高速发展，数据作为新型生产要素，是数字化、网络化、智能化的基础，已快速融入生产、分配、流通、消费和社会服务管理等各个环节，深刻改变着生产方式、生活方式和社会治理方式，互联网治理亟待构建数据要素治理体系，实现数据安全与开放共享，适应互联网经济发展的下半场。

一、互联网治理步入新时代

回溯我国互联网治理历程，从1994年中国正式接入国际互联网至今，随着互联网的发展经历了四个阶段的变迁，治理格局不断发生变化。

1994年到2002年是中国互联网起步阶段，这一时期中国刚刚接入互联网，互联网尚未展现其社会属性，政府是主要的互联网治理主体，从促进经济社会发展的角度将完善信息基础设施建设、提高互联网普及率作为治理主要任务。

2003年至2014年中国互联网进入高速发展期，互联网大型企业纷纷在搜索引擎、社交网络、电子商务、网络游戏等领域积极部署并形成领先格局,与线下各场景融合形成线下到线上模式,互联网治理模式开始发生颠覆性变化,步入第二代互联网(Web2.0)时代。

2015年至2019年中国互联网进入竞争加速阶段。国内层面,"互联网+"被写入《政府工作报告》,互联网平台与传统产业加速融合,大型互联网企业借助其前期建立的优势地位逐渐发展为超大体量互联网生态企业,深入社会各领域,逐渐出现资本无序扩张、垄断市场经营、大数据杀熟等乱象;国际层面,国际网络犯罪、知识产权侵犯、网络攻击、网络恐怖主义等问题逐渐对国家安全产生威胁。在此时期,互联网治理从维护国家安全和稳定的高度出发,着力做好网络安全工作,统筹协调治理机制,完善治理立法体系,同时推动互联网全球共治共享。

2020年以来,互联网经济迎来全面规整期。国内互联网经济迎来了更高速的增长,而前期所出现的资本无序扩张、垄断风险、金融风险等问题进一步扩大,对国家安全产生更为显著的威胁。故在此阶段国家特别注重"坚持发展与规范并重""强化反垄断和防止资本无序扩张",对平台经济中出现的算法、数据等滥用问题进行集中整治,协调统筹监管体制,出台与修订了一系列法律法规,意在推动互联网经济行稳致远。

2022年以来,全球经济面临局部冲突、经济通胀、逆全球化等各类不确定性风险。中国设定了智能化、绿色化、城镇化、融合化、共同富裕等确定性目标,适应老龄化的确定性趋势,以及承受需求收缩、供给冲击、预期转弱等不确定性压力。随着新一轮科技革命和产业变革深入发展,互联网、大数据、云计算、人工智能、区块链等数字技术创新活跃，数字经济成为重组全球要素资源、重塑全球经济结构、改变全球竞争格局的关键力量。完善数字经济治理，需要释放数据要素潜力，推动数字化转型，赋能经济发展。通过数字化获得和分析数据，最大限度消除各种信息不对称现象，优化资源配置，提高应对产业链、供应链急剧变化的敏捷性，增强我国经济在面临不确定性时的弹性。

然而，数据要素的开放与流通必然会产生数据安全风险，要想在充分释放数据要素价值的同时保障数据安全，占据国际数字经济制高点的同时深化国际互联网治理合作，需要构建符合数据要素特点的数据要素国家治理体系。数据要素国家治理体系是指统筹数据要素流通与应用的一系列相互关联、相互协调的制度安排，体现在国家、行业、区域、企业、个人等不同层面，涉及科技、产业、社会等不同应用领域，以及数据采集、存储、加工、分析等不同管理阶段。因此，在互联网治理再出发前，需要首先明确数据要素治理中用户、企业、国家、国际主体之间的关系，方能锚定治理方向。

二、打破B2B（Business to Business，企业—企业）数据共享壁垒，激发市场活力

释放数据价值的关键在于扩大数据供给、畅通数据流通渠道，我国当前虽具备拥有大规模的数据量和丰富多元的数据应用场景的优势，然而B2B层面的数据流通不畅仍阻碍了数据要素价值最大化。故数据要素治理在B2B层面的着力点在于围绕数据全生命周期，充分释放数据要素价值，发挥有效市场与有为政府的作用，打破B2B数据壁垒。

(一)依托数据分类分级构建数据产权制度

当下企业持有的数据具有来源广、数量多、差异性大等特点,数据内容往往涉及个人利益、商业秘密以及国家社会公共利益,数据主体包括生产方、控制方、处理方等多元主体,导致数据共享与流通中的关系烦琐复杂,企业共享数据意愿较低。应依托数据分类分级构建保障权益、激活价值的数据产权制度,对不同重要等级或敏感程度的公共数据、企业数据、个人数据进行分类分级,明确界定数据的所有、使用、处分、收益等权利,兼顾不同类型数据的管理和使用需求。

(二)结合数据特点释放数据要素价值

数据具有可复制性、多样性、瞬时性、使用加权性等特点,故数据对交易平台的安全、可信、可控要求较高;数据交易涉及数据资产评估、登记结算、交易撮合、争议解决等一系列交易环节,对交易规则是否能符合数据交易特点要求较高。当下数据要素的流通与交易缺乏统一、规范的交易平台与市场交易规则,数据交易服务商等交易中间方功能定位不详细,应加快建立数据交易平台,以区块链等创新技术保障平台数据传输交易安全,并建立相应的数据安全管理制度,根据交易方需要提供管理、审计、储存、加密、销毁等功能服务。

同时,随着数据要素价值的进一步凸显,部分互联网头部企业依托其占据的市场主导地位与庞大用户群体,实现了对大规模数据的持有与积累,进而通过封锁屏蔽等手段限制数据与其他企业的开放和流通，产生数据垄断、数据歧视等问题。对此，应对现有的反不正当竞争、反垄断等法律法规规制数据要素和数据滥用行为的进路进行完善，以《反不正当竞争法》和《反垄断法》为基础，推动《网络安全法》《数据安全法》《个人信息保护法》等与数据相关的法律法规构建衔接机制，遏制数据不正当竞争与反垄断行为，保护数据安全。

（三）推动数字经济与实体经济深度融合

在B2B层面需要着重推进互联网企业与工业企业、数字技术企业、传统中小企业的合作，以此推动数字经济与实体经济深度融合，培育经济发展新动能。一方面，依托数据确权、数据交易、数据监管等环节，引导数字经济赋能实体经济，通过互联网企业对工业企业数据进行获取与分析，减少信息不对称，优化资源配置，实现产业链数字化转型；另一方面，建立数字化转型促进中心等公共服务平台，为数字技术企业和中小企业提供合作平台与渠道，促进中小企业数字化转型。

三、明确B2C（Business to Consumer，企业—消费者）个人信息保护红线，以保护用户利益为中心

在数字经济时代，人们在进行消费、医疗、金融、交通等各项活动时都会产生大量包含个人隐私的敏感数据，信息采集主体、采集场景、采集的信息类型更加多样。对于平台企业而言，一方面，出于平台互联互通、数据共享的要求，个人信息在平台企业中的共享和流通频次加大，一旦传输过程缺乏规范或共享主体增多，个人

信息泄露风险也随之增大；另一方面，利用个人信息对用户精准画像并进行个性化推荐是平台企业重要的盈利模式，为实现盈利目的，平台企业往往过度收集个人信息或将所收集的信息用于未经用户许可的用途，侵害个人信息权益。B2C之间的数据共享与个体、企业、政府都息息相关，应充分贯彻多元共治的理念，保障个人数据共享与安全。

（一）个人层面

部分用户个人信息保护意识较为淡薄，比如在公共平台过度暴露个人信息、在公共电子产品或网络上输入个人账号与密码等，对于平台企业所公示的隐私政策不予关注，个人信息被泄露或权益被侵犯后不知道以何种途径维权。针对以上情况，应当从个人数据来源出发，提升公民数字素养以及获取、处理与应用数据的能力，增强公民个人信息保护意识；同时，应采用对个体赋权的方式，为用户设置"通知—删除"原则与数据可携带权，用户可自行决定数据的应用及归属，增强用户对个人信息的掌控；通过设置算法解释权，使用户有权要求企业对数据应用和处理数据的算法机理进行解释，增进用户与企业之间的信任。

（二）企业层面

平台企业的个人信息隐私保护政策内容复杂，造成部分平台用户对隐私政策了解不足，对个人数据的使用没有作出真实意思表示；在对数据进行处理、应用和交换过程中，企业没有对个人数据进行分类分级管理，导致个人数据价值难以最大化释放；同时，随着个人信息在大数据时代应用越发广泛,平台企业持有的个人数据量规模也在不断增大,随之而来的是个人信息泄露风险的提高。故平台企业在处理个人数据时,应当使隐私政策内容明晰、重点突出、简洁可读,充分保障用户对权利义务的知晓,在此基础上,通过对个人数据进行分类分级管理,对不同敏感程度以及不同应用领域的个人信息设置"去标识化"等措施,同时积极引入隐私计算等技术手段保障个人数据安全,在不影响数据安全的情况下提高数据处理的灵活性,促进个人数据价值的释放。

(三)政府层面

政府层面需要从顶层设计上明确个人信息安全底线,着重保护个人隐私与个人数据权益。完善现有立法,细化模糊的规则标准,依据《个人信息保护法》《数据安全法》等规定设置个人数据采集的负面清单,明确平台企业不得进行个人信息收集的范围。同时,以数据运行全周期为基准,建立健全数据安全追责机制,根据数据分类分级制度明确平台企业义务,具体而言,按照谁主管、谁使用、谁运营、谁负责的原则,根据数据的类型和级别,追究负责人的法律责任,在事后层面为平台企业数据处理与应用起到警示作用。

四、保障B2G2G(Business to Government to Government,企业—政府—政府)数据共享与安全,完善全球互联网治理规范体系

B2G2G是指企业到政府再到政府的关系,在数据要素的流通与共享中,第一层次是指以企业与政府机构为主体的国内政企数据共享,第二层次是指涉及多主体的国家之间的数据交换与共享。

B2G2G层面的数据往往涉及重大公共利益与国家安全，在分类分级体系中被归为核心数据或重要数据，因此此层面的数据共享更加强调对数据安全风险的防范。

（一）国内政企数据共享

政企数据共享是指政府从企业获取原始数据、衍生数据等内容，企业通过政府数据开放平台或向数据管理部门申请获取政府数据，既能促进企业发展，盘活数据资产，也能助力政府数字化转型。当下政企数据共享存在政企双方数据共享意愿不强、缺乏共享平台与统一标准、数据共享涉及安全风险较大等问题，应从如下几个方面促进B2G2G数据共享与安全。

第一，完善政企数据共享相关法律法规，根据数据产权制度明确政企双方的权利与义务，制定政府与企业在数据共享、交易中的收益分配原则、方式和额度；第二，分类分级开放政府数据，激励企业共享数据，扩大政企交换数据供给，政府应依据分类分级形成政府数据开放目录，界定可开放数据、有条件开放数据和不可开放数据，并向企业开放便利的数据获取渠道；第三，建立统一的政企数据共享服务平台，利用云计算、大数据、物联网、区块链、人工智能等技术，为政企数据采集储存、共享交易、开发利用、清理销毁提供安全可控的平台，保障核心数据或重要数据安全。

（二）国际数据共享

国家主体之间的数据共享存在两个维度，第一个维度是在商业领域数字企业出海带来的国际数据流动，第二个维度是在公共利益领域因国际合作带来的国际数据共享，两个维度中的数据共享与安全面临不同的问题与挑战。

在商业领域，一方面，随着全球数字经济竞争日趋激烈，我国以本地化储存为核心的数据安全治理机制与世界其他国家数据跨境自由流动的模式难以接轨，阻碍了我国数字企业"走出去"参与国际竞争；另一方面，数字企业持有的个人数据、企业数据与公共数据含有大量核心与敏感信息，在出境过程中一旦泄露，对国家安全将造成难以预测的危害。基于此，应当建立健全基于数据分类分级的数据出境安全评估规则，我国已经出台《数据出境安全评估办法》和《个人信息保护认证实施规则》等针对数据出境的规范，未来需要进一步落实标准合同条款、数据出境安全认证等监管措施，完善数据跨境流动管理制度体系，并针对企业数据跨境流动全周期的应用需求采取必要的技术手段进行风险评估与防范。

除对商业领域的影响外，数据跨境流动还会对国家主权、人权、教育、医疗、经济发展等公共治理领域产生一系列影响，全球数据共享有助于应对贫困、健康、饥饿和气候变化等重大全球发展挑战，使得互联网发展成果更好惠及全世界人民。当前，数据要素的分配不均最终会超越互联网的界限传导至现实社会，国家之间的数字鸿沟与失衡正在不断拉大。因此，亟待全球携手进行数据治理，形成囊括多边、多方、多领域、多学科的专注于全面发展的全球数据治理框架，引领全球数字经济发展。

诚如习近平主席向2022年世界互联网大会乌镇峰会致贺信中强调，中国愿同世界各国一道，携手走出一条数字资源共建共享、数字经济活力迸发、数字治理精准高效、数字文化繁荣发展、数字安全保障有力、数字合作互利共赢的全球数字发展道路。当前，伴随着世界百年未有之大变局，互联网已经发展跃升到全面渗透、跨界融合的新阶段，弱肉强食、赢者通吃是一条越走越窄的死胡同，包容普惠、互利共赢才是越走越宽的人间正道，建设以数据要素为核心的数字经济治理体系、建立全球数据治理框架，将为我国互联网治理开创新格局，为世界互联网治理贡献中国智慧与中国力量。[①]

[①] 原文首发于《第一财经日报》2022年12月19日第A11版，收录时有调整。

以数据分类分级为基点　统筹数据安全与发展

2022年12月8日，工业和信息化部发布《工业和信息化领域数据安全管理办法（试行）》（简称《管理办法》）。《管理办法》共8章42条，以工业和信息化领域数据为对象、以数据处理者为主体、以数据分类分级为基点，对工业和信息化领域数据安全管理进行了顶层设计。

作为《数据安全法》实施后首部由主管部门制定的关于本行业、本领域的数据安全专门办法，《管理办法》对未来类似的数据安全领域行政规章的制定具有参照意义。

党的二十大报告指出"加快发展数字经济，促进数字经济和实体经济深度融合"，数据已成为数字经济中最为核心的新型生产要素；与此同时，数据安全也是关切国家安全、公共利益、公民及组织合法权益的重要因素。

2021年9月1日，《数据安全法》正式施行，成为我国规范数据处理活动，保障数据安全，促进数据开发利用，保护个人、组织的合法权益，维护国家主权、安全和发展利益的法治遵循。

《数据安全法》规定，各地区、各部门对本地区、本部门工作中收集和产生的数据及数据安全负责，主管部门承担本行业、本领域数据安全监管职责。

一、数据属性特征决定了必须分类分级管理

数据分类分级是数据分类（Data Classification）与数据分级（Data Grade）的合称。数据分类，是指根据数据的属性特征划分成一定的种类，使得纷繁芜杂的数据按照某种规律形成系列集合；数据分级，是指按照一定的原则、标准、规律划分成层次有序的级别，不同级别的数据在数据处理行为中将遵循对应级别的规则。就趋势而言，数据分类分级是实现维护数据安全、促进数据发展的基础，更是数据界定清、流通畅、效用高的先决条件。

然而，由于对不同类型、不同级别的数据应当如何流通，尚无法达成共识，导致实践中产生一定的矛盾与冲突，当前所面临的困境主要集中于以下方面。

（一）数据本身存在多样性的属性特征

一方面，数据种类具有广泛性，从而导致数据属性的差异性。从数据内容角度审视，包括但不限于个人信息、政务、能源、交通、水利、金融、科技、教育、文化、卫生、农业、工业、气象、海洋等多种类型，涉及从人文到自然领域全覆盖。另一方面，不同类型的数据属性存在较大差异，譬如个人信息具有强烈的人格权益属性；企业数据具有浓厚的财产权益属性；政务数据、自然数据等具有较强的公共和国家主权属性，直接关系到国家利益和国家安全。

（二）数据涉及主体存在多类型

数据涉及的主体多样，相关主体对数据分类产生的影响也不同。

数据涉及市场主体、用户个人，也涉及政府部门、社会团体。数据归属存在交叉，数据在不同场景下会产生不同归属的情形。

（三）数据敏感程度不同导致对不同数据的规制要求不同

数据中所承载的各类信息，可根据其信息敏感程度做不同分类。数据主体对数据的敏感程度会随着场景的不同而不同，由此引发的数据流通与数据保护的需求度亦不尽相同。

鉴于此，从数据要素属性特征审视可清晰认识到，分类分级是统筹数据安全与发展的现实需求。由于数据多样性的属性特征，导致不同类型、不同级别的数据所荷载的权益存在较大差别，须以差异化原则构建起与之配位的权属及权责关系、流通规则与安全体系。只有对数据进行分类分级，才能实现在数据全领域、全周期、多场景、多维度下的科学精准治理。

二、《管理办法》中分类分级的亮点与特点

《数据安全法》第21条第1款规定了数据分类分级保护制度，根据数据在经济社会发展中的重要程度，以及一旦遭到篡改、破坏、泄露或者非法获取、非法利用，对国家安全、公共利益或者个人、组织合法权益造成的危害程度，对数据实行分类分级保护。这一条款的重要性在于，对核心数据与重要数据进行了界定。

《管理办法》在总则后紧接着规定了数据分类分级管理，并在《数据安全法》的基础上，将工业和信息化领域数据分为一般数据、重要数据和核心数据三级，这是根据数据重要程度及遭到侵害后的危害程度进行的划分，根据其影响范围广度、危害情节深度区分不

同级别制度实施管理,是一种纵向分级保护制度。

《管理办法》第9条、第10条、第11条分别以危害程度为区分,细化了三级数据的区分标准,并且符合条件之一即可认定,增强了工业和信息化领域数据分级的可操作性,实现了精细化管理。

《管理办法》还规定了重要数据与核心数据的备案管理制度,要求工业和信息化领域数据处理者应当将本单位重要数据和核心数据目录向本地区行业监管部门备案。备案内容包括但不限于数据来源、类别、级别、规模、载体、处理目的和方式、使用范围、责任主体、对外共享、跨境传输、安全保护措施等基本情况,不包括数据内容本身。当备案内容发生重大变化的,工业和信息化领域数据处理者应当在发生变化的3个月内履行备案变更手续。重大变化是指某类重要数据和核心数据规模(数据条目数量或者存储总量等)变化30%以上,或者其他备案内容发生变化。数据分级备案管理制度有助于推动我国数据要素市场建设。

2020年3月30日,中共中央、国务院发布《关于构建更加完善的要素市场化配置体制机制的意见》,明确将数据纳入生产要素由市场评价贡献、按贡献决定报酬的机制,并明确提出"加快培育数据要素市场"。

2022年12月14日,中共中央、国务院印发《扩大内需战略规划纲要(2022—2035年)》指出,"完善数据要素市场化配置机制,建立数据资源产权、交易流通、跨境传输、安全保护等基础制度和标准规范"。

值得注意的是,数据分类分级是数据产权界分、流通利用、安全保护等顶层设计的基础,以此为着力点深入推进数据要素市场化配置改革,才能够使数据要素的生产、分配、流通、消费等各个环节更加畅通。

从《数据安全法》确立分类分级制度,到《管理办法》明确分类分级的措施框架,数据三级体系已逐步建立完善,该分级范式可进而成为统筹数据安全与发展的基准,数据要素市场化配置亦可在此基础上推进。

首先,可探索结合数据分级备案管理制度,实施数据要素市场化配置的"负面清单"制度。负面清单是指将政府管制的范围和具体事项清楚明白地予以列举,除清单外的事项,政府没有任何权力,以任何理由、任何形式阻碍或限制经营者从事合法的经营活动。

其次,结合核心数据与重要数据备案目录,分别设置负面清单。核心数据因关系到国家安全、国民经济命脉、重要民生、重大公共利益等,应该采取严格管理制度,原则上禁止在市场上流动,可附严格条件后限制流动;重要数据涉及个人、组织合法权益以及公共利益,应加以重点保护,对于需要管制的重要数据应纳入负面清单,列举清楚管制的范围和具体事项,原则上采取限制性流动标准。

最后,负面清单外的数据因素允许市场自由配置,允许市场主体在合法合规的路径上自由流通数据要素,厘清政府与市场的边界,以此培育数据要素市场良好环境,激发数据要素市场活力。与此同时,定期根据国内外数据动态发展情势,动态调整核心数据、重要数据目录,持续优化数据要素负面清单。

三、依托分类分级统筹安全与发展

《管理办法》以数据分类分级为主线,细化了数据全生命周期安全保护规则，明确了工业和信息化部、地方行业监管部门的职责范围，以及数据处理者的安全保护义务。

分类分级是统筹数据安全与发展的基本原则。其中，数据安全是数据要素驱动数字经济健康发展的底线与支撑，数据发展是实现国家经济在国际竞争中获得优势地位的目标与保障，二者是充分释放数据要素价值、推动数字经济健康发展的车之两轮、鸟之两翼。

目前，多个国家和地区在对数据探索分类分级，以推动数据安全与发展，其中，欧美在数据治理方面的制度建设及实践具有比较研究意义。

欧盟在数字治理规则方面的创新探索，一直受到全球关注，其致力于构建在全球有领先优势的数字统一大市场。2016年，欧盟通过《通用数据保护条例》（General Data Protection Regulation，GDPR），系统规定了个人数据的基本权利、流动规则、处理规则等制度；2018年，欧盟通过《非个人数据自由流动框架条例》（Free Flow of non-personal Data Regulation，FFDR），原则规定了非个人数据流动规则，旨在保障非个人数据在欧盟区域内自由流动，以加速区域数字经济发展。

以主体是否为个人进行区分，欧盟以二分法形式将数据类型划分为个人数据与非个人数据，《通用数据保护条例》与《非个人数据自由流动框架条例》均对数据流通规则进行了基本规定，希冀以此构建欧盟数字统一市场基本规则，保证数据要素在统一市场内自由、安全流通。

此后，由于数据归属的交叉性特征导致部分数据以个人数据与非个人数据混合形式出现，难以将二者进行分离，且二分法下两类数据处理与流通遵循不同规则，在制度上可能导致数据处理者发生冲突。2022年2月，欧盟公布《数据法案》（Data Act）草案，分别规定了个人用户、企业、公共部门关于数据享有的权利义务，拟以主体为区分规定相应权利加以约束，以细化数据流动规则。

美国对数据保护则呈强监管态势，一方面，针对涉及国家安全信息，2009年12月美国发布《国家安全信息分类》（Classified National Security Information，CNSI），根据涉密及可能造成的危害分为最高机密（Top Secret）、机密（Secret）、秘密（Confidential）。另一方面，针对不在上述类型但需要控制的信息，2010年11月美国发布《受控非密信息》（Controlled Unclassified Information，CUI），规定由行政部门负责制定并发布政策指令，建立统一的"受控非密"信息类别及子类别，提供"受控非密"信息保护、传播、标志以及解除管控的政策及程序。2018年3月，美国发布《澄清境外数据合法使用法案》（Clarifying Lawful Overseas Use of Data Act，CLOUD法案），为美国行使境外数据管辖权确立了"控制者标准"，即只要数据是为美国数据服务提供者所拥有、监管或控制的，无论该数据是否存储于美国境内，政府均有权要求数据服务提供者向其披露该数据。在数据安全层面强监管态势不断加剧，数据领域国际竞争日趋激烈。

综上可见，微观上，由于数据的多样性、瞬时性、非排他性等属性特征，静态单一维度划分数据类型将导致实践中对数据类型识别困难，难以实现数据合规处理，造成立法与实践的割裂；宏观上，国家安全与社会公益是数据的基石与底线，对于关系个人或组织合法权益、社会公共利益等数据需要进行有序保护，对于直接关系国家安全的数据需要采取严格管制。

综观国内外关于数据类型化理论与实践的探索，尚未有理想的方案能一劳永逸地平衡数据安全与发展之间的关系，这与数据的可共享性、复用性、多归属性、高度动态性、瞬时性、使用加权等特征密切相关。故此，数据分类分级应是贯穿于数据生命全周期，开展数据处理行为、保障数据安全、促进数据开发利用等全领域的基本原则，是统筹好数据安全与发展的着力点。

《数据安全法》规定，各地区、各部门对本地区、本部门工作中收集和产生的数据及数据安全负责。《管理办法》作为首部由主管部门制定的本领域数据安全管理办法，对于上位法的规定进行了较为全面的细化，为工业和信息化领域统筹数据安全与发展提供了有力保护与详细指引。从这个角度来说，《管理办法》将成为各领域开展数据安全的重要参照，具有先行先试的重要意义。[1]

---

[1] 原文首发于微信公众号"财经E法"2022年12月19日，收录时有调整。

以数据安全产业健康发展　支撑数字经济行稳致远

2022年是我国经济社会发展中极不平凡的一年，在历经了国内外一系列不确定性风险挑战后，党的二十大为新时代新发展阶段的顺利展开指明了方向，标定了发展目标与重点，为未来十年甚至更长时间的经济社会发展勾勒了行动路线图。其中，党的二十大报告强调，加快建设网络强国、数字中国。

"凡益之道，与时偕行"，全面建设社会主义现代化国家，构建高水平社会主义市场经济体制，应以信息化驱动现代化，助力数字经济规范发展，乘势而上全力建设网络强国、数字中国。

数据安全是数字经济发展的基础制度，基于数据技术、数据产品等的高技术性和高创新性，完善和促进数据安全，不能单兵作战、短期作战，而应形成系统化、集约化的产业发展，从而紧跟数字经济趋势，全面落实数据安全。数据安全产业即是为保障数据持续处于有效保护、合法利用、有序流动状态提供技术、产品和服务的新兴业态。2023年1月3日，工业和信息化部与国家互联网信息办公室等十六部门联合印发《关于促进数据安全产业发展的指导意见》(简称《指导意见》)，为数字经济和数据安全产业发展提供了方向上的指引和战略上的支持，为《数据安全法》的全面贯彻落实提供了具体的操作指南。《指导意见》的发布具有重要的战略意义，释放了多重发展信号。

一、数据安全产业健康发展势在必行

数据要素区别于其他生产要素，其生产、利用与流通交易存在极高的安全风险，且随着数字经济的不断发展，数据安全风险也会越来越大。而要弥合数据安全风险漏洞，不能仅靠"有形的手"推动，还须借助市场机制这个"无形的手"形成产业化发展推进，使得数据安全技术、产业模式、多元资本共同作用，同向发力。为此，要实现数据要素价值，使数字经济持续健康发展，就离不开数据安全产业的后盾力量。

（一）数据安全产业发展是提高数据安全保障能力的重要途径

数据安全是数字经济各项制度推进的基础，数据安全的保障关乎数据市场的稳定和发展。数据安全所代表的秩序价值本身与市场效率价值不同，这就决定了数据安全并不应仅仅作为其他数字产业的副产品。数据安全产品与服务只有实现集约化、规模化的产业发展，才能有效保障数据安全始终跟随数据技术发展的速度。

（二）数据安全产业发展是完善数据要素市场结构的重要组成部分

数据要素市场的建立并不是简单的数据交易中介场所和规则的建立，数据安全服务在其中承担着重要的责任。数据安全产业所提供的服务本身亦参与数据要素市场的竞争、定价和流通，是数据要素市场的重要组成部分。

（三）数据安全产业发展是加强数据要素国际合作的重要依托

目前国际形势风云变幻，部分西方国家保护主义抬头，我国部分企业在数据安全方面面临困境。只有产业化发展数据安全，才能为数据要素的国际合作提供重要的安全保障，加快数据要素走出去的步伐。

二、数据安全产业健康发展面临的挑战

数据安全产业健康发展是数据要素市场建设和完善的基础，对我国数据要素统一大市场的建立健全具有关键基础作用，《指导意见》对数据安全产业的发展提供了方向与指引。然而，由于数据安全产业属于新兴产业，发展起步晚、技术要求高、涉及范围广，数据安全产业的健康发展仍然面临多重挑战。

（一）数据安全产业仍有待核心技术突破

数据技术目前仍然处于飞速发展的状态，大数据、人工智能、区块链等技术的持续发展都不断挑战着数据安全技术的上限。党的二十大报告提出，必须坚持创新是第一动力，具体到数据安全产业领域，亦要高度重视技术创新的支撑作用，只有不断创新发展才能应对不断出现的数据安全危机，满足数据安全的产业化发展需求。然而，数据安全技术一方面面临着国内创新驱动发展不足的现状，另一方面面临着境外核心技术专利控制的高昂费用，急需充分发挥创新活力，突破核心技术桎梏。

(二)数据安全市场有待合法合规建设与健全

数据安全产业的发展有赖于数据安全市场的合法合规建设与健全,而数据安全市场的建成与发展除有赖于数据安全本身业务的成熟外,还有赖于数据交易市场的持续发展,以及相关法律法规制度的健全与完善。

从数据安全本身业务市场的角度,数据安全意识仍有待加强。自《数据安全法》和《民法典》等数据安全相关法律法规出台以来,公民和企业的数据安全意识有明显提升,但采用专业数据安全服务的比例仍然较低。只有进一步强调数据安全的必要性和重要性,才能充分通过需求侧撬动供给侧变革,为数据安全产业发展提供土壤。

从数据交易市场发展的角度,数据安全的常规化仍有待法治化、规范化。数据交易市场的基础之一是保证数据安全,目前数据交易市场对数据安全缺乏标准化规范,导致数据安全市场也无法顺应发展,需要继续法治化、规范化。

(三)数据安全产业发展受阻的其他因素

随着国际形势逐渐严峻,数据要素价值凸显,境外保护主义盛行,数据安全往往成为部分西方国家打击和遏制我国以数据为核心的数字经济新业态、新模式、新技术创新发展的借口和工具,数据安全产业的发展势必要面临境外的阻碍,如何克服该困境也是巨大挑战。此外,数据安全产业发展也面临治理层面的挑战,具体落实《指导意见》需要逐步明确治理主体和治理细则,建立行之有效的治理机制，而基于我国数字市场的建立情况，数据安全产业市场治理的细分仍需要进一步积蓄力量和逐步发展。

三、数据安全产业健康发展的行动方向

此次《指导意见》为数据安全产业发展指出了具体目标，包括到2025年数据安全产业基础能力和综合实力明显增强，数据安全产业规模超过1500亿元、核心技术创新突破、应用推广成效显著、产业生态完备有序，到2035年数据安全产业进入繁荣成熟期等。一系列的目标表明，未来国家将会加大对数据安全产业的政策支持和资源投入，推动作为数据要素市场建立基础的数据安全产业快速发展。

为具体明确数据安全产业的发展方向，《指导意见》从三个方面传递出重要信号。

（一）数据安全产业的发展能力

《指导意见》从数据安全产业本身的发展能力出发，提出加强创新能力和壮大数据安全服务的要求。不仅要在数据安全技术、产品方面追随时代趋势，加强原研原发，加强核心技术突破，在运营模式和商业服务种类方面也要不断推陈出新，提高数据安全产业的能力和效率。核心技术突破创新是商业模式创新和商业服务扩展的关键基础和重要支撑，商业模式创新和市场应用扩大也为数据安全技术开发创新提供了丰富的试验场景和稳定可持续的资本供给，两者互促互进，共同发展。只有发挥两者的相互支撑优势，才能不断提高数据安全产业的发展能力。

（二）数据安全产业的配套基础

《指导意见》从数据安全产业的配套基础出发，提出推广产品应用、繁荣产业生态、强化人才供给以及深化国际交流合作四项要求。数据安全产业的发展不是一蹴而就的，保持其供给侧和需求侧的不断拓展延伸是重要手段，须从"进"和"出"两端相向发力，一方面不断推动数据安全产业融入数据要素市场的发展，加强数据安全产业的普及性，为数据安全产业的"出"提供指引；另一方面不断为数据安全产业保持高质量产出出谋划策，以产业、人才、国际为数据安全产业的"进"保驾护航。

（三）数据安全产业的治理

《指导意见》从数据安全产业的科学规范合理治理出发，提出标准体系建设和保障措施要求。以治理代替管理，确保数据安全产业在市场化、法治化、国际化的轨道上顺利开展，需要规范有序的服务保障机制，以科学规范合理的治理促进数据安全产业的健康发展。科学规范合理的治理不是对数据安全产业发展施加限制，而是通过市场化、法治化、国际化的秩序建立助其提高市场效率与效益。

此外，结合《指导意见》的重点内容和发展目标，创新发展无疑是重中之重，这不仅是数据安全产业发展的重要依托，亦是未来数据要素市场构建和完善的发展依凭。[①]

---

① 原文首发于《第一财经日报》2023年1月30日第A11版，收录时有调整。

《数据二十条》构建数据基础制度释放数据要素价值

数据作为新型生产要素,已融入生产、分配、流通、消费和社会服务管理等各环节,数据基础制度建设事关国家发展和安全大局。为加快构建数据基础制度,中共中央、国务院于2022年12月2日发布了《数据二十条》。所谓"数据基础制度"大致可以从数据确权、数据流通交易、数据收益分配及数据治理四个方面来加以阐释。

一、数据确权

数据确权不仅是一个法律问题,还直接影响数据的开发与使用。近年来一些数据爬取纠纷案件更是把数据确权问题推到了舆论的风口浪尖。在数据的生产、使用、经营过程中,个人、企业、政府等相关主体承担着不同的角色,对数据也存在不同的利益诉求。

《数据二十条》创造性地提出根据数据来源和数据生成特征,分别界定数据生产、流通、使用过程中各参与方享有的合法权利,建立数据资源持有权、数据加工使用权和数据产品经营权"三权分置"的数据产权制度框架。"三权分置"的制度设计直面数据要素使用与流通中的瓶颈问题,是对构建具有中国特色数据产权制度体系的有益探索。根据数据来源和数据生成特征,数据可以被分为公共数据、企业数据与个人信息数据。

（一）公共数据的确权授权机制

公共数据，是指各级党政机关、企事业单位依法履职或提供公共服务过程中产生的数据。对公共数据，要加强汇聚共享和开放开发，强化统筹授权使用和管理，推进互联互通。对不承载个人信息和不影响公共安全的公共数据，要推动按用途加大供给使用范围。对用于公共治理、公益事业的公共数据，要推动有条件无偿使用；对用于产业发展、行业发展的公共数据，要推动有条件有偿使用。

（二）企业数据的确权授权机制

企业数据，是指各类市场主体在生产经营活动中采集加工的不涉及个人信息和公共利益的数据。对企业数据，要保障市场主体投入的劳动和其他要素贡献获得合理回报，市场主体享有依法依规持有、使用、获取收益的权益。在企业数据的授权使用方面，要引导行业龙头企业、互联网平台企业发挥带动作用，促进与中小微企业双向公平授权，共同合理使用数据，赋能中小微企业数字化转型。由此可以看出，企业数据的授权使用抑或互联互通并不是无条件的、强制性的，在面向中小微企业的交易关系中才涉及促进双向公平授权问题。

（三）个人信息数据的确权授权机制

个人信息数据，是指承载个人信息的数据。对个人信息数据，要促进合理利用。推动数据处理者按照个人授权范围依法依规采集、持有、托管和使用数据,规范对个人信息的处理活动,不得采取"一揽子授权"、强制同意等方式过度收集个人信息。作为保护个人信息的举措,《数据二十条》特别提出要探索由受托者代表个人利益,监督市场主体对个人信息数据进行采集、加工、使用的机制。

二、数据流通交易

针对数据流通和交易存在定价难、信任难、兼容难等现实困境,《数据二十条》从完善数据流通合规与监管规则、统筹规范高效的数据交易场所、培育数据要素流通服务生态、构建数据合规跨境流通机制四个方面,系统规划了服务保障机制。

(一) 解决定价难

在解决定价难方面,《数据二十条》提出支持探索多样化、符合数据要素特性的定价模式和价格形成机制。用于数字化发展的公共数据按照政府指导定价有偿使用,企业与个人信息数据则由市场自主定价。

(二) 解决信任难

在解决信任难方面,《数据二十条》提出要建立数据流通准入标准规则,强化市场主体数据全流程合规治理,确保流通数据来源合法、隐私保护到位、流通和交易规范。鼓励探索数据流通安全保障技术、标准、方案。建立实施数据安全管理认证制度,引导企业通过认证提升数据安全管理水平。

(三)解决兼容难

在解决兼容难方面,《数据二十条》提出要结合数据流通范围、影响程度、潜在风险,区分使用场景和用途用量,建立数据分类分级授权使用规范,探索开展数据质量标准化体系建设,加快推进数据采集和接口标准化,促进数据整合互通和互操作。

三、数据收益分配

对数据要素的收益分配,《数据二十条》区分初次分配和再分配,作出了侧重点不同的制度安排,体现了效率与公平的并重。

(一)数据收益的初次分配

在初次分配阶段,以"谁投入、谁贡献、谁受益"为原则,着重保护数据要素各参与方的投入产出收益,推动数据要素收益向数据价值和使用价值的创造者合理倾斜,确保在开发挖掘数据价值各环节的投入有相应回报,强化基于数据价值创造和价值实现的激励导向。

(二)数据收益的再分配

在二次分配、三次分配阶段,重点关注公共利益和相对弱势群体。推动大型数据企业积极承担社会责任,强化对弱势群体的保障帮扶。不断健全数据要素市场体系和制度规则,防止和依法依规规制资本在数据领域无序扩张形成市场垄断等问题。统筹使用多渠道资金资源,开展数据知识普及和教育培训,着力消除不同区域间、人群间的数字鸿沟。

四、数据治理

（一）多方协同治理

数据的确权授权、流通交易、收益分配构成了数据价值实现的全过程。在这一过程中，政府、企业和个人均可能成为数据权利人，分享数据红利，那么包括政府、企业与个人在内的多元主体自然也应承担相应的责任和义务，参与数据要素的治理。《数据二十条》明确提出要把安全贯穿数据治理全过程，构建政府、企业、社会多方协同的治理模式，创新政府治理方式，明确各方主体责任和义务，完善行业自律机制，规范市场发展秩序，形成有效市场和有为政府相结合的数据要素治理格局。

1. 政府方面

政府要创新数据治理机制，实现事前事中事后的全链条监管。在数据安全与数据流通的平衡方面，要以安全为底线，把安全贯穿监管始终，同时强化反垄断与反不正当竞争，为数据流通与交易营造公平的市场环境。

2. 企业方面

企业要加强自律，增强社会责任。首先要做到守法，既要落实诸如《个人信息保护法》《网络安全法》等法律上规定的各项积极作为义务，又不能实施《反垄断法》《反不正当竞争法》等相关法律法规上禁止的违法行为。在守法的基础上，增强社会责任，推行面向数据商及第三方专业服务机构的数据流通交易声明和承诺制等，积极参与数据市场建设。

3. 其他社会力量方面

行业协会等社会力量可发挥各自优势,参与数据要素市场建设,开展数据安全、流通相关的技术研发与服务。此外,遭受数据安全、数据交易损失的主体利用投诉、争议仲裁渠道来合法维权,也有助于维护数据要素市场的良好秩序。

(二)保障措施

为了探索和完善上述各项数据基础制度,将各项任务落到实处,《数据二十条》提出了四项保障措施。其一,加强党对构建数据基础制度工作的全面领导,促进跨地区跨部门跨层级协同联动;其二,加大政策支持力度,提升金融服务水平,鼓励征信机构提供基于企业运营数据等多种数据要素的多样化征信服务;其三,积极鼓励试验探索,支持浙江等地区和有条件的行业、企业先行先试;其四,稳步推进制度建设,逐步完善数据产权界定、数据流通和交易、数据要素收益分配、数据治理等主要领域关键环节的政策及标准。

整体来看,《数据二十条》立足于我国实现数据要素价值的重点问题,从基础制度体系设计到具体推进方案安排,绘制了清晰的蓝图,为政府、企业与其他社会力量提供了明确的行动指南。[1]

---

[1] 原文首发于《第一财经日报》2022年12月27日第A11版,收录时有调整。

《数据二十条》助力全国数据交易迎来热潮

数据作为一种新型的创新性生产要素，对传统生产方式和生产力组织的变革具有重大影响。如何推动数据要素市场化配置，最大化释放数据要素价值，已成为数字经济高质量发展的关键所在。

自2019年10月党的十九届四中全会首次将数据纳入生产要素以来，我国数据要素市场建设取得了显著的进展，广东、北京、上海、浙江、贵州等地方相继成立数据交易所，目前全国各地发起的数据交易所超过30家。其中，截至2023年底，深圳数据交易所累计交易规模突破55亿元，市场参与主体1423家，覆盖省市超29个。[1]

各地在积极建设数据交易所的过程中，也暴露出其中存在的痛点和难点问题。其一，由于我国数据产权制度尚未健全，各地数据交易所数据确权标准不统一，易引发数据权益纠纷，制约数据的交易和流通；其二，地方数据交易所仍缺少相对统一的数据定价模型，易导致交易双方认为数据定价缺乏"公允性"，降低成交率；其三，目前地方数据交易所缺乏相对统一的数据安全保障规范和标准，且区块链隐私计算等技术尚未成熟和普及，数据交易过程中仍然面临严峻的数据安全风险。

---

[1] 《建设具有国际影响力的数据交易平台 激发"数实融合"新动能》，载中国金融信息网，https://www.cnfin.com/kx/detail/20231118/3967415_1.html，最后访问时间：2024年6月20日。

上述问题不仅会对企业、消费者等主体的数据权益造成负面影响，还会增加数据交易过程中存在的企业交易使用数据的操作成本与合规风险，无形中制约数据交易双方的交易意愿，不利于数据要素的市场化配置。

在此背景下，健全数据基础制度成为进一步激活数据交易的关键。2022年12月2日，《数据二十条》对外发布，从数据产权、流通交易、收益分配、安全治理等方面构建数据基础制度，提出了20条政策举措。《数据二十条》的发布、推进及不断细化，为我国数据交易所的建设提供制度支撑，有利于充分激发数据要素的交易与流通，真正释放数据要素的内在价值。

首先，《数据二十条》将推动数据产权制度的完善，有助于解决数据交易中的数据确权难题。传统单一所有权制度难以实现数据要素的最大化利用，不利于数据要素交易与流通，而数据产权结构性分置制度的建立，将根据数据来源和数据生成特征，分别界定数据生产、流通、使用过程中各参与方享有的合法权利，提升各参与方参与数据交易的合规性与积极性。

其次，《数据二十条》将进一步健全数据要素流通和交易制度，有助于地方数据交易所建立相对统一的数据交易规范。目前，各地数据交易所的数据定价、交易合规、标准化等规范不统一，不利于形成全国统一市场。数据流通准入标准规则的建立，以及数据交易场所体系的完善，将有助于地区数据交易所形成相对统一的数据交易规范与标准，促进数据要素的跨区域流通与交易。同时，符合数据要素特性的定价模式和价格形成机制，也将为数据交易双方拟定价格提供参考。

最后,《数据二十条》将推动数据要素交易安全可控,减少数据交易过程中的数据安全风险。现阶段数据安全流通规范与技术标准尚未成熟,且地方数据交易所数据安全监管标准不一,易导致数据交易过程中出现安全隐患。数据流通安全保障技术、标准、方案的建立,将有助于形成流通过程可追溯、安全风险可防范的数据可信流通体系,督促参与数据交易的各方履行数据要素流通安全责任和义务,据此也为数据交易敏捷治理、准确归责、合理解纷提供了基础规则。

可以预见,在《数据二十条》的规范引领和大力促动下,各地数据交易中心在数据确权、数据定价、数据交易、数据安全、数据增值协作等方面的合作将进一步加强,在操作规范层面也将得到更好融合,为提升数据交易市场效率与安全水平提供保障,助力高水平的国家级数据交易中心的建成与发展,全国一体化的数据交易市场体系也有望早日形成。[①]

[①] 原文首发于《中新经纬》2023年1月13日,收录时有调整。

促进数据要素市场公平竞争与创新发展
为全国统一大市场建设注入强动能

2022年底各行各业各界掀起了学习党的二十大报告内容和精神的高潮，为新时代加快建设中国式现代化事业凝聚共识，献计献策。其中，"构建全国统一大市场，深化要素市场化改革，建设高标准市场体系"的报告内容引起了社会各界的关注。构建全国统一大市场现已成为市场经济发展的重要目标之一。

在党的二十大召开前，《中共中央 国务院关于加快建设全国统一大市场的意见》（简称《意见》）已发布，党的二十大重申了建设全国统一大市场的重要性和紧迫性。结合党的二十大精神与内容，认真解读和落实《意见》第四部分提出的"打造统一的要素和资源市场"的要求，以要素市场特别是数据要素市场的公平竞争创新发展为抓手，深化要素市场改革，以法治化为改革路径是加快全国统一大市场建设的关键要义。

要素市场是指以土地、劳动力、资本、技术、数据等生产要素为主要市场配置资源进行交换、流通所形成的经济市场，培育和发展要素市场是发挥市场在分配资源中决定性地位的必要条件，是发展和完善社会主义市场经济的必然要求。其中传统要素市场在历经四十余年的社会主义市场经济改革开放的淬炼中，其发展方向和改革抓手相对明确，如在国务院办公厅于2021年12月发布的《要素市场化配置综合改革试点总体方案》中，大部分传统要素的改革方案都采用"进一步""推进"等表述，发展方向较为确定。而数据作为生产要素，受制于技术和规则的限制，尚未建立起广泛而统一的市场，还属于"探索"发展阶段。

2022年10月28日，在十三届全国人大常委会第三十七次会议上，国家发展和改革委员会主任受国务院委托作关于数字经济发展情况的报告，其中指出，要"加快出台数据要素基础制度及配套政策，推进公共数据、企业数据、个人数据分类分级确权授权使用，构建数据产权、流通交易、收益分配、安全治理制度规则，统筹推进全国数据要素市场体系"，强调了数据要素市场的重要和首要地位。然而，如果要进一步加快数据要素市场的建设，尚须具体的制度贯彻和落实《意见》中的相关精神。

一、寻找关键抓手，为数据要素市场的加速发展助力

数据要素市场目前正处于"加快培育"阶段，《意见》指出"数据安全、权利保护、跨境传输管理、交易流通、开放共享、安全认证"等基础制度和标准规范仍有不足，所以基于数据或与数据紧密相关的技术成果在交易环节所受的制约必然更为复杂。因此需要寻找关键抓手为数据要素市场的加速发展助力，究"数据要素市场"的本质来看，可以将其聚焦于"市场"和"数据要素"两方面。

在市场方面，要以公平竞争为主要促进点，加大公平竞争政策在数据市场中的实施力度。2022年，在全国范围内展开的"中国公平竞争政策宣传周"系列活动，对市场公平竞争的内涵与范畴，必要性与可行性等理论与实践问题进行了全方位、多层次、系统性的

宣讲与传播，可见公平竞争对于市场发展的重要性。

具体到数据要素方面，公平竞争则具有更为重要的意义。目前我国的数据要素市场呈现倒三角的资源配置结构，头部互联网企业占据着绝大部分的数据资源，加快建设数据要素市场机制有利于数据要素市场化交易与流通，对数据要素市场的健康发展具有积极意义。当然，在市场机制建设过程中，也面临诸多难点与堵点，其中尤为重要的是基于技术标准和商业利益之争所导致的数据不互联、不互通、不共享。

此外，在地域间亦呈现出数据资源分布不均的局面。全国统一大市场的内涵之一就是在全国各地分阶段、分层级建立起要素充分涌流的市场，破除地方保护的地域壁垒，这也是公平竞争的题中应有之义。因此，建立健全数据要素市场，亦应横向上加快各地之间的数据资源共享，建立数据要素交易市场机制。

在数据要素方面，其破题之处在于创新。一方面，数据成为生产要素本身就是技术创新的结果，而数据反过来成为数字经济下核心技术的支柱资源，譬如大数据、云计算、人工智能，数据资源一时间成为"新宝藏""新石油"，只有在数据要素市场中不断创新才能充分挖掘其价值；另一方面，建立数据资源的市场，需要大量的技术创新、方法创新，数据资源市场基于其高技术性、无体性、高流通性，需要创新技术与创新方法才能充分建立数据交易市场，维护健康的竞争秩序。

实际上，公平竞争与创新发展是数据要素市场建设和发展的一体两面。2022年修正的《反垄断法》第1条将"鼓励创新"作为反垄断法的立法目的之一，首次通过市场经济基本法的形式肯认了当前我国维护市场公平竞争的目的在于鼓励激励创新，提高市场效率，形成由高水平市场竞争支撑高水平创新，高水平创新反哺高水平市场竞争的双正向反馈效应。

数据要素市场作为全国统一大市场的重要组成部分，只有其实现公平竞争和创新发展，才能最终完成全国统一大市场的建设。数据要素市场是传统要素市场之外的新兴要素市场，推动其公平竞争与创新发展对于建成全国统一大市场的重要意义有如下两点：一是数字经济的大背景之下，数据要素市场的公平竞争与创新发展能够为其他要素市场注入新的活力，破解全国统一大市场建设之中"地方保护""垄断封锁"的顽瘴痼疾，从而推动建成全国统一大市场的步伐；二是数据要素市场的公平竞争与创新发展具有时代意义，是党的二十大报告中"敢于突进深水区，敢于啃硬骨头"的现实要求，不断攻克数据要素市场公平竞争与创新发展难关的过程，也是建成全国统一大市场不断学习、完善、积累经验、创新方法的过程。基于此，数据要素市场的公平竞争与创新发展是加快建成全国统一大市场的关键抓手。

二、数据要素市场建设的几大工作

促进数据要素市场上的公平竞争和创新发展，并以数据要素市场的发展规律为关键抓手，加快全国统一大市场建设，须进一步加强以下工作。

（一）遵循科技创新市场发展的客观规律

《关于构建更加完善的要素市场化配置体制机制的意见》和

《意见》两个重要政策文件都是由中共中央、国务院发布的，前者在全国首倡"数据要素市场"，后者则将"数据与技术要素市场"相统一，二者既是延续又是发展。接下来需要在秉持支持和鼓励态度的基础上，充分理解数据要素市场中的科技创新客观规律，针对数据要素产权、数据要素价值发挥、数据要素利益平衡提出更高效、更具有创新实用性的机制，以市场促创新、以规制保创新；充分理解市场本质，有为政府与有效市场紧密结合，秉持"非必要不干预"和"最小必要干预"的原则，为数据要素市场的建立提供动力。

（二）支持数据要素市场统一法制的落实落地

《意见》在第一部分"总体要求"中开门见山地指出要"充分发挥法治的引领、规范、保障作用，加快建立全国统一的市场制度规则"，进而为建设高效规范、公平竞争、充分开放的全国统一大市场强基固本、保驾护航。综观《意见》全文，八个部分三十个小点中有三个部分十二个小点直接点明"法治"内容，其余部分也或多或少地涉及"依法""规则""标准"等内容。通过查阅上海、广东、深圳、陕西、辽宁等地数据条例，其关于数据要素市场建设的主要基点在于"建立全国统一的产权保护、市场准入和公平竞争等制度，加快培育数据要素市场，保护市场主体合法财产权益，推动构建数据收集、加工、共享、开放、交易、应用等数据要素市场体系，促进数据资源有序、高效流动与利用"，数字经济法治健全与数据要素市场建设之间的互动关系已初见成效。

（三）捋顺数据要素市场与全国统一大市场的关系

明确数据要素市场的公平竞争和创新发展与全国统一大市场之间的相互作用关系，做到双向互动，同向发力。数据要素市场的公平竞争和创新发展不是单向作用于全国统一大市场，建设全国统一大市场也为数据要素市场的公平竞争和创新发展提供了基础与保障，数据要素市场的公平竞争和创新发展与建设全国统一大市场相辅相成。进言之，以推动数据要素公平自由流动与使用的法治化治理为抓手，来实现数字经济高水平创新发展的目标，在手段与目标间搭建通路，这一通路建设就依赖于全国统一大市场的建成与运行，同时，数据要素市场公平竞争与创新发展也有助于全国统一大市场的建成与完善。

当前，国内外均出现超预期情势，经济社会运行面临巨大挑战。于此重要时刻，须秉持党的二十大精神，抓好抓牢数据要素市场公平竞争和创新发展之间的互动互促关系，将全国统一大市场的建设作为更好促进数据要素市场公平竞争与创新发展的基础与保障，将数据要素市场公平竞争与创新发展作为促进甚或倒逼全国统一大市场尽快建设的目标与动力，两者双向互动，同向发力，最终实现以数字经济为牵引的整个国民经济的高质量发展。[①]

[①] 原文首发于《第一财经日报》2022年12月8日第A11版，收录时有调整。

健全数据要素市场法律机制
释放数据共享共用价值

随着信息通信技术和数字数据技术的创新发展与深入融合,数据要素成为一种重要的创新型生产要素,是推动数字经济下全要素创新的关键。2020年3月,中共中央、国务院发布《关于构建更加完善的要素市场化配置体制机制的意见》,提出"加快数据要素市场化"发展,将数据作为与土地、劳动力、资本、技术并列的生产要素。以数字经济为代表的新经济业态、新产业、新模式为优化民生、创造就业等发挥了积极作用,其核心关键要素数据及相关技术在其中大显身手,经济价值和社会价值不断凸显,在此背景下,释放海量数据共享共用价值,激活数据要素创新潜能,是构筑国家竞争新优势的关键所在。

2020年5月,中共中央、国务院发布《关于新时代加快完善社会主义市场经济体制的意见》,再次强调"加快培育发展数据要素市场,建立数据资源清单管理机制,完善数据权属界定、开放共享、交易流通等标准和措施,发挥社会数据资源价值"。2021年12月,国务院印发《"十四五"数字经济发展规划》,明确提出要"充分发挥数据要素作用,加快数据要素市场化流通"。

2022年12月2日,中共中央、国务院正式印发《数据二十条》,其中明确提出,要以促进数据合规高效流通使用、赋能实体经济为主线，以数据产权、流通交易、收益分配、安全治理为重点，深入参与国际高标准数字规则制定，构建适应数据特征、符合数字经济发展规律、保障国家数据安全、彰显创新引领的数据基础制度，充分实现数据要素价值、促进全体人民共享数字经济发展红利，为深化创新驱动、推动高质量发展、推进国家治理体系和治理能力现代化提供有力支撑。

我国现行法律对数据类型、数据权益归属的规定有待进一步完善，数据产权制度设计不完善，难以有效解决实践中的数据权益纠纷。由于数据本身具有可复制性、可共享性、非竞争性及使用加权属性等特征，相同数据可能同时被消费者、经营者、政府等多元主体持有，不仅难以明确数据权益的实际归属者，不利于数据的流通与共享，而且难以实现数据在使用中不断增值的优势，抑制了数据共享共用价值的释放。同时，我国尚未形成全国统一的数据交易市场，缺少相对成熟的数据要素收入分配机制，数据采集、加工等数据处理者的劳动付出和收益权未能得到有效的制度保障，以致部分数据主体共享和交易数据资源的积极性不高，从而阻碍数据要素在市场内的自由流通与高效配置。

上述问题已成为制约我国数据要素价值释放的制度障碍，侧面体现了数据基础制度构建的迫切性和必要性，亟须通过健全数据要素市场法律保障机制，紧紧围绕《数据二十条》提出的数据产权制度、数据要素流通和交易制度、数据要素收益分配制度、数据要素治理制度四个制度，为构建适应我国制度优势的数据要素市场体系提供法律支撑。

一、要建立保障权益、合规使用的数据动态产权制度

开放共享正成为数字平台经济健康发展的趋势，数据作为其重要的基础要素，在物理形态上不同于有体物，具有虚拟性、可复制性、可共享性、非消耗性等属性，当前，以私法赋权的静态保护范式，客观上加大了数据要素流转的制度成本，不利于数据要素进一步流通与共享。

为此，须通过立法确立数据动态产权制度，根据数据活动的规律，结合数据活动的目的和阶段价值需求，明确数字经济活动中各类数据主体对数据的定位及享有的权益的对应关系，对数据在经济循环动态过程中产生的各权益归属进行合理配置，明确公共数据、企业数据、个人（信息）数据等多主体多类型的数据动态归属机制及权益分配规则，使数据相关的权利人能够和谐享有数据权益，充分释放数据动能，实现数据要素保障权益和合规使用的统筹。

二、建立合规高效、场内外结合的数据要素流通和交易制度

2022年底，北京、上海、广州、深圳、天津等全国多个地区都已开始建设数据交易中心，但在建设过程中仍存在布局缺乏统筹、监管体系不完备等问题，存在较大数据安全隐患。为此，有必要由中央政府牵头建立全国统一且规范的数据交易平台，并为各地方数据交易中心提供接口，打通地方数据交易中心的物理屏障，畅通数据要素流通与交易的通道。

同时，须通过立法规范全国数据交易平台的有序运行，明确数

据交易平台的职责和运行机制。一方面，数据安全交易规范需要基于数据分类分级保护体系以及动态产权制度，明确可交易的数据范围，以及数据交易应满足的安全标准。另一方面，要健全数据要素定价评估制度，通过数据交易中心系统评估数据价值，根据数据加工程度以及市场供给需求情况等，对数据价值按照统一化的标准进行评估。

同时，还须完善数据出境安全评估制度，发挥其事前监管作用。数据处理者因业务需要确须向境外提供数据，符合数据出境安全评估适用情形的，应当根据《数据出境安全评估办法》规定，遵循申报指南申报数据出境安全评估，重点评估数据出境活动可能对国家安全、公共利益、个人或者组织合法权益带来的风险，并坚持事前评估和持续监督相结合、风险自评估与安全评估相结合，防范数据跨境流动安全风险。

三、建立体现效率、促进公平的数据要素收益分配制度

2021年8月，中央财经委员会第十次会议中提出，在高质量发展中促进共同富裕，要构建初次分配、再分配、三次分配协调配套的基础性制度安排。当前，数据要素作为事关国家发展、企业创新、消费者福利的关键生产要素，为了促进数字平台经济高质量发展和共同富裕，也需要通过立法明确数据要素的三层次收入分配机制。

在数据要素初次分配阶段，需要按照"谁投入、谁贡献、谁受益"的原则，由市场评价贡献、按贡献决定数据利益的分配，以充分强化基于数据价值创造的激励导向。在数据要素再分配阶段，需

要充分发挥政府在数据要素收益分配中的引导调节作用，侧重公平原则，尤其要调节大型平台企业与中小企业之间的数据收入差距，防止市场出现两极分化。在数据要素三次分配阶段，需要社会各主体积极主动参与。拥有大量数据资源的平台企业尤其是大型平台企业应当承担更多的社会责任，向中小企业以及社会开放部分数据资源。

四、建立安全可控、弹性包容的数据要素治理制度

为了打造安全可信、包容创新、公平开放、监管有效的数据要素市场环境，有必要通过立法构建数据分类分级治理机制。为兼顾行业特殊性和制度统一性的要求，建议采用"数据分类基础子集由国家法定＋数据细分子集由行业自定"的治理方案，可先通过法律设置数据的基础分类，在法律所设定的数据基础分类子集之上，不同行业可以通过行业规定，根据行业以及业务的特点，对数据类型进行进一步细分。数据分级则可根据数据对于数据权利主体的价值，以及数据一旦遭到篡改、破坏等对数据主体的危害程度进行分级。

为实现保护与共享并重，在对数据进行分类分级的基础上，还须建立相应的与之适配的数据动态保护与共享机制，且在数据动态保护机制的基础上，为不同数据设置相应的数据传输与共享的标准，明确哪些数据可以直接传输，哪些数据需要经过脱敏等加工处理才可进行传输。

健全数据要素市场法律保障机制，为数据基础制度构建提供法律基础与保障，有助于进一步推动数据要素市场统一法制的落实

落地，加快培育数据要素市场，保护市场主体合法财产权益，推动构建数据收集、加工、共享、开放、交易、应用等数据要素市场体系，促进数据资源有序、高效流动与利用，充分释放数据共享共用价值。①

---

① 原文首发于《中国社会科学报》2023年4月4日第A01版，收录时有调整。

进一步完善数据交易制度体系

数据交易是充分释放数据价值，实现数据价值增值，推动数字经济发展的重要方式。中国数据交易市场逐步形成场内交易和场外交易共同发展的态势，但目前规范的场内交易占比极低。因此，要将数据灰色交易纳入正轨，在安全合规的前提下最大限度地释放数据的经济价值，就需要进一步完善数据交易制度建设。

一、制度搭建

数据交易制度体系是在数据要素市场化的背景下，以数据作为交易对象，以数据资源的价值实现与增值为目标，围绕数据交易全流程而构建的基础制度体系。2022年12月《数据二十条》发布，明确指出数据流通交易制度是建设重点。综观当前数据交易实践，可以发现数据交易主要存在数据权益归属不清晰、数据交易主体职能不明确、数据交易范围和内容如何确定、数据质量标准如何统一、数据交易中个人信息与数据安全如何保障等问题。这些问题产生的原因在于数据与土地、劳动力、资本、技术等其他传统生产要素具有鲜明的本质区别，需要在交易制度中针对数据可复制性、多归属性、非竞争性、可共享性等特点作出因应设计。

（一）以数据分类分级制度为基础

当前市场中流通的数据资源及数据产品种类多样、形式复杂。结合数据的属性类别、重要程度与风险等级等因素对数据进行分类分级，一方面有助于厘清参与市场流通交易的数据种类，同时也避免一些不适宜参与市场交易的数据种类流入市场；另一方面能够促进数据权利持有者对数据价值进行充分挖掘，同时提升数据交易的规范性与有序性，有效提升数据交易规则的科学性和精细度，提高数据要素市场供给质量，进一步推动数据使用权交换和市场化流通。

（二）以数据权属结构性分置制度为核心

《数据二十条》提出要探索数据产权结构性分置制度，要根据数据来源和数据生成特征，分别界定数据生产、流通、使用过程中各参与方享有的合法权利，建立数据资源持有权、数据加工使用权、数据产品经营权等分置的产权运行机制。2023年2月，深圳市发展和改革委员会出台《深圳市数据交易管理暂行办法》，率先探索数据产权结构性分置的具体实践，规定市场主体按照不同场景享有数据资源持有权、数据加工使用权和数据产品经营权等权利，为数据交易提供了合理且相对明确的数据确权方案。

（三）以数据交易安全合规制度为重点

数据交易安全合规制度是数据交易制度体系的重点，尤其是数据跨境流动的安全合规制度，在当前各国数据跨境合规治理利益博弈越发激烈的背景下更为重要。合规与安全始终是数据交易的红线，一方面，数据交易安全合规能够更好地保障个人信息安全与国家安全，确保经过分类分级后的重要敏感数据在安全的环境下流通交易；另一方面，对企业来说，数据交易安全合规能够增加企业在交易过程中，尤其是数据跨境交易中的抗风险能力，充分释放企业的创新活力，打造企业核心竞争力，开拓海外市场。

二、政府有为

在数据交易制度体系中，政府需要用好"看得见的手"，充分激发数据交易市场主体活力，推动数据要素市场化配置改革，着力提升数据交易市场宏观调控效率，持续优化数据交易市场营商环境。具体而言，政府需要在以下方面发挥作用。

（一）政府机构设置

在政府机构设置上，2023年全国两会期间，国务院提请并通过组建成立国家数据局，负责协调推进数据基础制度建设，统筹数据资源整合共享和开发利用，统筹推进数字中国、数字经济、数字社会规划和建设等，由国家发展和改革委员会管理。在接下来的工作中，一方面，需要进一步发挥国家数据局在数据交易制度中的统筹作用，促进不同区域、不同行业、不同领域、不同部门的协同治理，同时有效规避"九龙治水"现象出现，提高国家对于数据交易机制的统筹建设；另一方面，国家数据局能够通过国家层面保障数据统一大市场的建立，促进政府部门间、政企之间、不同企业间的数据开放与共享，打通数据链路，实现数据整合。

（二）顶层战略设计与政策制定

在顶层战略设计与政策制定上，对于数据交易制度体系的建立需要坚持国内大循环为主体、国内国际双循环相互促进的新发展格局。一是推动数据交易制度设计有利于数字产业化与产业数字化、有利于数实融合，加快数据要素市场的供给侧结构性改革，赋能实体经济的数字化转型；二是建立健全数据交易市场规则体系，优化数据交易公平竞争环境，鼓励、支持、引导多元市场主体共同参与；三是推进数据安全有序跨境流通交易，鼓励我国数字企业"走出去"，打造企业核心竞争力、开拓海外市场；四是参与相关国际规则和数字技术标准制定，探索符合我国实际的中国方案，提升我国在国际数字经济秩序中的话语权；五是加强数字交易人才队伍建设。

（三）交易市场建设支持

在交易市场建设支持上，我国仍然缺乏统一的数据交易平台，各数据交易所在交易标的、数据可用性以及交易规范等方面存在根本性差异，无法实现数据跨区域自由流动，亟待建立国家级数据交易所，形成统一的数据流通交易规范标准，并突出国家级数据交易所的公共属性与监管功能。同时，我国数字基础设施建设数量庞大但分布不均匀，尤其在一些欠发达地区和农村地区，包括网络覆盖、数据中心、云计算等方面还存在较大差距，影响数字交易市场的建设，需要推动建立遍及全国算力调度与数据调度机制并实现互联互通。

三、市场有效

由于数据交易涉及确权、估价、定价、对接、储存、入场、合规等众多复杂且具有较强专业性的环节，需要在政府与交易者、交易者与交易者之间提供具有专业性或掌握相关技术的中介服务机构，这就是数据商和第三方服务机构。《数据二十条》明确提出要建立数据交易场所与数据商相分离的市场运行机制，围绕促进数据要素合规高效、安全有序流通，培育一批数据商和第三方专业服务机构。这为深化数据要素市场化配置改革，充分发挥有效市场效能提供了切入点。

（一）建立健全数据商的市场行为规范

现行法律体系尚未对"数据商"进行定义，2023年2月，深圳市发展和改革委员会印发规范性文件《深圳市数据商和数据流通交易第三方服务机构管理暂行办法》，提出数据商是指从各种合法来源收集或维护数据，经汇总、加工、分析等处理转化为交易标的，向买方出售或许可；或为促成并顺利履行交易，向委托人提供交易标的发布、承销等服务，合规开展业务的企业法人。第三方服务机构是指辅助数据交易活动有序开展，提供法律服务、数据资产化服务、安全质量评估服务、培训咨询服务及其他第三方服务的法人或非法人组织。结合《数据二十条》与地方实践来看，数据商至少包括数据开发者、数据销售者、数据中介商，其职能分别为数据产品开发、销售或代理、居间服务。因此，未来须根据不同数据商类型及其职能，分别制定监管规则，实现数据开发的安全合规、数据承销的规范高效、数据经纪的可信有序。

（二）以数据要素流通交易的供需匹配细化数据分类分级

数据流通交易所涉及的行业领域与应用场景的供需匹配，是数据分类分级的重要参考因素：一方面，数据商和第三方机构需要确定数据产品可适用匹配的应用场景，以便让有需求的主体找到可用的数据。另一方面，数据商和第三方机构能够帮助使用者针对业务、市场、领域及场景，创造性地发现数据需求，以解决特定问题。因此，数据分类分级制度需要充分考虑数据交易场景中的供需匹配环节，使分类分级有利于提升市场配置资源效率。

（三）吸收数据商和第三方机构经验

数据权属结构性分置制度的进一步细化可充分考虑并吸收数据商和第三方机构对于数据资源的挖掘与确权经验。在数据权属结构性分置制度上，数据资源持有权、数据加工使用权、数据产品经营权等分置的产权运行机制相较于传统的所有权制度具有动态性，数据持有权在数据全生命周期中呈现不同的样态。因此，数据权利人在数据交易过程中首先需要明确其数据可交易的内容与界限，因能力、时间、技术等限制，数据资源持有者将其掌握的数据资源和部分数据权利委托给数据商，数据商和第三方机构通过汇集和聚合数据，形成可进一步开发利用的数据资源。

（四）持续完善数据交易安全合规制度

除了法律规定、行政机关监督管理、数据交易所的规则规范、交易主体自身合规管理以外,数据商与第三方机构作为市场化力量,能够发挥自身特点,对数据交易中的交易标的进行"溯源"核查,确保数据加工、处理在合法范围内,对数据的使用场景进行合规评估,避免数据被违法利用。同时,数据商和第三方机构能够针对更高等级的合规需求推出合规服务,辅助交易企业进行数据交易相关的合规建设,对交易合同进行合规审查。

四、法律优化

(一)现有法律框架

1.国家立法

在国家立法层面,2021年实施的《数据安全法》规定国家建立健全数据交易管理制度,规范数据交易行为,培育数据交易市场,并对从事数据交易中介服务的机构提出相应要求以及规定了数据交易中介机构的法律责任。"数据交易"正式列入国家法律。2015年,《国务院关于印发促进大数据发展行动纲要的通知》提出要"引导培育大数据交易市场,开展面向应用的数据交易市场试点"。2020年,《工业和信息化部关于工业大数据发展的指导意见》也提出要"构建工业大数据资产价值评估体系,研究制定公平、开放、透明的数据交易规则,加强市场监管和行业自律,开展数据资产交易试点,培育工业数据市场"。同时,国家在2018年、2019先后发布《信息安全技术 数据交易服务安全要求》《信息技术 数据交易服务平台 交易数据描述》《信息技术 数据交易服务平台 通用功能要求》等相关标准,针对数据交易的安全事项、描述的必选信息、平台要求等作出了具体规定。故此，中央立法确立了数据交易的法律地位，构建出数据交易的大框架和立法方向。

2. 地方立法

在地方层面，多地通过地方性法规、地方政府规章、地方规范性文件等地方性立法对数据交易作出了细化规定与地方探索。据统计，贵州省、天津市、海南省、广东省、上海市等十余个地区已经颁布相关数据条例。浙江省、山西省、河北省、上海市、四川省成都市等也提出政府要牵头支持数据交易，制定数据交易标准，建立数据交易体系。江西省、安徽省、北京市、江苏省等多个省市都提出设立大数据交易所或大数据交易平台的设想，推动大数据交易机制和体系的建设，可见我国各地方都在极力促进数据交易制度的建设，探索数据交易流通。

（二）现有立法存在的问题

综观当前针对数据交易的立法实践，数据交易的确权、登记、定价、运营、场所、合规等各项各环节均有涉及，对于整个数据交易生态进行规制的法律体系已经具备初步的框架，但仍存在以下问题：

1. 原则性规定较多

相关法律法规大多聚焦于原则性的规定，例如对于数据权属结构性分置制度的规定，《数据二十条》要求建立数据资源持有权、数据加工使用权、数据产品经营权等分置的产权运行机制以及维护前述权益的保护制度，地方规范性文件例如《深圳市数据交易管理暂行办法》也主要是率先将此数据权属结构性分置制度在地方规范性文件中提出，对于市场主体如何获得相应权利、权利边界为何均没有作出详细规定。

2. 具体规范过于分散

数据交易各流程的具体规范分散在不同层级，关于数据安全与数据合规的内容由《网络安全法》《数据安全法》《个人信息保护法》等规定，而数据权属、数据交易主体、数据交易标的等内容则散见于各地方出台的数据条例中，法律层级的不同以及地方规定的不同对数据交易跨区域的开展也造成了阻碍。

3. 缺少针对数据交易所的专项法律规定

数据交易所是数据流通与交易的重要载体，是在数据交易中，数据分类分级、数据权属结构性分置制度、数据交易安全合规制度发挥效能的主要场所。须统筹数据交易场所的规划和管理，以"错位互补"为重点，建立"国家级+区域性+行业性"多层次数据交易场所，明确国家级数据交易所应在"场商分离"的构造下突出其合规监管和基础服务功能，强化其公共属性和公益定位应以提供平台服务，保障数据交易公平有序进行为目标。同时，还需要考虑设置数据交易所管理办法，对数据交易所的设立、布局、准入规则、监管等具体规则与职能作出法律层面的规定。

五、科技支撑

要推动数据交易在合法合规的前提下充分发展，还需要充分利用科学技术手段应对数据交易中的难题，实现数据交易的安全可信。

（一）数据交易安全保护技术

数据交易需要依托技术建立安全高效的交易渠道与模式。可依托数据分类分级制度对交易数据建立分级保护机制，根据数据级别的不同，提供不同程度的安全保护技术措施。例如对于数据跨境交易，除可以按照《数据出境安全评估办法》进行安全评估外，还可以参考"原始数据不出域、数据可用不可见"的交易理念，采用隐私计算技术，使跨境交易的各交易主体在不交换原始数据的情况下联合机器学习与分析，或对数据去标识化处理后进行交易，从而达到既保护敏感重要数据又不影响交易的目的。

（二）数据互联互通

数据资源的质量是数据交易过程中的价值点，随着数据规模的不断增大，海量非结构化数据的产生，为了在数据交易中实现数据资源价值增值，则需要对数据进行挖掘与分析，保持合适的数据颗粒度，提高数据交易市场的数据供给质量。

同时，各类数据交易场所、交易平台和交易主体之间尚未形成统一的技术规范标准体系，各方数据接口、标识、编码等难以兼容，导致不同地域和不同行业间数据交易困难，不同交易主体之间数据共享意愿低，难以激发数据交易市场活力。可以探索建立统一的国家数据交易公共服务平台，构建数据标识编码融合、跨区块链和跨隐私计算平台技术服务体系，以推进不同场所、平台和主体之间的互联互通。2023年3月，大数据流通与交易技术国家工程实验室与上海数据交易所日前完成了国内首个数据交易链的一期建设工作并正式上线，实现了"一地挂牌、全链流通"，基于国内自主可控的开源区块链底链技术、智能合约开发技术、数据隐私保护技术、跨链信息互通技术等先进技术实现了数据交易安全的互联互通。

（三）数据基础设施建设

数据交易同样需要以数字基础设施的建设为底座，面对当前我国对数据价值的深入挖掘需求、网络频段与应用场景的增多、多元的消费与产业应用，都对数字基础设施建设提出了更高的要求，对此要充分推进云网与算网的协同发展，探索构建以数据要素为核心驱动的算力跨域、跨云调度体系，为数据交易提供高效、集约、绿色、安全的基础设施底座。

为了实现数据要素市场化配置，鼓励各类主体进场开展数据交易，需要以数据分类分级制度、数据权属结构性分置制度和数据交易安全合规制度为主要框架，从有为政府、有效市场、法律保障、科技支撑四个基点对数据交易制度展开架构性建设，着力解决数据交易中确权难、定价难、互信难、入场难、监管难的问题，在实践中不断完善数据交易规则体系。①

---

① 原文首发于《中国社会科学报》2023年7月27日第A06版，收录时有调整。

全国性数据交易平台建设的法治促进

数据交易是充分释放数据价值，实现数据创新价值增值，推动数字经济发展的重要方式。2015年，党的十八届五中全会正式提出"实施国家大数据战略，推进数据资源开放共享"，以贵阳大数据交易所为代表的数据交易机构相继成立。随着数字经济的深入发展，数据要素价值越发凸显，成为与土地、劳动力、资本、技术传统要素并列的第五大关键生产要素，2022年，国务院发布《"十四五"数字经济发展规划》，提出到2025年将初步建立数据要素市场体系。以北京、上海、深圳等数据交易平台的成立为标志，数据交易所也逐渐从参与和撮合数据交易向平台化建设转变，打造数据交易生态体系。

然而，在建设过程中，全国性数据交易平台仍面临着相关制度、实践机制、人才队伍的掣肘，这些困难也是建设全国统一数据市场，推动数据要素市场化配置改革中遇到的问题，需要从基础制度完善、多元利益平衡、法治服务保障等方面系统回应、协同发力。

一、建设全国性数据交易平台面临的主要挑战

（一）交易法律规则与标准不健全

我国数据要素市场的发展水平仍处于初级阶段，数据权的界定、

归属和分配尚不清晰，与个人信息、商业秘密的边界仍存有争议，难以合理评估数据资产价值。同时，我国缺少关于数据交易的立法，数据交易主体与交易平台对应的权利、义务与责任尚未明确，数据交易规则、分类分级标准与监管制度的建立缺乏法律支撑。

（二）地区、部门、行业间不畅通

我国华东、华南地区当前的数据要素市场建设规模与数量都显著领先于东北与西部地区，全国数据交易市场发展不平衡不充分，交易标的质量不一。各地区与部门建立的地方性数据交易平台在交易过程中采用的数据标准、交易规则不同，数据要素在不同地区或平台之间的流通交易存在障碍。同时，众多数据资源分散在不同行业，行业间的数字化水平差异导致数据壁垒的产生，阻碍数据价值发掘。

（三）交易主体进场意愿不充足

首先，入场交易对交易主体提出了更加严格的合规要求，交易者易出现因资质不够、判断不明而不敢、不能交易的情况。其次，传统的场内数据交易要求每次入场都提供合规评估报告，增加了频繁交易的交易者的合规成本。最后，数据贡献价值和供求关系决定的价格机制和市场收益分配机制不健全，也使得交易主体更倾向在场外私下协商定价。

（四）跨专业数字化人才基础薄弱

数据交易涉及数据价值评估、数据定价、数据确权、数据隐私保护等多种问题，囊括金融、医疗、司法、汽车等多领域。因此，在人才队伍建设上，既需要具备数据分析、计算机编程等专业数字技能，从事数字产品服务开发或技术研发工作的人才，也需要拥有数据化思维，能够利用特定数字工具或借助新技术辅助传统工作，与专业数字人才协同互补的复合型跨界人才。

（五）交易平台技术支撑不充分

数据要素流通的环节复杂，在市场化交易的过程中更易产生安全风险，技术的成熟度会影响交易环境的安全可靠程度，当前在保证隐私安全、防范数据泄露、阻止虚假数据、数据滥用和数据交易监管等方面仍缺乏成熟的综合性技术方案，部分头部数据交易平台实现了数据的"可用不可见"，但无法大规模普及。

二、全国性数据交易平台建设须平衡多元利益

鉴于当前建立数据交易场所、提供专业化服务、打造数据交易生态系统的总体趋势，数据交易平台已经成为国际社会经济资源的核心基础设施，全国性数据交易平台的建设需要充分关注多元利益的思路，把握好几组关系的平衡。

（一）数据场内交易与场外交易平台之间的平衡

当前我国数据要素市场规模已近千亿元，然而交易量主要集中在场外。《数据二十条》提出，规范引导场外交易，培育壮大场内交易。在全国统一大市场的背景下，场内交易场所面临合规要求和交易主体资格与进场意愿之间的冲突，一旦企业难以达到合规要求而

转向场外交易，长久则不利于数据交易市场健康发展。数据交易平台需要通过科学的合规体系发挥场内交易的安全、低风险优势，使场外不合规、低质量的交易转向场内高质量的数据交易。

（二）数据交易市场规则原则性、框架性与可操作性、可实践性之间的平衡

以数据产权结构性分置制度为例，《数据二十条》建立了数据资源持有权、数据加工使用权、数据产品经营权的"三权分置"的数据产权制度框架，但对于具体的权利边界并没有作出明确解释，反而预留了充分的实践空间，让市场先去"跑"，避免"一管就死"的怪圈。而对于重要规则，例如交易市场准入，则需要作出具有可操作性的规定，例如深圳在立法实践中对数据交易所、数据买卖双方、数据商、第三方机构给出了清晰的定义。

（三）数据要素利益分配平衡

一方面，交易市场数据要素来源多样，涉及个人隐私保护、企业商业利益保护、政府信息脱敏等问题，须保持多主体利益分配的相对均衡，防止数据要素向龙头企业集中形成"数据垄断"。另一方面，全国性数据交易平台需要充分考虑区域间的"数字鸿沟"，以共同富裕为目标，平衡区域之间的利益，缩小差距。

（四）推动数据跨境交易与保护国家安全之间的平衡

数据跨境交易是打造企业核心竞争力、开拓海外市场的重要保障，同时也关涉国家的主权安全，须在总体国家安全观的大前提下

坚持规范与发展并重。这就要求数据交易平台在贯彻数据本地化存储模式的同时,通过完善的数据出境安全评估机制保障数据全球自由流动。

三、全国性数据交易平台建设的法治着力点

(一)完善数据要素基础制度,丰富数据高质量供给

有法可依是全国性数据交易平台建设与发展的前提。关于数据交易,须聚焦当前数据交易现实需求,明确数据分类分级标准,规定数据交易平台准入、数据评估与定价、确权、权益分配、交易交付方式、交易维权救济等交易立法与规则。关于交易平台,须针对数据交易平台进行专项立法,坚持全国性数据交易平台的公共性,构建和完善交易平台的信任机制、交易机制和治理机制,切实发挥交易平台对数据交易、流通、应用的促进和支持作用,提高入场交易数据供给质量。

(二)建立多层次数据交易市场体系,完善数据交易生态

我国数据交易市场当前呈现国家级和区域性、场内与场外、境内与境外、一级与二级市场并存的多层次交易市场体系。全国性的数据交易平台须充分发挥其统一大市场的特性,降低"市场摩擦",完善数据交易生态:建立合理高效的开放机制,激励数据主体开放数据,避免数据垄断;提供统一数据接口和安全传输途径,推动交易数据有序共享;实现数据要素相关权益合理分配,减小区域间、行业间差异;引导数据商和第三方机构参与数据交易流通环节,发

掘数据应用需求，提供覆盖交易全产业链的数据服务。

（三）推动数据交易技术创新，保障数据交易安全合规

首先，数据安全合规是数据交易中的首要关切，应依托数据分类分级制度对交易数据建立分级保护机制，为数据提供不同程度的加密技术和隐私计算技术，以"原始数据不出域、数据可用不可见"的方式保证数据安全。其次，实现交易可信、高效须采用区块链技术参与交易全流程，保障数据资产登记、访问、处理、分析、交易等过程上链存储，保障数据来源可追溯、内容防篡改、权益可确认。再次，发挥全国性交易平台优势，构建数据标识编码融合、跨区块链和跨隐私计算平台技术服务体系，制定统一的交易制度规则和技术标准，推进不同场所、平台和主体之间的互联互通。最后，科技创新离不开人才支持，须围绕数据交易需求培养复合型数字人才。①

---

① 原文首发于《中新经纬》2023年4月24日，收录时有调整。

以国家数据局正式运行为契机
加快释放数据要素创新动能

2023年10月25日,国家数据局正式揭牌,引起了国内外各界的广泛关注。该机构主要负责协调推进数据基础制度建设,统筹数据资源整合共享和开发利用,统筹推进数字中国、数字经济、数字社会规划和建设等,由国家发展和改革委员会管理。这意味着对数据作为新型生产要素的定位与理解不仅停留在地方实验探索层面,而是以实际行动在全国层面大力促进数据要素的安全合规高效流通,最大化利用和挖掘数据价值,坚定推进数实融合发展。

具体来讲,国家数据局将中央网络安全和信息化委员会办公室承担的研究拟订数字中国建设方案、协调推动公共服务和社会治理信息化、协调促进智慧城市建设、协调国家重要信息资源开发利用与共享、推动信息资源跨行业跨部门互联互通等职责,和国家发展和改革委员会承担的统筹推进数字经济发展、组织实施国家大数据战略、推进数据要素基础制度建设、推进数字基础设施布局建设等职责一并承担。

一、设立国家数据局的现实要义

党的二十大指出要加快建设数字中国,要"加快发展数字经济,促进数字经济和实体经济深度融合,打造具有国际竞争力的数字产业集群"。2023年国家机构改革中设立国家数据局，是贯彻落实党的二十大精神的具体表现，是我国进行数字中国建设的里程碑事件，具有重大的现实意义。

其一，彰显了我国对数据治理和利用的高度重视，为数据要素基础制度建设提供了组织保障，有利于数字中国、数字经济、数字社会的规划和建设的统筹协调，避免"九龙治水"。通过设立专门机构能够有效应对当前数据要素市场建设中面临的数据要素流通不畅、数据基础制度不健全、监管部门职能存在交叠等问题。

其二，体现了我国对产业发展数字化转型的战略决心，为推动数据要素及关联资源的整合开发及规范、高效利用，促进数据资源跨行业跨部门联通共享、提升数据价值创新能力提供了制度保障和手段支撑。通过设立专门机构以更好地推动我国数据基础制度建设，统筹推进数字中国、数字经济以及数字社会的发展规划和建设方案，提升我国数字经济在引领发展、创新创业、参与国际竞争中的基础支撑能力与关键设施实力，从国家顶层机构出发，科学谋划，系统部署，高效推进。

其三，改进和健全我国数据使用和管理体制机制的建设，通过科学精细的职能划分，提升我国数据要素治理效能。设立国家层面统一的数据管理机构，能够协调推动公共服务和社会治理信息化、促进智慧城市建设，为保障国家重要信息资源开发利用与共享提供机构支撑，助力国家治理体系和治理能力现代化。此前国内多个省市探索建立了省级数据管理部门，理论界亦有诸多研究分析建议设立国家顶层数据管理部门，以实现提升数据领域治理的科学性与实效性。

国家数据局的正式运行,能有效解决当前数据要素治理中存在的多部门、多层级、跨区域交错管辖下的职能交叠、权责不清、低配乏力等弊病,建成系统性、整体性、一体化的统一、规范的数据治理架构。

二、国家数据局的基本定位

国家数据局的正式运行,有望改变数据领域"九龙治水"的治理现象。此前,中央层面由国家发展和改革委员会主管数字经济发展、国家大数据战略实施等工作,由中央网络安全和信息化委员会办公室主管数字中国建设、统筹协调数据与信息安全、协调数据与信息资源开发利用与共享等重要工作,还有其他相关行业主责部门和市场监管部门涉及数据互联互通和数据市场公平竞争等问题。此外,由各地区、各部门对本地区、本部门工作中收集和产生的数据及数据安全负责。这种"九龙治水"的现象易导致部门间的数据治理冲突,难以推进数据治理的标准化、系统化建设等问题,而国家数据局设立后形成的新治理格局体系,将能够很好解决该问题,提升统筹数据安全与发展的整体性、系统性、协同性。

总体而言,国家数据局将承担起数字中国、数字经济、数字社会的顶层设计与协调推进重任。从国家数据局职能和重点任务来看,国家数据局将会研究拟订数字中国的具体建设方案,负责协调推进数据基础制度建设,推进数字基础设施布局建设,统筹数据资源整合共享和开发利用,研究拟订数字中国建设方案、协调推动公共服务和社会治理信息化等重要职能。同时,国家数据局还有助于实现新规划中对数据中国基础设施建设、畅通数据资源大循环等目标,也有助于不断提升我国数字技术创新、数字经济发展、数字社会建设,以此在科技自立自强上取得更大进步,提高我国数字产业竞争力。

三、数字中国建设与发展的新契机

国家数据局的正式运行将为数字中国发展提供重要契机。从治理结构和治理能力上形成横向打通、协调有力、纵向一体化的格局,将更有利于我国数据要素市场化建设,推动数据基础制度建设、数据基础设施布局以及数据资源的流通与共享等,解决当前数字经济发展和数据要素市场化建设中的体制机制及制度体系的难题,激活我国作为数据大国所蕴含的巨大发展潜能,更好推动数字经济领域相关产业的发展和创新。

从世界数字经济发展主要国家和地区建设来看,我国国家数据局在机构设立上具有领先意义。目前来看,欧盟设立有欧洲数据保护委员会(European Data Protection Board),作为独立机构致力于建设欧盟范围内统一应用数据保护规则,该委员会是根据《通用数据保护条例》建立的,主要职责在于提供数据保护的指导、建议和实践,澄清相关法律并促进对欧盟数据保护的共识,但并不负责具体执行欧盟数据保护法。美国则由联邦贸易委员会(Federal Trade Commission)通过执法使其成为事实上的数据保护机构(Data Protection Authority),主要依据是产生了数据泄露或滥用等行为后,依据相关一般性保护法律进行执法。总体上讲,欧盟在数据治理规则建设方面较为领先,美国则是注重数据要素的市场化自由配置,我国国家数据局的设立应该能对欧美起到影响,促进各辖区在数据治理制度、模式、机制上的良性竞争。

当前,在国家加快建设统一大市场背景下,数字中国建设将步入"快车道",下一个阶段将向着数字基础设施高效联通,数据资源规模和质量加快提升,数据要素价值有效释放,数字经济发展质量效益大幅增强迈进,同时,在国家数据局统筹推进下,数字治理体系愈加完善,为数据领域创新发展筑牢根基。从这一层面看,国家数据局的正式运行能够更好地推动要素监管与市场监管的协同性与一体化推进,实现对数据要素及其关联要素和技术的科学审慎、敏捷精细、规范有序的治理,进一步激活数字经济领域的创新创业,牢牢抓住数字技术发展主动权,把握新一轮科技革命和产业变革发展先机。[①]

[①] 原文首发于《第一财经日报》2023年3月23日第A11版,收录时有调整。

以法治促进数商服务高质量对外开放

2023年是中国改革开放45周年，坚持推进高水平对外开放，以高质量发展全面推进中国式现代化，为各国开放合作提供新机遇是当前中国经济发展的关键着力点。其中，服务业是经济社会发展的重要支撑，全球服务贸易和服务业面临着新的机遇和挑战，需要各国加强合作，共同应对。

积极吸引和利用外商投资，是推进高水平对外开放、构建开放型经济新体制的重要内容。2022年中央经济工作会议指出，要更大力度吸引和利用外资。要推进高水平对外开放，提升贸易投资合作质量和水平。要扩大市场准入，加大现代服务业领域开放力度。在全球数字经济高速发展的背景下，数字贸易的安全有序展开对提高数字经济创新效能，支撑数据跨境流动，建立符合人类命运共同体健康发展、我国国家利益的数字贸易规则体系和市场化、法治化、国际化的营商环境就显得十分必要且迫切。基于此，建议以数字贸易中关键的经营者主体即数据商所涉及的领域的开放为抓手，以问题为导向，建设和完善相关法律制度及实施机制，以推动数字贸易特别是数字贸易对外开放的有序开展。

"数商"，指以数据作为业务活动的主要对象的经济主体，是数据要素一次价值、流通价值和二次价值的发现者、价值实现的赋能者，是跨组织数据要素的联结者和服务提供者。《国务院关于进一步

优化外商投资环境 加大吸引外商投资力度的意见》中明确,要提高利用外资质量,加大重点领域引进外资力度,支持数字经济等领域外商投资企业与各类职业院校（含技工院校）、职业培训机构开展职业教育和培训。数商可以帮助企业更好地采集、使用、分析、处理数据,帮助企业通过数据不断更新其商业模式与经营策略；数商还可以使市场上的数据要素流通更加便捷,优化各类要素资源的配置。

当前,在我国从事数商业务的境外企业较少。据报道,2023年9月3日香港中易科技有限公司作为首家境外数据商企业入驻深圳数据交易所。香港中易为全球商贸企业海外业务实体及电商平台等提供信息技术产品和服务综合解决方案,主营业务包括海外数字化技术咨询及服务、全球市场拓展,环境社会和公司治理（ESG）专项咨询服务等。引入境外数据商,有助于我国实体企业获得境外地区的店铺、仓储、消费者偏物流等方面的数据,针对企业在境外经营面临的合法合规、用户喜好、当地文化等问题提供详尽的信息,为我国企业出海竞争赋能,引领我国数字经济高质量发展。

一、当前数商领域对外开放存在的挑战

（一）数商领域对外开放可能对我国数据安全带来一定威胁

当前,全球范围内各种冲突、博弈仍在加剧,全球引资竞争更加激烈。一些西方发达国家利用网络空间的信息不对称和技术门槛,以攫取政治和经济利益为目的,推动网络霸权和数据霸权,使信息壁垒和数字鸿沟进一步加剧。我国数据安全治理工作仍须进一步加

强,尤其是在引入境外数据商后,数据跨境流动的风险将直线上升,如处理不好可能威胁个人信息安全、企业数据权益与国家数据主权。例如在国家互联网信息办公室针对某网约车公司作出行政处罚的案件中,该公司存在严重影响国家安全的数据处理活动,违法违规运营给国家关键信息基础设施安全和数据安全带来严重安全风险隐患。

(二)数商领域对外开放可能造成进一步的区域发展不均衡

国内存在利用外资的结构长期失衡的问题,具体表现在八成左右的外资来自中国香港和部分自由岛,以及85%以上的外资企业和实际外资金额集中在我国东部沿海地区。而在数字经济领域,数商的对外开放可能会加大这种不均衡的局面。尽管目前全国各省均已建设数据交易平台,但北上广深等一线城市与二线城市无论是在交易规则的制定,还是在交易量上均有着明显的优势。截至2023年3月31日,深圳数据交易所已完成登记备案的数据交易总计625笔,交易金额18.2亿元[①];2023年8月,上海数据交易所称单月数据交易额超1亿元。[②]而对比之下,全国第一家大数据交易所——贵阳大数据交易所官网从2018年以后就不再对外公布交易额、交易量等数据交易动态。而在引入境外数商后,这种差异将会被放大。一线城市数据交易中心将持续获得海量的优质数据,如何充分发挥一线城市

---

① 《建设具有国际影响力的全国性数据交易平台,深圳数据交易所交易规模全国第一》,载深圳新闻网,https://www.sznews.com/news/content/2023-04/23/content_30185355.htm,最后访问时间:2024年6月20日。

② 《上海数据交易所8月单月交易额破亿元》,载新华财经—中国金融信息网,https://www.cnfin.com/gs-lb/detail/20230927/3940626_1.html,最后访问时间:2024年6月20日。

的带动作用,促进区域协调发展,推动形成优势互补高质量发展的区域经济布局,引人思考。

(三)数据交易基础制度尚有待细化

2022年12月2日,《数据二十条》对外发布,从数据产权、流通交易、收益分配、安全治理等方面构建数据基础制度,提出相关政策举措。该意见的出台,对于规范数据要素的流通,充分激发数据价值有着重要的作用。但在实践中,依然面临着数据权属确定困难,数据价值评估困难,数据互联互通实施困难等问题。目前各个数据交易平台也是依赖自己制定的交易规则进行交易,并未建立起统一的数据流转规则。此时即便引入境外数商,也无法使得数据要素在市场中得到最优配置。

(四)境外数商进入我国市场面临数据合规挑战

对于境外数商而言,进入中国市场便可获得大量的优质数据,可以凭借数据资源不断放大其竞争优势,"反哺"其服务质量:一方面,境外数商通过收集、整合海量多样化的数据,不断"喂养"算法,提高算法的匹配度和精准度;另一方面,更加精准的算法,有助于境外数商扩大自身在数据领域的竞争优势,提高数据抓取和分析的效率,提升商品和服务的质量,获取更多与实体企业进行合作的机会。

但同时,也面临着在我国境内数据合规的巨大挑战。为应对在数据合规等方面的挑战,境外数商在进入中国市场后须积极对接有关部门,尽快了解和掌握相关规则要求。有关部门也可在法律政策范围内，在保障数据安全的基础上，酌情减轻境外数商在数据分析、数据跨境传输等方面的成本，以提升数据来源的广泛性、数据处理的高效性，保障各类数据处理行为的合法性。

二、我国数商领域对外开放的建议

（一）数商领域对外开放应以法治夯实数据安全保障之基

应将数据安全保障置于数商领域对外开放工作中的核心地位，以法治保障数据跨境流通中涉及个人信息、企业权益、国家利益的敏感数据、重要数据甚至核心数据不会泄露。

为此，建议以《数据安全法》《个人信息保护法》《网络安全法》《数据出境安全评估办法》等法律法规为主体构建全方位数据安全治理体系，明确境外数商的安全保障义务，对数据出境的目的、范围、方式等问题的合法性、正当性与必要性进行充分考量。

同时，还应积极贯彻数据分类分级的基本原则，区分数据的不同种类、处理数据的不同场景，对重要程度较高的数据采取重点保护的措施，尽量避免境外数商在处理时接触对国家安全、社会利益较为重要的数据。有关部门也可尝试制定境外数商处理数据的"白名单"制度，明确境外数商可处理的数据类型，为境外数商合规经营提供指引。

（二）数商领域对外开放须围绕统一大市场建设促进区域均衡发展

《中共中央　国务院关于加快建设全国统一大市场的意见》明

确，建立健全全国性技术交易市场，完善知识产权评估与交易机制，推动各地技术交易市场互联互通。在境外数商的引入工作中，应充分重视不同地区的不同特点，依据具体情况，可根据《鼓励外商投资产业目录（2022年版）》，根据不同地区开展业务的需要对应引入相应境外数商，为企业提供数据分析服务，保证各区域协调发展，最终实现共同富裕。

此外，还应谨慎对待境外数商可能造成的"数据垄断"现象。数字经济领域平台实施封禁、屏蔽等行为的现象频频发生，严重破坏了数字经济领域的竞争秩序，不利于数字经济高水平、高质量发展。亟须通过《反垄断法》等相关法律法规破除境外数商可能形成的"生态围墙"，营造数据领域公平竞争的市场环境。

（三）数商领域对外开放要求尽快建立科学的数据处理规则

数据处理规则的确立，不仅需要考虑数据要素价值能否得到充分利用，还应兼顾公平价值。如此，才能在引入境外数商后保证数据交易市场的稳定秩序。例如，依据数据的来源不同，可将数据分为原始数据、衍生数据与创生数据。所谓衍生数据，指原始数据经过挖掘、分析、使用、加工之后形成的数据。所谓创生数据，是指在数据服务行为或（和）应用行为中对衍生数据的二次或多次利用或深度加工处理形成的各类数据。在处理原始数据时，由于其内容尚未经过处理与挖掘，包含大量公民的个人信息，因此无论是政府还是企业都应重视公民的个人权益，将个人信息权益的保护作为处理原始数据中的重点。处理时应当严格遵循《个人信息保护法》中的相关规定，履行"告知+同意"这一基本义务。企业在深度挖掘数据价值时，同样需要注意做好对数据的匿名化处理,防止个人信息的泄露。

在处理衍生数据时,由于衍生数据是由政府、企业对原始数据进行挖掘、加工而成,此时不仅需要保护个人信息权益,同时也要注意保护相关主体对挖掘后的数据享有的权益,以激励相关主体对数据的再加工。

对于创生数据,由于其在原始数据的基础上经历了"去个人化""再加工"等过程,个人信息的存在被淡化,此时应着重保护有关主体在数据挖掘中的权益,以促进数据要素价值的充分实现。

(四)规范和强化境外数商合规意识

《数据安全法》明确,在中华人民共和国境外开展数据处理活动,损害中华人民共和国国家安全、公共利益或者公民、组织合法权益的,依法追究法律责任。即便是境外数商在数据跨境流动后,在境外开展数据处理活动,也必须严格遵守《数据安全法》等相关法律法规,保证我国的国家利益、企业利益与公民权益。为此,应从多个角度强化境外数商合规意识,构建预防性监管体系,保障数据要素的高效安全流通。为此,有关部门应积极作为,对境外数商就我国涉及数据、信息、数字经济、网络安全的法律法规展开培训工作,确保境外数商充分理解我国相关法律及政策;鼓励和支持境外数商同科研机构、行业协会、律所等相关主体间的沟通,就涉及我国数据的合规业务展开交流与合作,同时,境外数商应落实主体责任,明确数据安全负责人,将数据安全保护落到实处。①

---

① 原文首发于《第一财经日报》2023年11月2日第A11版,收录时有调整。

以数据要素市场化、法治化、国际化为抓手大力推动数字经济赋能实体经济高质量发展

实体经济是一国经济的立身之本，是财富创造的根本源泉，是国家强盛的重要支柱。不论是应对当前经济运行面临的困难挑战，还是积蓄持久动能，实体经济都至关重要。要坚持把发展经济的着力点放在实体经济上，推进新型工业化，推动产业基础高级化、产业链现代化，提高经济质量效益和核心竞争力。这是夯实经济大盘、提振市场预期、促进内外贸发展的关键基础。

当今世界，以数据和算法为基础的人工智能技术及产业开启了一系列颠覆式的信息、知识及智慧的（深度）合成生产与分发、创新及使用方式，使人类由过去主要依赖人工采集数据、提炼信息、分析问题，形成信息、知识及智慧，逐渐转变为依赖人工和智能机器学习的方式形成和供给人类信息、知识及智慧。基于此，人类社会高速步入数据时代，以数据和算法驱动的新经济业态、产业、模式大量涌现，对生产力与生产关系的发展和变革具有显著影响。由此，发展实体经济离不开数字经济的支持，数据要素的战略地位进一步凸显。

数字经济的蓬勃发展是推动经济社会高质量发展的重要引擎，而数据作为一种新型的创新性生产要素，是数字经济高质量发展的基础原料和创新要素，是基础性资源和战略性资源，也是重要生产力。与传统生产要素不同，数据要素具有非竞争性、低成本复制、

可重复使用、规模报酬递增等特点，与不同主体、不同要素结合互动，可产生不同程度的倍增效应。如能有效释放数据要素价值，将数据以多样、创新的方式投入经济社会发展全过程，可以优化资源配置，促进生产方式变革，全面提高生产效率与资源配置效率，从而提升经济发展的效率与质量，发挥数字技术对实体经济的放大、叠加、倍增作用。党中央、国务院高度重视发挥数据要素作用。如何加快发挥数据要素乘数作用，推动数字经济赋能实体经济，已成为数字经济高质量发展的关键所在。

2022年12月2日，《数据二十条》正式发布，标志着我国数据要素市场化发展及规范化治理进入了新阶段。《数据二十条》从数据产权、流通交易、收益分配、安全治理等方面构建数据基础制度，并通过不断推进与细化，有效促进数据要素的交易与流通，进一步释放数据要素的内在价值。随着《数据二十条》等一系列政策措施相继出台，数据要素市场培育进展加速，畅通数据资源大循环的方向愈加明确。各地方、各部门、各大企业纷纷加快数据要素领域布局，从体制机制、市场流通、产品研发、标准规范等多层次、多角度开展落地方案的深度探索，涌现出数据要素价值释放新热潮。与此同时，在各方大力推动下，作为数据产业的重要组成部分，我国数商快速发展。

据上海数据交易所研究，从2013年至2023年，中国数商企业数量从约11万家增长到超过100万家。[①]其中，传统数字化软硬件服务

---

① 《国家数据局：研究实施"数据要素×"行动》，载中国政府网，https://www.gov.cn/lianbo/bumen/202311/content_6917169.htm，最后访问时间：2024年6月20日。

商依托长期积淀，将数据相关业务作为重点方向来抓，成为技术型、应用型数商的中坚力量。伴随着数据流通需求的增长，服务型数商应运而生，成为数据产业的新兴组成部分。2022年6月，深圳数据交易所制定《深圳数据交易所数据商分级分类规则》（试行版），在全国范围内首次推行数据商分类分级认证规则，以优化市场资源配置为导向，创新探索数据商分级分类认证规则。以数据商分类分级认证为基础，赋能数据商业务模式创新。在数据商分级规则中，设定生态级、认证级、战略级三级数据商认证合作以及四级风险评级策略，不断优化数据商分级结构。在数据商分类规则中，创新设定资源型、集成型、渠道型、科技型、委托型、媒体型、知识型和平台型八类数据商分类认证。深圳数据交易所积极推动数实融合，大力引导数据商进入场内交易，并尝试引入首批跨境交易数据商，推动提高数据流动效率，培育数商新业态。

一、限制数据要素发展的几大因素

然而，在实践过程中仍然暴露出其中存在的难点与痛点，限制数据要素发挥其应有的赋能作用。其一，数据资源开放共享水平与数据质量有待提高，数据开发利用水平不足，市场化交易机制须加快建立健全。我国数据要素市场规模虽已跃居世界前列，政府、企业、社会组织等主体却广泛存在不会用、不敢用等问题。同时，缺少统一的数据标准以及优质合规的第三方数据供应商与数据服务商，数据整合互通能力较差，数据质量难以保证。并且，数据领域核心技术仍须攻关，当前国内技术水平难以支撑从数据采集到场景应用的全链条任务目标。

其二，数据要素交易市场尚未完全形成，各种标准规范不健全，数据流通保障体系尚不完善。由于缺乏具体有效的落地举措，中国数据要素市场化配置仍面临包括产权不明、数据定价模型标准不一、市场交易和竞争行为无序等问题，易引发数据权益纠纷，增加数据交易过程中的操作成本与合规风险，无形中制约数据交易双方的交易意愿，降低数据交易流通的效率。

其三，当下仍缺乏相对统一的数据安全保障规范和标准，尚未建立起兼顾安全与发展的数据安全保障体系，数据治理法治化水平还有待提升。一方面，区块链隐私计算等技术尚未成熟和普及，数据交易过程中仍然面临严峻的数据安全风险。另一方面，通用人工智能的训练需要海量数据，极易出现信息泄露风险，导致数据的滥用。且由于数据原因，可能导致通用人工智能包含偏见和歧视性内容，从而引发社会伦理争议。

上述问题不仅会对企业、消费者等主体的数据权益构成负面影响，还不利于数据要素的市场化配置，将限制以数据为关键要素的数字经济的发展，阻碍数字经济与实体经济深度融合。

二、盘活数据要素资源，规范数据要素治理

在此背景之下，盘活数据要素资源，加快推进数据要素市场化配置、法治化运行及国际化流动已成为数字经济进一步有效赋能实体经济的关键要素。2023年11月25日，国家数据局局长在2023全球数商大会开幕式上提出"数据要素×"行动，并表示接下来国家数据局将围绕发挥数据要素乘数作用，与相关部门一道，研究实施"数据要素×"行动。该行动意在通过各行业、各领域加快对数据的开

发利用，推动数据要素与其他要素结合，找到资源配置"最优解"，突破产出边界，创造新产业新业态。此举将促进我国数据基础资源优势转化为经济发展新优势，推动数据在不同场景中发挥乘数效应，真正释放数据要素的内在价值。

首先，发挥数据要素乘数效应要以"协同"实现全局优化，提高生产效率与资源配置效率，增强产业核心竞争力，为供给端提供强劲动力。通过从数据中挖掘出有效信息作用于其他要素，改造提升传统要素投入产出效率，利用数据流提高全要素生产率。并在智能制造、商贸流通、交通物流、金融服务、医疗健康等若干重点领域，加强场景需求牵引，打通流通障碍、提升供给质量。

其次，发挥数据要素乘数效应要以"复用"扩展生产可能性边界，释放数据新价值，拓展经济增长新空间。让数据供得出、流得动、用得好，是发挥"复用"作用的重要前提。数据经由多个主体复用，将在不同场景创造多样化的价值增量。与此同时，数据在使用过程中一般不会被损耗，反而越复用越能创造新的价值，能够突破传统资源要素约束条件下的产出极限，拓展新的经济增量。

最后，发挥数据要素乘数效应要以"融合"推动量变产生质变，催生新应用、新业态，培育经济发展新动能。2023年12月召开的中央经济工作会议提出，要以科技创新推动产业创新，特别是以颠覆性技术和前沿技术催生新产业、新模式、新动能，发展新质生产力。强调要大力推进新型工业化，发展数字经济，加快推动人工智能发展。数据可以说是人工智能发展的基础，人工智能技术的进步需要海量数据的支撑，数据喂养量越大，人工智能所倚赖的算法就愈加智能，从而提高其预测和决策的准确性。同时，推动高价值数据要

243

素的市场配置效率，能有效提升可用于人工智能研发的数据数量和质量，为人工智能研发和广泛应用提供海量数据支撑。当然，在这一过程中须审慎处理好数据高水平安全与数据高质量发展之间的关系，以高质量发展支撑高水平安全，以高水平安全来保障高质量发展。

  鉴于此，亟须从数据要素特性出发，尽快丰富完善数据要素市场交易基础制度，推动数据要素市场基础设施建设，增进数据要素市场化配置效能，同时，提升数据要素市场法治化治理能力，提高数据要素市场国际化水平。在加强各地数据交易中心在数据确权、数据定价、数据交易、数据安全、数据增值协作等方面合作的同时，更好融合联通操作层面的规范与标准，促进数据要素合规高效流通使用，建立一套符合数据要素高质量发展和高水平保护的规范体系和技术标准，有效激发数据要素乘数效应，加快推进数字经济赋能实体经济。①

---

① 原文首发于《第一财经日报》2024年1月3日第A11版，收录时有调整。

以科学保护促高效利用：
数据不正当竞争规制逻辑

2024年1月16日，广东省高级人民法院对W公司诉J公司不正当竞争案二审[①]宣判，该案系国内首例非法调用服务器应用编程接口（Application Programming Interface，API）获取数据予以交易转卖案件。法院在裁判案件中所体现的安全保护、有效利用、合规流通的数据权益保护理念值得参考。

随着数据产业和数据资源现实交易的迅速发展，企业对于数据价值的挖掘和利用越来越深入，实践中围绕数据的爬取与反爬取、爬取后数据的合理使用也产生了诸多不正当竞争纠纷。此时，既要看到数据爬取、使用行为损害经营者、消费者利益带来的负面效应；又要看到数据爬取、使用行为所具有的促进数据要素流动，激发数字经济市场竞争活力的积极作用。

对于数据爬取、使用行为，须结合个案具体场景，权衡兼顾多方主体多元利益，充分运用现有多种法律工具评价数据爬取、使用行为的竞争规制效果，处理好数据保护与数据竞争间的关系，以科学合理的数据安全保护促进高效有序的数据流通体系。

[①]《广东高院终审宣判首例涉数据抓取交易不正当竞争案——公司擅自调用服务器API接口抓取数据被判赔2000万元》，载中国法院网，https://www.chinacourt.org/article/detail/2024/01/id/7782770.shtml，最后访问时间：2024年6月20日。

一、非法调用API获取、转卖数据行为具有不正当性

在W公司诉J公司不正当竞争案中，广东省高级人民法院审理认为，被告J公司通过不断变换IP地址（互联网协议地址）、用户账号等方式向W公司服务器发出数据请求，骗取服务器向用户端传输数据的API调用权限，获取了其本无权调用的大量应用软件后台数据，并予以直接转卖获利，有违公平、诚信原则和商业道德，扰乱了数据市场竞争秩序，严重损害了原告W公司和消费者合法权益，构成不正当竞争行为。

其中，API由一组定义和协议组合而成，通过应用编程接口，一方以特定方式发送远程请求，而无须了解对方内部系统的逻辑，即可访问对方开放的资源，实现企业内外部产品和服务的互动、资源与服务。API本身并不属于数据，其只是获取数据的一种方式。

在一定程度上，API可以看作一种许可方式，使用API接口表明数据持有方已经意识到其持有的数据利益。同时，与遵守robots协议中的页面爬取不同，API开放协议形式也从一定程度上表示数据持有方对其持有并储存的数据采取了相应的保护措施。在这种情况下，如若仍对数据进行爬取、使用，即使获取的渠道是基于协议或者是协议终止后之前的留存，都可能存在不正当性。

本案中，API作为数据的接口，结合被告爬取、使用数据的行为及目的可以看到，其爬取数据就是为了交易转卖进而获利，爬取行为与使用行为之间具有较强的关联性，因而应将其视为一体化考量。在数据采集方式上，被告并非以正常方式通过API获得W公司产品数据，而是通过不断变换IP地址等技术手段，"骗取"服务器的数据调用权限。在数据内容上，被告采集了其本无权调用的原告后台数

据，并直接转卖获利。被告通过对数据的调取采集并进行转卖，获得了巨大不正当的利益，其为原告和消费者带来的损害远超其可能带来积极影响，因而认定其构成不正当竞争行为。

二、坚持对公开数据与非公开数据的同等保护

前述案件中，被告通过非法调用服务器 API 方式获取的数据不仅包括原告公司在网页上已经公开展示的数据，也包括平台运营管理过程产生的后台服务数据，以及 W 公司的大数据产品等未公开的数据。

从技术规范和使用的角度，根据是否设定访问权限，可将数据分为公开数据与非公开数据。其中公开数据是指数据持有方向公众无差别予以提供和展示的数据；而对于设定了访问权限，并非全体社会公众均可无条件地、直接地进行获取的数据，可以将其认定为非公开数据。

通常认为，公开数据表明数据持有者认识到其数据具有一定的社会价值，通过公开的方式主动负担了容忍他人合法收集和利用的义务，但这种义务是具有特定限度的。公开数据是数据的存在样态，公共数据是数据的内容属性，公开数据不等同于公共数据，即便是公共数据也不等于免费使用。因此，公开数据并不等于免费使用数据，也不是对数据保护的放弃。基于公开数据更有利于数据价值的挖掘和释放这一理念，为了更好地实现数据价值，更有利于营造数据公地喜剧的形成，对于公开数据与非公开数据理应坚持同等保护的理念，将公开数据与非公开数据放置于相当的保护水平上。也就是说在数据保护的必要性、可及性上，公开与否不应成为保护的区分点。

具体来讲，公开数据的同等保护要求其他经营者在对公开数据进行抓取、使用时，应坚持"合法、正当、必要的限度与比例"。

1.行为的适当性

当数据爬取、使用行为产生竞争损害时，须判断该爬取、使用行为是否有助于效率或者创新等积极目标的实现，此处的积极效果应是直接且大于爬取行为带来的负面效应，同时行为与积极效果间要具有直接的因果联系。

2.行为的必要性

对爬取、使用行为必要性的分析，主要考察是否采取了对数据持有方损害最小的措施。然而要求经营者在进行商业决策时，逐一考察各种可能的行为并选择对数据持有方损害最小的方式，在商业实践中是难以操作的。但如果存在明显对数据持有方损害方式更小的方式而未采取，或者其欲实现的积极效果会严重损害数据持有方利益的情况下，则可认定为使用方式已超过必要的限度。

3.适用狭义的比例原则

此时重点在于进行利益的衡量，权衡积极效果与消极效果。在此过程中，不仅需要比较积极效果与消极效果的大小，同时还需要对多元价值的位阶进行权衡。特别是在竞争治理下，并非仅就经营者之间的权益进行比较，社会公共利益体现的市场公平竞争秩序与消费者合法权益更具优先性。换言之，须将竞争法的核心价值，市场竞争秩序和消费者利益放在较高的位阶，不能仅凭爬取方或被爬取方的利益增损来做简单的权衡。

数据价值的释放源于使用，而数据的公开能够促进数据的使用，扩增数据价值，因此应更多鼓励数据的公开，以便更好地使用数据。如若误认数据公开就失去了价值，失去了保护的必要，则不利于数据开放共享机制的建立。对于公开数据保护的缺失也会产生数据滥用的风险，降低平台企业等数据持有方分享数据的意愿以及公众对于数据开放的信任。因而需要建立数据以公开换保护的理念和制度，平衡数据采集、持有环节行为人的利益，营造安全高效的数据资源分享场景，促进数据的可持续性流动，推动数字经济的健康发展。

三、以有力保护夯实数据流通基础

与传统的知识产权不同，数据并不是一种绝对的排他性权利。数据是信息的表现载体与形式，其价值在于内含的信息，但其并不会自动转化为人们所需要的信息，而是经过提取、处理、分析进行转换与呈现。数据经过集合、加工后，可以揭示出更深层次的关系和规律，使生产、经营、服务、治理等环节的决策更智慧、更智能、更精准，数据的价值也能够更好地释放。也就是说数据的价值并不在于它本身的特殊性，而在于流通和使用。进而为了实现数据的合理流通与应用，就更需要加强对于数据的保护，为数据流通创造一个安全、透明、合法的环境。

在当前的数据市场，数据不正当竞争行为的规制应以法律法规和商业道德为基础，合理界定数据权益和维护市场竞争秩序，充分考虑数据全周期流转中各个环节的利益实现，既要有利于充分激励数据生产积累、持续供给，又要有助于促进数据合法、安全、高效、便捷地流通和利用，在数据的动态流动中兼顾安全与发展的平衡。

一方面，要坚持"有力保护"的基础理念。平台经营者在合法收集、储存、处理数据的过程中付出了巨大的劳动，其对数据控制、处理、收益等合法权益理应受到保护。同时，原始数据的收集、储存、基本处理是整个数据链得以运行的基础，如若忽视对数据持有者利益的保护，将会威胁到整个数据生态系统的可持续性和创新性发展。为了实现数据安全合法流动所必需的行为及成本的合理分配，须承认和保护平台企业等数据资源处理者对依法依规持有的数据享有自主管控、合法利用、获取收益的权益，保障其投入的劳动和其他要素贡献获得合理回报，规范企业合理抓取和使用数据。

另一方面，还要兼顾数据的"有效流通"。数据只有在流通过程中才能发挥其最大的价值，一旦形成"数据孤岛"，就难以发挥其作为市场基础资源的作用。合理的数据抓取、利用等相关行为也是数据在不同主体间流动的过程，在客观上能够推动数据要素在市场上的流通，削弱部分头部平台企业的潜在数据垄断风险，削减数据壁垒，更有效地配置数据资源。通过数据抓取、使用等行为，经营者可获取大量数据信息，在大数据和算法技术分析下，改善生产或分销，更好地匹配用户偏好平台。经营者也可以通过数据爬取创新商业模式和产品服务，不断提升服务质量和竞争力。因而在不损害原始数据持有者正当数据权益的前提下，应该鼓励其他平台对数据进行充分利用，以保证在公平竞争的环境下使消费者福利最大化。

基于此，数据不正当竞争行为的规制应以"有力保护"为基础，兼顾数据的"有效流通"。在具体案件中综合考虑公共利益和激励创新等因素，充分考量数据持有者的利益保护与数据有序流通的重要价值，审慎分析判断数据获取、利用等行为正当与否。以有力保护夯实数据流通，使数据"取之有道、用之有度"，充分释放数据的价值，促进数字经济健康有序发展。[①]

---

① 原文首发于《第一财经日报》2024年1月23日第A11版，收录时有调整。

精准规制数据爬取　促进数据要素流通

2023年8月，天津自贸区法院审结了一起关于数据爬取所引发的不正当竞争纠纷案[①]，引发社会关注。该法院在案件裁判中对于数据爬取是否构成不正当竞争及数据要素相关问题有创新性突破，值得理论与实务界参考。数据爬取涉及数据权属、数据竞争等法律问题，如何规制精准数据爬取，保护数据所有者和用户的合法权益，同时又不影响数据的流通和创新，是当前亟待解决的难题。

一、科学规制数据爬取规范数据流通

数据爬取行为是指通过网络爬虫程序自动或半自动地从互联网上获取数据的行为，数据爬取能够以较低成本、较快速度从其他网页、网站等空间大规模复制目标对象数据，为数据需求方收集和处理数据提供了巨大便利。然而，这种从其他网页、网站等空间获取数据资源的方式在满足相关企业对数据质量、数量和流通速度的要求，客观上实现数据流通，推动数字经济发展的同时，也引发了一系列的法律问题，其中既涉及民法领域的隐私保护、财产保护，也关涉竞争法领域的不正当竞争纠纷，还可能涉及刑事法领域的犯罪

[①] 《天津自贸区法院审结一起不正当竞争纠纷案》，载天津法院网，https://tjfy.tjcourt.gov.cn/article/detail/2023/08/id/7461735.shtml，最后访问时间：2024年6月20日。

行为等。

数据爬取与促进数据要素流通之间有着密切的关系，数据爬取可以从不同的数据源和各平台上采集、整合、分析各类数据，为数据要素的流通提供了技术手段和数据资源。在数据要素市场化配置尚未完全成熟的过程中，数据爬取客观上促进了数据要素流通，这种方式将尚未完全由市场配置的数据要素转向由市场配置的过程，促进数据要素的高效利用和价值实现。

综上，数据爬取作为数字经济企业，特别是中小型创新企业获取数据资源的重要方式，正当合理的数据爬取是值得肯定与激励的，有助于激发各类企业的竞争动能。同时，也应确保在法治框架下平衡好各类数据主体的合法利益，权衡好数据保护与数据竞争间的关系，做好科学合理的数据保护和高效有序的数据竞争间的协同共进，才能确保数据价值得以充分释放。

二、不当规制爬取引发数据流通阻碍

数据爬取行为引发的非刑事法律问题，大多数集中在反不正当竞争纠纷领域，如何识别数据爬取的正当性已成为理论与实践共同关注的难点问题。对数据爬取行为的规制目前主要存在两种观点：一是，应采取严格禁止的态度，强调对被爬取方的利益保护，遵从经营者私益保护优先的侵权法逻辑。二是，对爬取方的行为持竞争损害中立的态度，转向市场竞争秩序优先的竞争法逻辑；抑或引入其他多元利益，譬如国家利益、公共利益、用户利益等来综合权衡爬取行为的正当性。还有与此所伴生的难题——数据权益应当如何区分归属，如何开展分类保护，相关问题在实践中尚未达成一致意见。

司法实践中不同法院在考察数据被爬取方遭受的竞争损害时，所采用的标准不尽相同，当前，法院就数据被爬取方竞争损害分析的思路，大体分为以下三种：

第一，仅考虑数据被爬取方，因爬取行为导致其在流量或数据等数字化商业利益方面受到的损害。依照传统的侵权法路径逐一分析损害行为存在的事实，加上损害行为的因果分析，判定爬取方行为具有不正当性。

第二，在分析竞争损害的基础上，对爬取行为的正当性予以分析。已有法院在裁判中提出，在自由开放的市场竞争中，应当允许一定程度的竞争损害发生，被爬取方须将损害作为一种竞争结果予以适当容忍，或者认定被爬取方的损失，尚未达到需要司法救济的程度。此类裁判逻辑反映出法院已对数据爬取行为的正当性边界予以关注，注意到数据财产性价值只有在流动中才能得以实现的特性，将损害结果作为判定数据爬取行为不正当性的必要不充分条件。

第三，在第二类裁判基础上，认识到除保障其他经营者的合法权益外，还需要保护消费者合法权益与社会公共利益，在爬取行为是否违反商业道德的判断上，须从更广阔的市场环境、更多主体合理权益的维度去判断，且在分析时考虑爬取行为对消费者权益和市场整体利益的积极影响。

譬如，在前述关于数据爬取所引发的不正当竞争纠纷案中，天津自贸区法院提出，原告在本案中主张保护的客体是其平台内的新闻数据，S公司未经原告许可，整体搬运涉案数据并直接用于涉案产品的新闻栏目中，该行为既非实现涉案产品正常运营的必要手段，亦不符合社会公共利益的价值需求，其所实现的效果并不足以弥补被诉行为给原告所造成的损失，影响了正常的市场竞争秩序和健康公平的行业生态，降低了消费者的福利，超出了数据利用的合理限度，具有不当性。[①]

总体而言，目前在对数据爬取行为引发的不正当竞争纠纷案件的审裁过程中，法院仍然偏向于适用《反不正当竞争法》的侵权法属性，以权利保护为案件审理的逻辑起点，对行为不正当性的判断，依据的仍然是"行为—法益"的侵权法思路，还有待于从私法保护的行权逻辑转向行为正当性识别的行为逻辑，即从数据保护到数据竞争的转向。

三、以规制促流通须合理设置规则

为避免对数据爬取行为的不当规制，有必要对竞争法规制数据爬取行为予以澄清，以便更好实现对数据爬取行为治理，避免简单地基于数据爬取可能造成的损害后果，进行"一刀切"式的否定评价，而忽略了行为可能存在的正当性，甚至爬取行为可能带来的积极效应。在这一过程中须注重个案分析，坚持竞争法的谦抑属性，重视行为正当性标准的进一步细化。同时，要更好理解《数据二十条》的精神，深刻把握数据作为新型生产要素要义，在以维护国家数据安全、保护个人信息和商业秘密为前提，促进数据合规高效流通使用，激发数据动能。

[①] 《天津自贸区法院审结一起不正当竞争纠纷案》，载天津法院网，https://tjfy.tjcourt.gov.cn/article/detail/2023/08/id/7461735.shtml，最后访问时间：2024年6月20日。

（一）导入"非公益必要不干预"理念与规则

即除为了维护公共利益的必要外，公权力部门不得随意介入市场主体之间的竞争行为。数据爬取行为具有技术中立的特征，不应"先入为主"地打上违法标签，对企业课以过重的合规成本和治理压力。相关部门应在"非公益必要不干预"的理念和规则下，结合个案分析数据爬取行为的正当性。

（二）考察爬取数据的来源和方式，判断是否符合商业道德

数据爬取行为应当遵守相关法律规定和商业道德准则，尊重被爬取网站和数据权利人的意志和授权。譬如，robots协议作为国际互联网领域确立的通行的商业惯例和行业规范，可将其视为商业道德判断的标准之一，若爬取方绕过robots协议或者违反robots协议，可视为对互联网领域商业道德的违反。不过，robots协议仍然存在一定的局限性，因为该协议主要适用于网页，然而，在实践中数据爬取行为与多种商业模式结合，已不再局限于网页。简言之，如果数据爬取行为违反了被爬取网站的反爬虫技术设置，或者未经用户同意和平台授权，就获取并使用用户的个人信息或其他敏感信息，则可能构成不正当竞争。

（三）考察爬取数据的性质和价值，个案判断行为的反竞争效果

并非所有的数据都可以被任意爬取和使用，一些数据可能具有无形财产的属性，或者是经过劳动创造、整合、分析而形成的衍生

数据、创生数据,这些数据对于经营者来说具有商业价值和竞争优势,应当受到法律的保护,如果数据爬取行为侵犯了这些数据的权利人的合法权益,就可能构成不正当竞争。具体而言,根据数据运行的全周期及"数据相关行为"的实施进展程度,可纵向将数据区分为原始数据、衍生数据、创生数据,结合横向数据主体的个人、企业、政府对于数据权益的需求,以精细化、差异化、场景化科学合理地对数据权益进行分配(如下表所示)。

场景化数据权益分配表

数据行为与类型 \ 数据主体	个人	企业	政府
基于采集生成的原始数据	个人信息权益	个人信息权益 财产权益	个人信息权益 公共权益
基于原始数据简单加工的衍生数据	个人信息权益 财产权益	个人信息权益 财产权益	公共权益 财产权益
基于衍生数据深度加工的创生数据	财产权益	财产权益	公共权益 财产权益

对于数据爬取行为所涉及相关权益保护分析,可以参考以"数据相关行为"基准设计动态权属制度形成的动态保护逻辑,此种权益配置符合数据运行实况,可以对数据相关权益进行科学高效配置,保证数据各主体能够合规有序地使用数据。《数据二十条》也明确了要对公共数据、企业数据、个人数据等不同类型的数据采取不同的管理措施,保障各方合法权益。因此,基于场景化数据权益分配来构建数据市场公平竞争的行为边界,促进以数据为关键要素的自由流通,能够更好落实数据作为生产要素由市场评价贡献、按贡献决

定报酬的机制。

(四) 考察爬取数据的用途和影响

数据爬取行为应当有合理的目的和正当的用途,不能损害公共利益或者其他经营者的合法利益。如果数据爬取行为是为了提供与被爬取网站相同或相似的服务,乃至于构成了"实质性替代",或者是为了妨碍、破坏被爬取网站的正常运行,或者是为了从事非法活动,就可能构成不正当竞争。同时,还应当考虑到数据爬取行为的积极效果:

1. 增加数据要素的供给

通过数据爬取可以从各种公开或半公开的网站、平台、数据库等渠道获取大量的原始或加工后的数据,丰富了数据要素的种类、数量和质量,为数据要素的流通提供了更多的选择和可能性。

2. 提高数据要素的价值

数据爬取的相关程序可以对采集数据进行清洗、整理、分析、挖掘等操作,提取出有用的信息和知识,增加了数据要素的附加值和竞争力,为数据要素的流通创造了更高的收益和效率。

3. 促进数据要素的创新

数据爬取可以从不同领域、不同层次、不同维度的数据中发现新的规律、新的关联、新的模式,且相关效率远远高于通过人力收集数据进行分析,因此,数据爬取也为数据要素的流通与创新奠定了技术基础。

可见,数据爬取行为并非一概禁止或允许,而应当根据个案情况进行判断。数据爬取行为应当遵循诚实信用原则和商业道德,尊重相关企业的劳动成果和市场秩序，而非通过搭便车、不劳而获的方式进行恶意竞争，损害其他经营者或者消费者的合法权益，扰乱市场竞争秩序。

  同时，要考虑到数据爬取对数据要素流通带来的积极效果。一方面，数据价值在于流通，数据的有效利用有助于提高企业的生产效率、改善产品质量，乃至于推动社会经济与行业的整体进步；另一方面，数据相关企业在合法收集、生产、管理、运营数据的过程中付出了巨大的成本与劳动，其对数据相关权益应受到保护。故要做好"个案分析"，处理好数据权益的保护与流通利用之间的平衡关系。①

---

  ① 原文首发于《第一财经日报》2023 年 8 月 29 日第 A11 版，收录时有调整。

涉数据竞争行为司法实践检视及路径优化

目前司法实践中关于涉数据竞争行为的审裁，虽然对于涉数据竞争行为正当性评价尚未有统一的标准，法院审裁涉数据竞争行为时均重视数据权益保护。为更好保护数据权益，促进数据价值释放，司法裁判中应注重多元利益保护路径，合理考量《反不正当竞争法》"互联网专条"与"一般条款"的适用条件，不断开发适应数据创新发展的新的司法规则，用司法手段保护涉案数据的合法权益，实现"以保护促利用、以规范促发展"，坚持先立后破，稳中求进，确保市场主体合理预期。

一、涉数据竞争行为的司法实践检视

涉数据竞争行为包括未经授权擅自抓取、使用数据等行为，数据不正当竞争行为既损害互联网行业的竞争秩序，又限制数字经济发展。

（一）涉数据竞争行为正当性评价标准不一

数据确权规则尚未明晰，有关数据不正当竞争行为的法律尚未健全，因此司法实践中涉数据竞争行为的裁判仍未有统一的裁判规则，可能出现"同案不同判"现象，规制数据不正当竞争行为仍有困难。司法实践中涉数据竞争行为审理重点是判定行为是否具有正当性与损害性，正当性评价与损害性评价是涉数据竞争行为案件审理裁判的二元要素评价标准。

尽管《反不正当竞争法》为了回应数字经济发展的现实需要，增设第12条互联网专条，以期对数字经济发展中的不正当竞争行为进行规制，然而由于数据不正当竞争行为具有隐蔽性、技术性强等特征，仍难以完全适用于数据不正当竞争行为之中。《反不正当竞争法》第2条"一般条款"是司法实践中对涉数据竞争行为正当性进行判定的常用法条。但是《反不正当竞争法》"一般条款"的保护路径也存在局限性。一般条款的规定给予司法裁判者较大的裁量权，衡量被诉行为是否违反商业道德与诚信原则尚未有统一的标准，多是由司法裁判者进行裁量，具有一定的主观性。同时，由于一般条款规定不尽具体明确，对市场主体的指引作用也相对有限。

根据现行法律法规，在司法实践中认定涉数据竞争行为是否构成不正当竞争，关键在于判定行为是否具有正当性，即是否违反了诚实信用原则与互联网行业公认的商业道德，行为是否损害了他人合法权益。

数据作为新兴事物，与数据相关的新业态、新模式仍处于不断发展之中。涉数据竞争行为的正当性评价标准包括实质性替代原则、robots协议约定的标准以及"用户授权+平台授权+用户授权"的三重授权原则等标准。然而，法院在审裁中适用何种标准作为正当性评价的依据尚未有定论。在G公司诉Y公司案中，[①]法院裁判时将重点放在元某公司行为是否违反诚实信用原则和商业道德，法院认为原告开发的App与被告开发的App在提供实时公交信息查询服务软

---

① 广东省深圳市中级人民法院（2017）粤03民初822号民事判决书，载中国裁判文书网，最后访问时间：2024年6月20日。

件领域存在竞争关系，判决认为Y公司未经G公司授权，不正当爬取G公司的实时公交数据，有违诚实信用原则和公认的商业道德，违反了《反不正当竞争法》第2条的规定。在本案中，"商业道德"被解释为未经许可获取数据。

（二）现有审裁普遍尊重"数据保护"

目前的涉数据竞争行为案件均认可数据持有方的权益，普遍尊重数据保护。

《反不正当竞争法》以保护经营者利益为主，兼顾保护消费者利益、社会公共利益，第2条"一般条款"与第12条"互联网专条"以损害经营者、消费者等利益作为不正当竞争行为的判定标准之一。"互联网专条"回应数字经济发展的实际，然而随着数据成为新型生产要素，有关数据商业利用行为纠纷的司法裁判几乎没有援引"互联网专条"作为判决依据。

在一则涉数据抓取交易不正当竞争纠纷案件，法院认定原告对依法依规持有的数据享有自主管控、合法利用并获取经济利益的权益，被告爬取原告后台数据并予以直接转卖获利的行为，有违公平、诚信原则和商业道德，扰乱了数据市场竞争秩序，严重损害了原告和消费者合法权益，构成《反不正当竞争法》第2条规定的不正当竞争行为。法院对被告不正当抓取数据行为给予否定性评价，体现法院对数据的保护。[①]

[①] 案例为作者根据工作、研究经验，为具体说明相关法律问题，在真实案例基础上编辑加工而得。

在数字经济发展的背景下，数据流通有利于更大程度发挥数据资源的价值，因此数据流通非常重要，但这并不意味着应当弱化对于数据持有方权益的保护。用司法手段保护涉案数据的合法权益与数据流通并不矛盾，数据流通应当依法、有序进行，不应以牺牲数据权益方利益、弱化对数据权益方的保护为代价。司法保护应为构建数据合法、有序流通利用的产权制度保驾护航，以此促进数字经济健康发展。

（三）数据确权规则欠缺

划定数据正当竞争与不正当竞争的界限是判定数据竞争行为是否违法的关键，对数据予以确权也是涉数据竞争行为审裁的重点。审理涉数据竞争行为时，由于数据确权规则的缺失，法官几乎都选择回避讨论数据的归属。虽然在《数据二十条》中提出了数据资源持有者权、数据加工使用权、数据产品经营权，但是《数据二十条》仅为政策文件，尚不能作为案件裁判的依据。尽管法官在审裁过程中并未对数据确权予以分析，但基本都将数据视作财产权益以论证涉数据竞争行为能够适用《反不正当竞争法》予以规制。

是否有数据确权规则从表面上看似乎对涉数据竞争行为的审裁没有影响，但是从实质上看，权利是保护的基础，因此数据确权规则对数据竞争行为案件的审理具有不可言喻的重要性。

在前述G公司诉Y公司案中，Y公司主张"案涉公交车辆行驶信息属于社会信息，由政府统一向社会开放，故原告对案涉公交数据没有所有权"。然而在该案中，G公司开发的App包含实时公交数据等数据信息，作为App的著作权人，G公司对经过分析、编辑的公交车实时运行数据享有知识产权,加工分析后的数据凝聚了G公司的智慧成果,享有对其包含的相关数据信息的占有、使用、处分等权利。Y公司未经G公司授权,擅自爬取数据信息的行为构成不正当竞争。

数据可分为原始数据与衍生数据,又可分为个人数据、商业数据与公共数据。现阶段数据确权规则尚不明朗,将企业非公开数据视为商业秘密,运用《反不正当竞争法》第9条予以保护具有一定合理性及可行性。譬如,在一则将算法作为商业秘密进行保护的案例[①]中,原告拥有的App产品采用自主研发的大数据追踪引擎,涉案技术信息本质上是一种推荐算法,被告采用了与原告实质相同的推荐算法,原告对于涉案算法采取合理保密措施,且涉案算法的精准度能够给原告带来商业利益并保持原告的竞争优势,因此,法院判决认为原告的涉案推荐算法属于其商业秘密,被告实施了侵犯原告的商业秘密的行为,判决具有合理性,在实践中也取得了良好效果。

须注意到数据并不属于传统的知识产权保护客体,直接适用传统知识产权保护路径存在一定的困境。

第一,若适用著作权法保护模式,数据需要具有独创性且属于表达,而直接收集、未经加工的原始数据很可能不具有独创性的特征,对原始数据经过加工处理后得到的衍生数据虽然可能具有独创性特征,但是有些时候衍生数据是经过人工智能加工处理的,不论操作人员是谁,在给定算法程序相同的情况下,人工智能均可能得

[①] 案例为作者根据工作、研究经验,为具体说明相关法律问题,在真实案例基础上编辑加工而得。

出相同的数据处理结果,因此独创性不明显,也难以适用著作权法予以保护。

譬如,在W公司诉T公司侵害著作权及不正当竞争纠纷案[①]中,W公司在二审中明确其在本案中主张保护的客体是"指标体系为主干的对金融信息选取、定义、组织呈现的方式以及设计的函数体系"。上海市高级人民法院认定,W公司所主张保护的客体难以归入《著作权法》第3条规定的任何一类作品形式。依据著作权法的基本原理,思想和表达应予区分,表达受著作权法保护而思想并不受保护,W公司所主张的客体,更接近于思想而非表达,应认为尚未达到著作权法意义上作品的高度,因此不应认定为作品。可见,数据内容本身在很多情况下尚难以成为著作权保护的对象,运用著作权法进行保护难度较大。

第二,专利法保护发明、实用新型、外观设计,数据在很多情况下显然不属于专利法保护对象,对数据进行加工处理的算法程序可能具有独创性、新颖性与实用性,但是《专利法》不认可智力活动的规则与方法具有专利性,据此规定,与数据相关的算法程序在很多情况下亦无法获得专利保护。

故此,基于数据来源渠道的纷繁复杂,主张数据权利的经营者多寻求《反不正当竞争法》保护。然而,在数据司法保护实践中,准确审查主张数据权益的经营者的数据来源及属性,进而界定涉案数据权益保护的边界、对数据予以确权均尚存困难,这些都导致了即

---

① 上海市高级人民法院(2017)沪民终39号民事判决书,载中国裁判文书网,最后访问时间:2024年6月20日。

便是运用反不正当竞争法律体系回应涉数据权益纠纷时也存在难度。

二、涉数据竞争行为的司法规制优化路径

(一)多元利益保护路径下审裁涉数据竞争行为案件

完善以《反不正当竞争法》为主的多元保护路径,在审裁涉数据竞争行为案件时,需要综合考虑多元利益,既要考虑经营者利益,又要考虑消费者利益抑或社会公共利益。

在前述 G 公司诉 Y 公司案中,Y 公司开发的 App 在一定程度上便利了消费者,具有正向作用,但不能因为对消费者利益有所增益而纵容数据不正当竞争行为,数据不正当爬取行为给 G 公司带来的财产性损失大于消费者的增益,因此仍应判定 Y 公司的数据爬取行为属于不正当竞争。故此,法院审裁涉数据竞争行为时,应将维护市场公平竞争秩序、实现利益最大化作为审理目标,即使行为对部分消费者有增益,但是破坏了市场公平竞争秩序,也应从效果角度出发给予否定性评价。创新是数字经济发展的立命之本,创新的质量与竞争的强度呈正相关性,越激烈充分的市场竞争越能加强企业的创新活力,因此维护市场公平竞争是审理涉数据竞争行为所应秉持的理念。这一点也在 2022 年发布的《中华人民共和国反不正当竞争法(修订草案征求意见稿)》中得到了体现,将鼓励创新写入其立法目的之中。

(二)正确适用"一般条款"

《反不正当竞争法》第 12 条"互联网专条"作为具体条款,在

涉数据竞争行为案件时理应被优先适用，然而，在司法实践中出现向"一般条款"逃逸的现象，减损了"互联网专条"适用的效能，也损害了《反不正当竞争法》内部法律规则体系的逻辑性。须进一步全面理解最高人民法院在司法实践中确立了适用《反不正当竞争法》"一般条款"的条件：第一，"一般条款"是兜底性条款，法条中没有对该种行为作出具体规定时；第二，其他经营者或者消费者的合法利益因该种行为受到损害；第三，该种行为违反了诚实信用原则与商业道德。当满足上述三个条件时，才可以适用"一般条款"。

（三）做好数据"有力保护"与"有序流通"的动态平衡

目前，我国政策文件强调数据利用要同时保护多方主体的利益，《数据二十条》提出"坚持共享共用，释放价值红利""合理保护数据处理者对依法依规持有的数据进行自主管控的权益""充分保障数据处理者使用数据和获得收益的权利""保护经加工、分析等形成数据或数据衍生产品的经营权，依法依规规范数据处理者许可他人使用数据或数据衍生产品的权利，促进数据要素流通复用"。总体来讲，体现了"以保护促利用、以规范促发展"的数据权益规则。基于此，在司法裁判中应坚持个案分析，坚持先立后破，稳中求进，确保市场主体合理预期，保障合法在先权益的正当性与安定性，稳定市场主体投资信心。①

---

① 原文首发于微信公众号"知产前沿"2024年3月15日，收录时有调整。

科学合理构建数据开放共享的限度

2024年《政府工作报告》提出要"加快发展新质生产力",并被列为2024年十大工作任务首位,表明我国对塑造发展新动能新优势的重视。数字经济即是一种"新质生产力"的具体体现,其技术创新催生了新业态、新模式,能够为经济发展注入新动能。数据要素作为数字经济核心要素,对新质生产力的发展起到关键作用。《政府工作报告》也提出要"大力推动数据开发开放和流通使用",发挥数据要素乘数作用、建设公平竞争市场需要建立有限度的数据开放共享机制,厘清数据共享中"公平竞争"与"平等使用"的意义,平衡好数据共享与经济效率。

一、支持数据"公平竞争"而非"平等使用"

平等(equality)与公平(fairness)是两个不同的概念,公平为效率服务,而平等强调无差别。平等使用要求数据驱动型大型企业平等地允许其他企业访问自身拥有的数据,而构建公平竞争的市场环境必须考虑经济效率。立足新发展阶段、贯彻新发展理念、构建新发展格局,"既要创造比资本主义更高的效率,又要更有效地维护社会公平,更好实现效率与公平相兼顾、相促进、相统一"。故维护市场公平竞争蕴含提升经济效率的目标,虽然数据共享在一定程度上可以缩小中小平台与大型平台的数据储量差距,提高竞争强度,但当数据共享不能推动行业效率提升时，在不影响市场竞争秩序的情况下，应允许企业有一定的保留，以维护经济效率，即数据共享需要有一定限度。

（一）将数据视作必需设施并不利于有效率竞争的市场发展

实现数据共享的一个思路是认定数据是必需设施，并强制其平等地向其他企业开放。在一则域外案例中，原告方H公司认为L公司阻止其通过爬虫获取用户数据的行为违反了必需设施原则，并要求L公司对数据进行开放。

2020年11月发布的《关于平台经济领域的反垄断指南（征求意见稿）》专门提及了将数据认定为必需设施的问题，但在国务院反垄断委员会2021年2月正式发布的《国务院反垄断委员会关于平台经济领域的反垄断指南》中，相关的条文并没有保留，可见将必需设施理论引入数据领域欠缺可行性。该指南第14条采取法定列举的方式，规定了平台经济领域主要存在的几种拒绝交易的行为模式，仅仅在第1款第5项规定了控制必需设施的经营者拒绝进行交易可能构成拒绝交易行为，这是首次在平台经济领域引入必需设施原理。

首先，必需设施原理要求该设施必不可少且不可复制，域外对必需设施理论的适用主要集中于具有自然垄断属性的产业、公用事业等领域，数据具有可复制性、非竞争性与非排他性，必需设施理论应用于数据领域存在理论基础上的障碍。在数字经济领域中，原则上每个企业都可以收集用户信息等数据，不能仅凭某一企业的数据持有量认定企业筑起市场壁垒，即使平台掌握的某些数据对于特定经营者开展经营具有重要价值，但难以证成其对市场竞争具有不可或缺性。数据的价值不只取决于数据本身，企业对数据的处理利用也能够发挥数据的价值。企业应当通过自身的优质服务、创新技术吸引消费者，通过在经营领域的竞争力积累数据优势才是公平竞争下的应有之义。譬如在一则域外案例中，欧盟委员会认为，数据构成算法分析和机器学习的重要投入要素，但并非唯一要素。平台经济动态竞争的属性要求反垄断法须保持必要的谦抑性，虽然并购行为将有可能限制竞争对手获取L公司的数据，并降低市场创新的可能性，但影响软件技术开发的因素众多，即使缺乏涉案数据不必然导致市场进入失效，因此不能仅仅从竞争对手的依赖程度认定数据是否属于必需设施。

其次，平台掌握的海量用户数据包括个人隐私数据，如果在数据领域适用必需设施理论，很有可能导致个人隐私数据在未经用户同意的情况下泄露给第三方，一方面会威胁用户数据安全，另一方面也会损害消费者权益，不利于提高经济效率目标的实现，并且数据资源一旦被分享，原数据所有者就很难对其用途进行追踪，也很难控制因此产生的各种风险。

最后，开放所谓必需数据会给企业带来额外成本。国家统计局、国家知识产权局等部门曾对公众无偿开放数据，结果引发网络崩溃，后经过加大投入、调整分享数据策略，类似的网络崩溃情况才得到缓解。由于政务数据本身具有公益共性，所以政府有开放相关数据的义务，能够承担数据开放的成本。而对于企业来讲，数据开放同样可能面临网络崩溃的问题，为解决网络崩溃等问题，企业须为此承担额外成本。

（二）考虑用户隐私

数据无序共享可能导致用户隐私保护与数据安全方面存在重大

风险。消费者福利已成为竞争效果分析的重要标杆，而消费者个人隐私是消费者福利的重要内容之一，具有人格权属性，与经济效率息息相关。对于个人信息保护力度，相对其他国家而言，我国《个人信息保护法》作出了更为严苛的规定，表明我国对个人信息保护的重视。由于平台与消费者地位的不对等，消费者无法得知哪些数据被利用、如何被利用以及个人数据处理后的用途，服务提供商故意使隐私政策含混不清，使消费者难以评估其数据的真正价值。用户用个人信息换取平台提供的服务，若允许平台竞争者或上下游企业平等地使用平台已收集的用户信息，可能导致用户隐私数据利用的不可控。

当前，对消费者隐私的保护在一定程度上反映出平台企业间竞争的态势。如果平台企业间竞争激烈，企业会通过重视保护消费者隐私而吸引用户；而当平台企业间的竞争被弱化时，平台企业保护消费者隐私的意愿可能也随之降低。

（三）数据共享须考虑大数据商业价值

"大数据"通常指不同类型的海量数据，由多种渠道高速产生，其处理和分析需要新的、更强大的中央处理器和算法，具有高速、多样、大量、重要的特征，数据规模的扩大能够优化平台企业的算法，提高服务质量。当前大数据已从互联网经营者的商业技术核心进阶成为国家乃至全球经济发展新布局和新战略顶层设计的一部分。大数据的价值远远超过单一数据价值之和，它可以通过数据的进一步积聚或应用于机器学习等而获得更大的应用价值。高度依赖数据的市场正经历正反馈循环：企业拥有的数据越多，其产品就越好，即强大的数据驱动网络效应。譬如当一个搜索引擎能够通过使用其搜索数据库不断从其数十亿用户那里收集大量数据来改进搜索结果时,使用特定搜索引擎的人越多,搜索引擎算法就越有可能了解到消费者的偏好,搜索结果也就越有可能变得更相关,会吸引其他人使用该搜索引擎,并且积极的反馈会持续下去。

大数据将成为未来创新和增长的关键,特别是在人工智能领域,大数据是人工智能运行的燃料。譬如特斯拉从其汽车运行中收集数据,然后使用这些数据优化其自动驾驶算法,这使得竞争对手很难在特斯拉之前进行创新。大数据较强的正向规模效应和较弱的反向规模效应导致了高额的垄断收益,也使互联网平台在一定条件下可以在垄断状态中获得较之传统垄断状态更高的效率。数字经济以数据收集、存储、处理与使用为核心,挖掘大数据价值能够推动数字经济高速发展与繁荣。经营者通过对大数据进行分析并同步改进算法,能够提供更符合消费者需求的服务。对于拥有大数据并能够对其进行处理分析的企业来说,大数据即是其核心竞争力,若要求企业提供给其他企业甚至是竞争对手平等使用的权利,会使具有数据优势的企业减少数据收集处理的积极性,无法最大限度地发挥大数据价值,对经济效率产生负面影响。

二、推动"有序、有度、有效"的数据开放共享

(一)允许限时数据独占,探索数据共享最佳时点

允许平台暂时独占数据,但根据不同场景下的数据价值变化曲线,要求、引导或鼓励平台在一段时间后分享或开放对社会有公共意义的部分数据资源,应当成为维护数据相关公共利益的主要思路。

这一理念借鉴于知识产权领域的制度。知识产权自诞生以来，在平衡鼓励创新和防止垄断与权力滥用之间的紧张关系方面遇到了很大挑战。这类似于数据垄断所固有的紧张关系，一方面应鼓励数据的生产和收集，另一方面也希望平台披露和允许公众访问这些数据。然而，一家企业几乎没有理由分享其数据。因此可以从独占期限入手，合理选择数据共享的时点，在竞争与效率中达到平衡。大数据时代，数据具有时效性，人们的消费行为等变化非常快，数据越"新鲜"，越有价值，越能够变现。基于前述企业数据分级情况，可以允许企业暂时限制对企业业务发展具有重大影响的数据共享，给予企业更大的发展空间。而对于对企业发展影响较小的一般数据，则应当鼓励企业进行数据交易，不支持其独占此类数据。

（二）优化完善科学合理的数据分类分级制度

数据分类分级是促进数据要素公平有序、安全有效流通的基础保障。2021年，《数据安全法》正式提出从国家制度层面建立数据分类分级保护制度，根据数据重要程度匹配相应的保护和管理措施。不同数据生成、使用场景、重要程度有着较大的差异，很难用统一的标准进行共享，数字平台上的用户对数据进行分级授权可以尊重用户自身意愿，同时提升消费者福利和社会总体福利。当前对数据分级的研究，多按照风险等级划分数据，将数据划分为核心数据、重要数据、一般数据。一般数据又可分为四个风险等级。这种分类方法立足于数据保护，旨在贯彻落实《数据安全法》中"国家建立数据分类分级保护制度"的要求，保障国家安全、公共利益、个人和组织的合法权益。

数据安全对数字经济发展至关重要,为提升消费者对平台服务的信任度,将信任转化为对数据共享和数据服务更大的接受度,企业须完善数据保护技术,将用户数据安全置于经营目标中,并且企业需要平衡用户数据处理的收益和风险,确保数据被安全地收集和存储,并且仅用于合法目的。政府应加快出台针对企业数据的再利用问题的分类分级制度,须尽快明确数据安全需要达到的标准,如数据匿名化处理需要做到何种程度,因为在大数据时代,数据量激增,技术无法做到数据完全匿名化。因此,应明确企业保障数据安全的责任范围,避免因风险的不确定进一步加剧企业愿意共享数据但不敢共享的矛盾。

同时,数据要素市场化配置要求充分释放数据价值,提升数字经济效率,尽可能地创造更多的收益。因此,也应当探索以数据对于企业提升业绩重要性为标准的数据分级方式,以此限定企业数据开放共享的限度,维护提升企业业绩水平和经济效率的目标。

(三) 动态平衡数据有力保护与有序流通

当前,我国数字经济高质量发展的短板是数据要素供给不足、数据流通受阻,如何推进数据资源共享、打破"数据孤岛",助力数据要素市场建设与发展,成为目前亟待解决的问题。数据共享可使大量数据流入市场,提高数据供给,使数据在共享中实现二次开发与重复利用,能够最大限度地释放数据红利。

"平等使用"下的数据共享要求无差别地开放收集数据,存在用户隐私数据无序流动和在位企业基于竞争获取的优势地位不受保护的风险,特别是在平台经济领域普遍存在零价格交易模式,相当于用户以数据换服务；不加限度地平等使用数据会导致数据要素市场搭便车的行为大量出现，这样的平等共享很显然不利于提升数据服务质量，特别是容易产生数据安全风险，发生劣币驱逐良币的数据公地悲剧，而且这类悲剧的发生还具有不可逆性，因为数据一旦泄露，其危害和引发的信任危机是难以评估的。

数据中的信息可能涉及商业秘密、个人隐私和国家安全，所以数据要素流通必须以安全为前提，当前应进一步健全数据保护制度。同时，也须承认和保护平台企业等数据资源处理者对依法依规持有的数据享有自主管控、合法利用、获取收益的权益，保障其投入的劳动和其他要素贡献获得合理回报，平衡数据保护与数据共享。

三、以公平竞争市场秩序为基释放数据创新价值

建设公平竞争市场的要义之一即为提升经济效率。在要求企业开放共享数据之际，要平衡好开放对象、阶段、方式、种类、程度等，在公平与效率之间达成合理方案。根据不同场景、时点下的数据价值变化，引导和鼓励数据持有企业根据其经营情况自主采取交易或交换的方式开放共享数据资源，特别是那些有助于维护和增进社会公共利益，能够更好地赋能实体经济发展的高质量数据，并采取市场合理定价和政府有限参与相结合的思路来平衡数据多元主体间的利益，不失为可行进路。

数据具有不同于其他要素的特征，既有很强的财产属性，也有显著的人格特质，更兼具复杂的公共属性，是数字社会整体运行和高质量发展的基础原料。因此，考虑到数据的巨大价值和潜在效用，在市场竞争领域应尽可能保障公平竞争，做好合理使用在推动数据

开放共享的过程中区分"公平竞争"与"平等使用"的概念。须认识到无偿的或者是对价失衡的开放共享需要充分考虑数据持有企业的意愿,在大力推动数据要素市场化配置的背景下,应更加关注在分类分级交易中以市场合理对价获取和使用数据的机制建设与维护,避免数据领域"搭便车"行为的出现,禁止不劳而获、食言而肥等不正当竞争行为在数据领域蔓延,为数据作为新的创新型生产要素在公平有序的竞争环境下参与生产和分配提供制度保障。[①]

---

① 原文首发于微信公众号"知产前沿"2024年3月11日,收录时有调整。

推动数据开放流通，关键在于规则明确

数据是数字时代的"新石油"，成为科技创新、企业发展不可或缺的生产要素。2022年12月，《数据二十条》正式发布，为构建数据基础制度体系划定发展蓝图，标志着我国数据要素市场化发展和规范化治理进入一个新阶段。2023年，国家数据局组建并正式运行，加速推进数据要素加乘作用发挥，"数据要素×"行动计划施行。2024年《政府工作报告》更是明确指出，"深化大数据、人工智能等研发应用，开展'人工智能＋'行动，打造具有国际竞争力的数字产业集群""健全数据基础制度，大力推动数据开发开放和流通使用""适度超前建设数字基础设施，加快形成全国一体化算力体系"，将数字经济的创新发展提到一个新的高度，也是对2023年底召开的中央经济工作会议精神的具体落实，特别提出了"大力推动数据开发开放和流通使用"的工作部署，以数据为创新要素和连接要素，成为开展"人工智能＋"行动和加快形成全国一体化算力体系的关键所在。

一、有关数据市场交易行为和竞争行为的纠纷时有发生

当前，通用人工智能大模型的研发和训练如火如荼，已经成为大国竞争的角力场，也是下一步人工智能技术研发、产品开发及产业创新发展的支撑点，成为全球主要国家和地区技术突破、产业投入及规则制度的重要着力点，其中美国拥有强大的技术和产业优

势，欧盟在规则制定上已经迈出实质性一步，可以讲，美欧都在各自的先发领域取得了进一步发展，我国应予高度重视并积极行动起来。

在这一过程中需要抓住"牛鼻子"，既要激励和推动人工智能大模型的创新研发和高效训练，尽早实现基础核心技术的突破，也要夯实和保障大模型在训练过程中的安全可靠、可信可控、可问责，建设和开发负责任的人工智能。为此，保障训练数据的可获取、数量来源合法合规、数据多样丰富、数据质量高等成为支撑人工智能大模型安全与创新发展的重要一环，制定和实施科学合理、规范有序的数据开发开放和流通使用规则，已成为我国人工智能技术、产品及产业进一步创新发展的基础之一。

近年来我国在数据治理方面取得了很大进步，制定了不少涉及数据收集、使用、流通及管理的政策和规则，然而，在实践中政策和规则的落地落实还需要一定时间，有些问题可能还需要进一步澄清，特别是在涉及数据的分类及交易交换规则的设计上还不够细致，理论上的研究和政策上的愿景离实践还有一点距离，从纸面到行动，还存在一定困难。有关数据市场交易行为和竞争行为的纠纷时有发生，各界都将问题指向了数据产权的厘清上，寄希望能尽快制定数据相关的产权制度，明确数据权属问题，以便更好促进数据的开放和流通。各地也开展了一系列探索实践。然而，各界主体包括政府、企业、用户个人等仍然困惑于数据权益的归属以及数据权益的保护，导致数据主体"为了安全不敢开放""为了利益不愿开放"的认识和态度一直存在，引发了实践中不少的数据权益纠纷案件。

综观现在发生的数据权益纠纷案件，大多采取了反不正当竞争法的救济思路，这也是现阶段对数据权属难以划定所致，客观上也是数据及相关行为的技术复杂、行为叠加、形态多重等特征所致。即便如此，在当前的法律实践中大致生成了两种保护思路，"赋权保护"和"行为规制"。前者主张为数据赋权，以财产权保护模式保护数据；后者则强调评价数据相关行为正当性的方式。

然而，鉴于数据本身只是一个载体，具有很强的流动性，且随时间变化需要实时更新，将数据视为传统财产或知识产权的绝对排他性权利，对其实施强保护实际上是对权利的滥用，在这种情况下，需要注重对数据的获取和使用，以更好保护数据，释放其更大的价值。在此过程中的一个难点就在于，如何针对不同类型的数据适配相应的保护规则，即既保护数据上所存在的在先权益主体的合法利益，又能促进数据合理有序高效地开发开放和流通使用。不然，就容易出现数据公地的悲剧和反公地悲剧，出现无权益激励或权益过度保护的情况，这都不利于数据要素的开发开放和流通使用。

二、对公开数据也应给予适当的保护

值得注意的是，在2022年11月市场监管总局发布的《中华人民共和国反不正当竞争法（修订草案征求意见稿）》中，对数据进行了分类：包括公开数据、非公开数据、企业数据、政府数据和个人数据等。以数据是否能在公开途径获取作为划分标准，互联网平台的数据可以被分为公开数据与非公开数据。凡是没有采取技术保护措施，通过爬虫技术可以抓取的数据都属于公开数据；与之相对应，凡是采取了技术保护措施的数据，就属于非公开数据。

公开数据和非公开数据在保护上是否有差异目前还存在争议，但可以肯定的是，由于非公开数据涉及更敏感的信息，如用户个人隐私、商业秘密等，数据持有者自身通过加强访问控制、采用加密技术等措施防止数据泄露，在法律层面对非公开数据给予相较公开数据而言更大的保护，有一定合理性。但是，这并不意味着对公开数据不予适当的保护。

事实上，在实践中，相比非公开数据，公开数据因其裸露在开放、流动的平台之中，更易受到侵害。公开数据的公开状态使得其他经营者可以通过爬虫技术等抓取公开数据进而迅速获得数据资源，为企业进行后续的数据处理、加工、开发等行为提供捷径。因而，在实践中利用"网络爬虫"技术抓取公开数据的行为以及对公开数据的使用行为时常发生。

与此同时，平台上的非公开数据则可依其自身具有的"非公开性、具有商业价值、采取保密措施"等特性寻求既有的商业秘密相关条款对其进行保护。公开数据则由于其自身法律属性及归属尚不明晰，法律法规并未对公开数据的规则进行明确规定，理论与实践中对公开数据的保护理念和方式也并不统一，导致了对其具有的正当利益难以实现有效保护，甚至引发实践中同案不同判的现象，至少包括两种情形，一是受案法院均认为构成侵权，但是所适用的法律依据不同；二是受案法院对是否构成侵权认定不同，这进一步加剧了对公开数据正当利益保护的难度。

三、给予何种程度且适当的保护还要结合个案分析

必须申明，公开数据作为数据公开的存在形态，不能误认为

"公开"就失去了价值,就失去了保护的必要。相反更应该做好经正当公开后的公开数据的有力保护工作,以此平衡数据采集、持有环节的行为人的利益。需要建立数据以公开换保护的理念和制度,以营造数据资源分享的公地喜剧场景。让海量的数据资源在有力保护下有序流动和高效使用。须强调数据公开与否都不应成为其价值减损的事由,而应更多鼓励数据的公开,以便更好地使用数据,必须树牢"在数据领域以公开换保护"的基本理念,公开是为了更好地发挥数据加乘作用,公开绝不是对数据权益的放弃。

换言之,经由数据公开行为而出现的公开数据,只是数据价值实现的一种方式,公开数据的正当利益保护必须得到法律保障。当然,给予何种程度且适当的保护还需要结合个案分析,采用比例原则予以应对。

个案分析主要指对数据收集行为和使用行为的合法性以及二者之间关联性判断,须结合案件具体情况分析,切不能一概而论。在数据保护具体实践中,每个案件都涉及个案背景、数据类型、负责权益关系,建立动态的数据保护观,全面精细地考虑数据在其整个生命周期中各环节的利益实现,在保护数据的同时,兼顾数据流动及可能带来的实质性创新。

比例原则的适用指对争议行为的定性与定量分析应依据行为与效果之间的必要性与关联性,划出行为最小化与效果最优化之间的变动区间,引入经济学分析,而非简单的0或1的判读。值得注意的是,在运用比例分析时还要综合考虑数据收集和使用行为中主要利益相关者的诉求,也不能将价值判断完全等同于量化计算的结果,还需要结合前述个案分析的背景、现实场景及未来可能做判断。

第二编　数字经济时代数据要素治理的经济法治回应

只有如此，方能给予数据权益主体，特别是那些通过提供零定价服务收集单个用户数据且承担高水平数据安全保障义务的数据持有者以合理的行为对价，明确其数据行为的权益及相应法律责任，稳定其参与数据开发开放和流通使用全过程的信心，切实有效践行"以保护促利用、以规范促发展"的高质量发展和高水平安全之间的动态平衡，使广大市场主体在"安全、安定、安心"的市场化、法治化、国际化营商环境中放心大胆地创新发展。[①]

---

① 原文首发于《第一财经日报》2024年3月21日第A11版，收录时有调整。

数/智/经/济/发/展/的/法/治/促/进

第三编

平台经济领域
商业模式发展的经济法治调整

落实平台经济常态化监管的思路与进路

2022年中央经济工作会议明确提出，要加快建设现代化产业体系，大力发展数字经济，提升常态化监管水平，支持平台企业在引领发展、创造就业、国际竞争中大显身手。2023年2月，中共中央、国务院印发《数字中国建设整体布局规划》，明确提出要支持数字企业发展壮大，健全大中小企业融通创新工作机制，发挥"绿灯"投资案例引导作用，推动平台企业规范健康发展。2023年《政府工作报告》中提出"大力发展数字经济，提升常态化监管水平，支持平台经济发展"。同时，2023年两会期间，国家市场监督管理总局在"部门通道"接受采访时，强调指出持续优化营商环境，使监管规则更加明确，执法程序更加清晰，要提升常态化监管水平，特别是在数字经济、民生保障等重点领域，强化预防性监管，帮助提高企业合规管理水平，为企业发展提供帮助。[①]

基于此，在下一步支持平台经济发展的工作中须着力提升常态化监管水平，明晰监管目的与主线，支持平台经济发展，以此促进数字经济高质量发展。为此，应坚持分类分级监管，以数据、算法、技术、平台规则等要素为抓手，统筹好安全与发展的关系，充分

---

① 《市场监管总局局长谈市场监管领域热点话题》，载中国政府网，https://www.gov.cn/xinwen/2023-03/08/content_5745363.htm，最后访问时间：2024年6月20日。

发挥平台经济在推动经济发展、助力技术进步、稳定社会就业中的作用。

一、常态化监管的基本内涵与现实意义

常态化监管有利于提振市场主体信心，在充分释放市场创新活力的同时，保障平台经济安全运行，确保各类市场主体在安全发展的道路上行稳致远。

（一）常态化监管的基本内涵

常态化监管，是指在法治的框架下依据明确的法律法规，统筹考虑安全与发展的基本理念，依托多元主体协同治理、多元工具系统运用，开展敏捷监管、精准监管、透明监管与规范监管。与常态化监管相对应的是专项监管、运动式监管。

随着平台经济专项整改工作的阶段性结束，前期治理取得了显著成效，平台经济中不规范、不健康的经营行为得到了及时有效的规制。在此基础上，应及时调整监管策略，由专项监管转变为常态化监管，通过实施科学精准、透明规范的监管政策，稳定市场主体预期，提振市场主体信心，为平台经济相关主体的经营行为划定"安全红线"，提供"绿灯指引"，实现平台经济规范持续健康发展。

（二）常态化监管的实践特征

1. 监管措施精准化

基于平台经济领域生产、经营、流通、消费等各环节、各要

素、各主体间存在多元价值与多元利益共存的现实状态，要避免采取"一刀切"式监管，例如对安全程度较低的要素采取较为严格的监管措施，必然会限制平台经济的发展。因此，应科学界定平台类别、合理划分平台等级，针对不同平台的特点，开展敏捷监管与精准监管。

2. 监管主体多元化

平台经济领域监管主体呈现多元态势，除政府部门外，平台企业、行业协会等组织在该领域均具有不同层次、不同类型的管理职责，同时其更加了解平台经济领域的底层逻辑、经营模式。因而，常态化监管意味着多元主体共同参与到监管过程中，助力实现科学监管。

3. 监管规则明确化

在早期监管中，对于平台经济这一新兴领域，传统部门法难以提供有效的规制方案。随着《个人信息保护法》《数据安全法》《国务院反垄断委员会关于平台经济领域的反垄断指南》等法律法规的出台，以及2022年《反垄断法》的修正，监管依据更加充分，相关规则更加细化。在常态化监管中，应当寻求更为明确的条款作为规制进路，避免对"兜底条款""原则性条款"的过度依赖。

4. 监管行为规范化

平台经济具有强网络效应、超规模效应，一旦发生不当经营行为，风险很容易传导至各行业、各领域。因此，应当保持监管行为的日常化、全面化、持续化，从事前、事中、事后等全周期展开对平台经济的监管，对于平台经济领域的风险随时发现，随时处理，随时解决。

5.监管过程透明化

在执法过程中,应当及时公布处罚情况与企业违法行为,并将执法依据等信息公开;在司法过程中,应当及时公开司法裁判文书,为平台经济相关主体规范经营行为确立明确的预期。

(三)常态化监管的意义

1.有助于激发平台经济对经济发展的引领作用

对平台经济进行常态化监管有利于规制大型平台企业基于数据、算法、技术、资本及平台规则所实施的违法违规行为,在规范市场经营活动的同时,也给予了平台企业明确的市场预期,有利于促进各类生产要素特别是数据要素的有效有序流通,充分释放要素动能。

2.有助于激励平台经济发挥促进创新的正向效用

当前平台经济从模式上看依然停留在从流量资本到短期变现的阶段,从技术上看存在关键领域创新能力不强的问题。而常态化监管有助于及时精准地规制市场上的不公平竞争与垄断行为,建立科学合理的长效机制维护公平有序的市场竞争,通过对平台竞争行为配置适度的激励措施来促进创新动能的充分释放,促进相关主体转向"产业资本+技术创新+持续发展"的新模式。

3.有助于夯实平台经济创造就业的法治基座

常态化监管所具有的敏捷性、精准性、持续性、规范性等特征,能很好地回应平台经济领域大量灵活用工带来的问题,引导平台主体为灵活就业人员规范设置各类要求,并提供相应对价行为,这既有利于充分发挥平台经济在保障就业方面的积极作用,也有利于保障广大灵活就业人员的合法权益。

特别是针对平台经济领域广泛适用的"数据和算法"的驱动机制,平台主体相对于广大灵活就业人员而言,具有在数据和算法上的绝对优势,当出现算法滥用、算法歧视的现象时,灵活就业人员有被困在系统里沦为算法囚徒的风险。事实上,由于平台无限归集数据的现实,以及基于海量数据所形成的算法计算能力,平台主体在控制灵活就业者大量行为数据的同时,客观上也增加了对其隐私权保护和救济的难度。常态化监管有助于防范平台主体利用在数据、算法、技术、资本及平台规则等方面的优势,侵害广大灵活就业人员合法权益的行为,净化平台经济领域的就业环境。

二、平台经济常态化监管的难点与堵点

平台经济监管发展面临着创新发展质量待提升与安全发展基础须夯实的现实挑战,包括常态化监管思路须进一步厘清,平台企业、行业协会等监管主体过度依赖政府,监管工具内部缺乏协同等。

(一)平台经济常态化监管须回应的难点

1. 如何以常态化监管促进科技创新发展

目前,世界数字经济主要国家和地区在平台经济监管方面均关注一个重要问题:监管力度与态度对平台经济为代表的数字经济创新影响。美国作为数字经济发达国家,一直对相关领域采取包容监管态度,甚至采取长臂管辖等多种方式。欧盟作为数字经济规则制定引领地区,加上对于个人隐私保护的强监管态度,对于数字经济

监管一直保持较强态势,并且一直在探索数字经济监管新规则的建设,但也因此导致欧盟区域内缺乏强有力的数字企业。

比较而言,对于我国平台经济领域常态化监管,既要防止资本无序扩张,又要保护平台企业的创新动力,以在国际竞争中取得领先地位。客观讲,我国平台经济早期发展过度依赖商业资本,商业模式侧重从流量数据到短期变现,未能实现关键技术领域的原始创新,平台间的"流量圈地""生态封闭"等现象较为严重。因而,如何引导平台企业摆脱规模效应的路径依赖,转向通过自主创新以提升市场竞争力,是常态化监管面临的首要难点。

2. 如何以常态化监管夯实安全发展基础

安全是发展的重要前提,没有安全就没有发展的基本支撑。平台经济创新特别是商业模式的创新时常伴随着系统性、扩散性风险,在以往平台经济运行中以"创新"之名谋取不正当利益甚或危害国家金融市场系统安全、数据信息公共安全的现象亦有发生。尽管经过2020年底至2023年的专项整改,平台治理取得了阶段性成果,但是,面对内外部巨大的不确定性风险,监管部门在支持平台经济发展过程中,要避免对新业态包容过度而缺乏审慎,埋下系统性的风险隐患。鉴于此,如何从国家总体安全、社会公共安全以及用户安全等多维度筑牢平台经济安全发展底线,是常态化监管面临的一大难点。

(二)平台经济常态化监管待疏通的堵点

1. 分类分级监管规则待细化

全面、准确、系统贯彻和落实分类分级监管的理念和规则,有助于实现常态化监管的精准化与规范化,对于不同场景下的平台主体营商发展精准施策。目前,尽管《数据安全法》《互联网平台分类分级指南(征求意见稿)》对平台、数据的分类分级作出了初步的规定,但是仍需进一步细化,提升可操作性。从《数据安全法》看,只是根据数据安全等级建立起了初步的数据分级体系,其中也大致划定了数据分类,譬如国家核心数据、地方和行业重要数据,然而尚未建立更为细致的数据分类体系,这一缺漏需要在实施中进行填补;从《互联网平台分类分级指南(征求意见稿)》来看,其在分类上存在类型交叉,在分级上缺乏对商业用户、年营业额等因素的考量,且分类与分级之间的区别尚不清晰,上述问题都对敏捷监管、精准监管、规范监管带来了制约。

2. 多主体协同监管待优化

首先,当前监管依然以政府部门为主,尚未形成平台企业、科研机构、社会专业团体等多元主体共同参与的协同监管模式。依赖政府部门的单一主体监管不符合常态化监管的内在要求。其次,政府监管的系统性、协同性、整体性有待提升。当前政府监管面临牵头部门层级不高、不同部门间配合力度不够的问题,部门间的职能交叉、权责交叠情况较为突出,易出现监管盲区,难以满足常态化监管的要求。最后,多学科多场景科学监管能力待提高。当前,监管部门及有关人员在应对平台信息流、资金流、物流过程中缺少全局意识和系统观念,在很多情况下,监管仅停留在数据指标的采集、统计上,甚至存在外包情况。另外,监管人才队伍建设不够完备,缺少具有经济学、法学、管理学、计算机学等复合学科背景的专业性人才,导致监管工作中无法综合运用多学科知识和方法予以科学有效监管。

3. 多工具监管体系待完善

现下平台经济领域监管工具的设置和使用,仍然受制于行政部门的条块格局,工具之间的协同性和整体性较弱,缺乏足够能力应对竞争政策与产业政策、结构政策与规制政策之间的协同实施,在实践中易出现工具失灵、失效、失范等弊端。鉴于此,2021年12月,国务院印发的《"十四五"市场监管现代化规划》明确提出,建设科学高效的市场监管体系,全面提高市场综合监管效能,更大激发各类市场主体活力,持续优化营商环境。具体到平台经济常态化监管,需要基于平台经济运行的特征,形成多工具相互配合的综合监管体系。

三、推动平台经济常态化监管的进路

落实平台经济常态化监管,应进一步明确促进健康发展是目的,促进创新是主线,筑牢安全是底线;同时,坚持依法监管,聚焦要素监管,着力协同监管,以实现敏捷、精准、持续、规范的常态化监管。在具体措施上,要进一步细化优化相关法律法规及其他规范性文件,落实落地分类分级监管原则和规则,在夯实竞争政策基础地位的前提下,做好政策、制度及工具之间的系统协同工作,着实提升监管能力与水平。

(一)以促进创新发展为常态化监管主线

常态化监管首要目的是促进平台企业创新发展。数据、算法、资本、平台规则等要素是平台经济的重要组成部分,也是实施常态化监管、释放创新动能的重要抓手。

1. 促进数据要素流动

常态化监管应以促进数据要素的流动为重点，打破数据垄断，扩大数据要素的应用场景，赋能中小企业实现创新驱动发展，促进数字经济和实体经济深度融合。建议围绕和落实《数据二十条》的相关精神，加强数据交易规则建设，构建规范高效的数据交易场所，设立数据要素登记平台等，加快数据要素统一市场的形成，及时回应数据资源持有、数据加工使用、数据产品经营中出现的监管需求。

2. 促进算法要素创新

常态化监管要保留一定的宽容度与精准度，为算法治理和算法发展预留足够的创新空间，以突破产业发展过于依赖开放源代码的樊篱。

3. 规范资本要素发展

常态化监管要为平台经济领域投资行为设好"红绿灯"，引导资本向"专精特新"企业加速流动，使资本要素更好赋能平台经济创新发展。

4. 健全平台规则管理

《互联网平台落实主体责任指南（征求意见稿）》中明确规定，超大型平台负有促进创新方面的义务，要充分利用自身优势，加大创新投入，促进技术进步，释放平台经济领域的创新动能。这一义务较为原则，尚须具体化以提升其可操作性。

总体而言，常态化监管应当为平台经济的创新发展预留充足的空间，对于出现的新业态、新产业与新模式应保持包容审慎的态度，同时应注重发挥监管的示范效用，形成有为政府与有效市场的更好结合。

（二）以筑牢安全发展为常态化监管底线

应关注数据业务、算法开发、重点民生行业领域的新兴业态，从个人、企业与国家等层面出发，推动平台经济安全发展。为保障数据安全，一方面，平台企业应避免不正当收集、使用公民个人信息等行为；另一方面，要求平台企业强化对数据要素的保护，避免因数据交易、数据共享、数据传输带来的数据泄露造成企业经营权益受损；同时，应重视平台企业国际合作中数据跨境传输的管理，对重要数据、核心数据实行更加严格的保护措施。

对于算法要素，应强化"以用户为中心"的友好型算法治理思维，引导算法向善，避免算法歧视、算法缺陷、算法合谋、算法霸凌等行为，侵害消费者隐私，损害劳动者、老年人、未成年人等弱势群体权益。

对于资本要素，应树牢资本安全底线，规范和引导资本健康发展。明确以维护国家金融市场系统性安全为底线的资本要素常态化监管思路，强化金融安全保障体制机制和规则体系建设，正如新一轮国务院机构改革所形成的金融监管体制"内双峰监管"模式——在银保监会的基础上组建国家金融监督管理总局作为国务院直属机构，证监会也调整为国务院直属机构，这体现了国家加强对资本市场及资本行为科学监管、系统监管、协同监管的态度和决心，反映了加强资本要素的常态化监管是重中之重。

对于平台规则要素，在个人层面应重视劳动者权益保障，避免用人单位设置不公平的平台规则；在企业层面应避免超大型平台滥用兼具"运动员""裁判员"的优势地位，实施不利于平台内其他经营者的行为；在国家层面应积极履行其在风险评估方面的义务，识别平台是否存在传播非法内容等行为。

（三）细化分类分级规则体系

分类分级规则与常态化监管高度契合。常态化监管意味着监管将告别"粗放监管、一刀切"的阶段，要及时转变思维理念，深刻认识平台经济的构成要素、底层逻辑与组织形式，深入分析平台监管的动态性、复杂性、紧迫性与专业性。基于分类分级原则，笔者主张对安全重要程度较高的平台采取较为严格的监管手段，对安全重要程度较低的平台采取较为宽松的监管手段。细化分类分级规则体系，应从以下几点着手。

1. 提高分类分级的可操作性

分类分级规则构成了平台经济常态化监管的制度基础，细化对二者内在关系的研究可以有效定位不同平台的核心业务归属，确定相应的监管主体、规则、工具及监管力度。可考虑将平台分类与分级标准设置为类似横纵坐标轴的监管赋值基线，以两者的交叉点或交叉范围来设定平台监管阈值，结合平台经济"红绿灯"，设置平台主体及行为的"白名单"标准及申请审核机制，从而将文字版的标准指南转化为具有模型观察、系统运行支撑的操作工具。

2. 细化平台主体分级分类规则

应组织平台企业、行业协会、科研机构、消费者用户等相关主体对平台分类的标准、类型进行论证，为精准监管提供更加切实可靠的依托；同时，适当借鉴域外经验进一步细化《互联网平台分类分级指南（征求意见稿）》中的分级标准，除去年活跃用户数量、平台业务类型、市值及限制消费者接触终端用户的能力外，还可考量加入年均营业额、终端用户数量、商业用户数量等指标，以此细化平台分级标准。考虑到我国秉持统筹安全与发展的理念，也可将安全因素融入分级标准的制定之中。

3. 细化关键要素分级分类规则

我国《数据安全法》及全国信息安全标准化技术委员会秘书处制定的《网络安全标准实践指南——网络数据分类分级指引》从公民个人、公共管理、信息传播、行业领域、组织经营等不同维度进行分类，将数据分为一般数据、重要数据、核心数据三个级别，应在此框架下对数据的价值和风险进行评估，搭建更为完备的数据分类分级体系。对于算法要素，应在《互联网信息服务算法推荐管理规定》基础上，根据算法对个人权益、公共利益、国家利益可能造成的风险进一步细化对算法的分级，并结合算法所依托的技术，细化算法分类。

（四）优化多主体协同监管机制

2023年1月，国务院办公厅发布《国务院办公厅关于深入推进跨部门综合监管的指导意见》明确提出，要健全跨部门综合监管体制机制，完善跨部门综合监管协同方式，提升跨部门综合监管联动效能，加强跨部门综合监管支撑能力建设。具体到对平台经济的常态化监管中建议从以下几方面入手。

首先，在中央有关部门与地方有关部门之间建立涉及平台经济监管的相关数据、算法、标准、格式、工具等监管要素、规则及方法的互联互通互认机制。一方面，中央有关部门须充分听取地方建议、通过统筹调配弥补地方监管短板；另一方面，地方有关部门要结合地方实际情况，收集地方监管信息，积极共享地方先进监管经验。

其次，强化同级政府不同部门间的沟通与协作，平台经济具有跨市场、跨行业的基本特征，为避免出现多部门监管一要素、单部门监管多要素的监管盲区，应强化部门间的协同与沟通，涉及监管冲突等问题可由具体监管部门组织相关单位进行会商，实现"监管规范化、业务协同化"，构建规范有序的协同监管系统。在此基础上，通过跨部门联合检查或专项规整充分发挥应对平台经济跨市场、跨行业的协同监管效能。

再次，建立健全多元共治会商机制，推动平台主体、行业协会、科研机构、社会专业团体等多元主体共同参与到平台经济常态化监管过程之中。尤其应当加强平台自治，既要发挥平台自治的优越性，又要规制其限制竞争行为，指导和支持平台根据其技术与经营特点制定自我监管规则，向社会公示其合规管理的有效性并接受监督，实现政府监管与平台自治的协调。

最后，还应着力补齐专业队伍人才及培养短板。建立平台监管治理人才培养体系，形成具有"法学＋平台经济"综合背景的专业化执法队伍；同时，加强国内外平台监管成果交流互鉴，构建适宜我国现实发展，匹配涉外监管规律、规则的国际化的平台经济监管制度规则体系，有力推动平台经济监管国际合作机制的建设与发展。

（五）完善多工具协同监管体系

平台经济常态化监管需要更好地衔接不同监管工具，搭建多工具协同的监管体系。正如《国务院办公厅关于深入推进跨部门综合监管的指导意见》所指出的加强跨部门综合监管支撑能力建设，提升监管信息化建设水平，做好监管工具的信息化、智能化建设，开发业务协同、资源共享的跨部门综合监管应用场景，完善监管事项清单管理等，具体到平台经济领域主要呈现为以下两方面。

第一，平台经济常态化监管要求形成公平有序的市场竞争秩序，以高水平竞争激发高水平创新。基于此，针对平台经济运行的特征须增强当前市场监管领域法律法规及相关政策规则的适用性，以规范监管保障公平竞争、促进创新发展。为此，须坚持竞争政策基础地位，强化公平竞争审查制度的落实，保障平台经济各主体自主自由地进出相关市场，公平合理地使用各类要素资源，规制不正当干预其经营自由的行为。

第二，强化《反垄断法》与《数据安全法》、《个人信息保护法》等法律法规间的协调。实践中平台经济发展的关键要素，如数据、算法、技术、资本等要素具有复杂性、高度动态性、创新性、聚合性等特征，使得反垄断政策法规及相应工具难以全面应对，必须联合有关要素的政策法规及工具来共同应对。

相较于《反垄断法》，《数据安全法》《个人信息保护法》更强调事前规制，譬如，对重要数据处理者以及提供重要互联网平台服务、用户数量巨大、业务类型复杂的个人信息处理者规定了较重的义务，要求其在合规建设、数据保护等方面更好地履行职责。《反垄断法》

更多是从事后规制的角度出发,相较于对数据、算法、技术等要素的治理,更强调对市场公平竞争秩序的保护。应当系统协调好《数据安全法》《个人信息保护法》的事前规制手段与《反垄断法》的事后规制手段,这也符合常态化监管全过程、规范化的基本特点。[①]

---

① 原文首发于《中国市场监管研究》2023年第3期,收录时有调整。

提升常态化监管水平　支持平台企业发展

2022年12月15日至16日，中央经济工作会议在北京举行。中共中央总书记、国家主席、中央军委主席习近平出席会议并发表重要讲话。习近平在重要讲话中总结2022年经济工作，分析当前经济形势，部署2023年经济工作。会议指出，要大力发展数字经济，提升常态化监管水平，支持平台企业在引领发展、创造就业、国际竞争中大显身手。会议为平台经济规范健康持续发展指明了方向，划出了重点，坚定了信心。

一、提升数字经济常态化监管水平

近年来，我国数字经济发展成效显著：2021年，数字经济规模达到45.5万亿元，同比名义增长16.2%，高于同期GDP名义增速3.4个百分点，GDP比重达到39.8%。[①]2022年，数字经济规模达到50.2万亿元，同比名义增长10.3%，GDP比重达到41.5%。[②]数字基础设施实现跨越式发展，数字产业创新能力加快提升，产业数字化转型提档加速，公共服务数字化深入推进，网络安全保障和数字经济治

[①]《中国数字经济发展报告（2022）》，载中国信息通信研究院网，http://www.caict.ac.cn/kxyj/qwfb/bps/202207/P020220729609949023295.pdf，最后访问时间：2024年6月20日。

[②]《数字中国发展报告（2022）》，载国家互联网信息办公室网，https://www.cac.gov.cn/2023-05/22/c_1686402318492248.htm，最后访问时间：2024年6月20日。

理水平持续提升，数字经济国际合作行稳致远。

面对国际局势复杂多变、经济下行压力仍存等影响，数字经济特别是其中的平台经济各新业态、新产业、新模式作为国民经济稳定运行，创造就业机会，保障民生底线的关键抓手和重要支撑其作用更加凸显。当前，平台经济专项整改取得了显著成效，从2022年召开的中央经济工作会议所释放的信号看，平台经济领域专项整改已告一段落，接下来更多是支持平台经济更加规范健康持续发展，明确发展方向，坚定发展信心，夯实发展基础。

基于此，应尽快提升对数字经济的常态化监管水平，在法治框架下以持续性的常态化监管为主，保留专项监管的使用空间，进一步完善平台经济常态化监管规则，构建多元共治体系，降低监管成本，提高监管效率，以高水平的常态化监管促进平台经济高质量发展。

（一）应当进一步完善平台经济领域监管的相关规则

在政策层面，应当强化竞争政策基础地位，充分发挥市场在资源配置中的决定性作用，形成"有效市场"与"有为政府"的更好结合。建立公平竞争政策与产业政策协调保障机制，优化完善产业政策实施方式。在法律层面，进一步完善相关法律法规，细化对平台经济领域的垄断行为、不正当竞争行为、不公正交易等行为的市场规制立法的适用规则与方法。此外，亟须系统化、协同化平台经济发展中各关键要素立法，譬如数据、要素、技术、资本等相关立法，明确相关交易规则、应用规范、使用标准、投资指南，为平台经济高质量发展提供全方位、多领域的规则指引，以法治促发展。

(二)加快平台经济领域多元治理体系的构建

应当促进多元主体共同参与到平台经济治理的体系之中。除政府应充分发挥监管职能外,平台企业、行业协会、科研机构、社会公众也应当充分参与其中。相较于政府监管,平台企业、行业协会、科研机构等主体具有监管技术与监管路径上的优势,对于平台经济领域多元参与主体的现实情况更加了解,有助于回应平台经济监管中可能出现的政府监管不足和监管过度的双重问题,这类主体也可以通过与政府相关机构合作,共同参与制定促进平台经济规范健康发展国家标准、团体标准,及在政府指导下做好行业自律公约、平台内部规则的起草与施行,实现平台经济领域多元共治模式的落实落地,着实构成平台经济常态化监管的组成部分。

(三)应强化各监管部门间的协同合作

平台经济具有显著的多行多市的跨界运营特征,国家工信部门、市场监督管理部门、网信部门等不同部门之间应加强合作,通过部际联席会议、合作执法等方式,实现对平台经济的科学公正高效有序的监管。此外,还须做好行政执法与司法审理的衔接,为平台经济发展中出现的各类纠纷提供公正有效有力的解纷机制。

二、支持平台经济高质量发展举措

自2020年底,中央经济工作会议强调"加强反垄断与防止资本无序扩张"以来,对平台经济领域的反垄断与反不正当竞争等行为规制取得了有效进展,先后出台了《国务院反垄断委员会关于平经济领域的反垄断指南》《数据安全法》《个人信息保护法》《互联网信息服务算法推荐管理规定》等一系列政策法律规章，相关执法机构加大对平台企业违法行为的规制力度，对社会各界广泛关注的平台垄断、不正当竞争、不公正交易、滥用算法行为等作出了切实有效的回应，取得了阶段性的成果。

在此基础上，2022年4月29日，中共中央政治局会议明确，强调要促进平台经济健康发展，完成平台经济专项整改，实施常态化监管，出台支持平台经济规范健康发展的具体措施。2022年7月28日，中共中央政治局会议明确，要推动平台经济规范健康持续发展，完成平台经济专项整改，对平台经济实施常态化监管，集中推出一批"绿灯"投资案例。由此来看，当前对于平台经济实施常态化监管应以引领平台经济高质量发展为主，推动平台经济规范持续健康发展，指引平台经济在稳定经济、创造就业、国际竞争领域发挥更好的作用。

充分发挥平台企业在引领发展中的关键作用，为平台企业创造就业提供良好的营商环境，积极引导和支持平台企业出海参与国际竞争。为此，建议从以下方面展开工作，不断健全完善系统化、体系化的促进平台经济高质量发展的相关机制和政策体系。

（一）应加快数据要素统一市场机制的形成

作为推动平台经济发展的重要要素，数据要素市场目前正处于"加快培育"的阶段，在数据赋权、数据安全、数据互通等层面均面临着大量问题，制约着数据要素的形成。当前，大型平台企业占据着大量数据资源，客观上对新进入的平台经济领域的初创企业造成了一定限制，提高了潜在竞争者进入市场的壁垒。此外，不同地区所掌握数据要素资源的数量与质量差异较大，不利于统一数据要素市场的形成。对此，应充分发挥平台在优化要素资源配置中的关键作用，建立统一规范的数据要素交易规则，引导大型平台企业通过数据交易、数据共享等方式促进数据要素资源在不同市场主体与不同区域之间高效流通。

同时，应通过数据确权保障大型平台企业不会因数据互通而影响自身权益，引导中小企业与初创企业不得实施"搭便车""非法爬取数据"等行为，减损大型平台企业利益，使平台经济重回"低质量发展"的怪圈。中小企业与初创企业应利用数据要素资源，结合其在科学技术、商业模式等方面的优势，实行创新发展，形成平台经济的新业态、新产业、新模式。

（二）加快数实融合夯实平台企业高质量发展根基

以平台经济赋能实体产业，推动数据、算法、技术等要素与实体产业深度融合，发挥平台企业在优化资源配置等方面的优势，提高实体产业的生产效率。同时，实体产业也可以为平台经济提供高质量发展的现实场景，指引平台企业参与到实体产业之中，对于进一步稳定经济增长、创造就业机会意义深远，夯实平台企业长远发展根基。

（三）精细化规则完善为平台企业规范发展保驾护航

2022年11月18日，最高人民法院发布《最高人民法院关于审理垄断民事纠纷案件适用法律若干问题的规定（公开征求意见稿）》，其中进一步细化了有关平台企业实施垄断行为认定的规定。对平台企业的相关市场界定、平台企业利用数据、算法等手段实施垄断协议、滥用市场支配地位行为的认定予以细化，为平台经济高质量发展提供了法治保障。

（四）依法夯实平台企业安全发展底线

必须统筹安全与发展，方可确保平台企业行稳致远。安全价值可以分为个人、市场与国家等层面。在个人层面，安全价值一方面指平台经济应当规范运营，避免不正当收集、使用公民个人信息，对公民享有的个人信息自决权造成侵害。另一方面平台企业应重视劳动者权益保障，进一步健全劳动关系认定、税收、社保等方面的法律法规，为劳动者权益保障提供依据。在市场层面，激励支持资本要素的有序扩张，为资本设置"红绿灯"，完善市场准入负面清单管理制度。在国家层面，重视平台企业国际合作中数据跨境传输的管理，对重要数据、核心数据实行更加严格的保护措施，避免因数据泄露而对国家安全带来威胁。

（五）政府加强服务保障工作，为平台企业出海竞争提供扎实有力支撑

当前平台经济领域已经成为国际竞争的新赛道，代表着先进生产力，蕴含着我国实现弯道超车的历史机遇。首先，强化平台企业风险识别能力，帮助平台企业定期开展数据、业务安全风险评估，识别平台企业在国际合作中可能存在的安全漏洞与风险。其次，培育高新技术人才，提升平台企业国际规则适应能力与话语权，鼓励

高校设置平台经济相关专业，大力培养跨境物流等专业人才，强化咨询服务和人才支撑。最后，优化平台企业纠纷解决机制的跨国化与国际化。培育和提升知识产权、商事协调、法律顾问等专业化中介服务的国际化水平，指导平台企业建立健全公正合理的纠纷解决规则，合理规避与应对在国际竞争与合作中可能出现的法律风险。①

---

① 原文首发于《第一财经日报》2022年12月22日第A11版，收录时有调整。

建议完善平台经济常态化监管机制提振创新发展信心

2023年4月28日中共中央政治局召开会议,分析研究当前经济形势和经济工作。会议指出,要坚持"两个毫不动摇",破除影响各类所有制企业公平竞争、共同发展的法律法规障碍和隐性壁垒,持续提振经营主体信心,帮助企业恢复元气。各类企业都要依法合规经营。要推动平台企业规范健康发展,鼓励头部平台企业探索创新。

结合2023年两会期间,《政府工作报告》中指出的"大力发展数字经济,提升常态化监管水平,支持平台经济发展",以及2022年12月中央经济工作会议对平台经济发展提出了新要求与新期待,支持平台企业在引领发展、创造就业、国际竞争中大显身手,可以明确,提升常态化监管水平对推动平台企业规范健康发展具有重要意义。基于此,为更好提升常态化监管水平,建议以设好红绿灯为着力点,明确平台企业规范健康发展的方向,规范平台企业常态化监管的限度。

一、红灯要清晰

红灯要清晰,厘清可为与不可为的边界;通过不断细化平台经济领域相关法律政策,借助指南、指引、监管培训等方式,支持企业提升合规水平。

厘清可为与不可为的边界是企业建立清晰有效合规政策的基础，有助于企业建立合规经营意识。就立法而言，应坚持中立、审慎、可预期的原则，立法体例、条款不宜过度强调对特定行业监管，避免外界误读；制度创新要搁置争议，聚焦共识，符合各方预期，实现不同法益间的横向平衡；就执法而言，不断提升违法认定的可预期性，不断细化违法标准，利用清单、指引与指南等形式及时向公众解释执法的标准，提升执法透明度，加强企业自我风险评估的能力；另外，推动全国同类违法行为的监管水位一致性，降低企业合规成本，在全国统一大市场的范畴下充分发挥平台经济优化资源配置的功效。

（一）立法修订坚持中立、审慎、可预期的原则

考虑到平台经济的特殊性，在立法中设置专门条款确有必要，但针对跨行业的普遍性问题，仅针对平台经济设置宣示性条款，需要审慎评估必要性，避免外界对平台经济产生负面性误读，影响行业健康发展。

例如，《中华人民共和国反不正当竞争法（修订草案征求意见稿）》针对网络不正当竞争行为进行兜底条款设置。区别仅在于范围限定为网络领域，实际并非具体类型化的条款内容，考虑到《反不正当竞争法》第2条在司法实践中已发挥兜底条款的功能，单独针对网络领域另行设置兜底条款，不仅降低了法律本身的可预期性，也容易引发外界对平台经济的负面误读。

又如，《中华人民共和国反不正当竞争法（修订草案征求意见稿）》引入相对优势地位概念，鉴于这一概念在理论上尚不成熟，在实践中缺乏必要的区分边界。考虑到《电子商务法》对平台施加

了规范平台内经营活动的法律责任，平台的管理角色容易被曲解为优势地位，进而导致监管泛化、滥诉等不利后果。

相较之下，耐心细致地梳理新型不正当竞争行为的构成要件，在各方认知基本一致时再转化为类型化条款开展行政监管，这种审慎的立法态度更加有利于平台经济发展，有助于企业预见违法风险提升合规水平。

（二）妥善处理好反垄断法和其他监管法规的关系

反垄断取得了显著效果，形成了有效推进合规经营的声势。社会和群众对反垄断效果的认可也产生了更多的期待，希望通过该项工具解决各项问题。但反垄断监管是专业性和政策性的治理工具，须防止反垄断泛化运用或者不当被舆论、情绪引导，避免形成凡事皆可反垄断、反垄断解决一切问题的错误认知。建议在立法过程中明确部门法间的边界，减少法律冲突，针对消费者权益保护、商家利益保护、电子商务合规等日常监管事项，审慎上升至反垄断层面处理，实现市场监管立法间的协同监管。

（三）不断完善细化违法标准，提升透明度

只有厘清违法的边界，企业才能实现高效合规。当前，有关平台经济的监管规则日臻完善，但精细化程度仍有待提升，立法概念与违法标准的模糊严重制约了企业合规自查的效果。

例如，在没有处罚案例的相关市场上，仍然存在一定范围和形式的限定交易问题，独家合作与限制交易的边界有待厘清。又如，医美行业的线上推广受限于广告概念的模糊，严格的医疗广告审查

标准造成对部分医美宣传矫枉过正的情况。这些问题都困扰了相关行业的健康发展。除解决模糊问题外，强化违法标准的透明度同样重要，这将极大提升监管规范的明确和稳定性，建议相关监管部门通过发布免罚清单、指引与指南等途径加大合规宣导力度，厘清违法标准，助力企业提升合规水平。

（四）推动不同维度下监管水位一致性

一是，平台经济发展通常立足于全国统一大市场，如果地方政府各自为政，对市场准入进行限制或者出台不同监管政策和标准，客观上造成了区域壁垒，损害全国统一大市场有序运转，需要通过立法、公平竞争审查等既有模式尽可能消除不合理的差异化。二是，推动线上线下的一致性监管。数字经济呈现出线下线上深度融合的特征，基于对互联网行业的关注，诸多线下既存问题及商业惯例在线上被放大关注，建议采取一致的监管政策。三是，推动行政执法与司法监管水位一致性，通过立法安排，建立协同机制，避免同类违法行为认定出现执法、司法标准不一的情况，给予企业清晰的合规指引。四是，行业内监管水位一致性。红线问题具有普遍一致性，明令禁止的行为应当统一规则，对相关经营者统一执行，各类平台均不得实施，一旦发现问题应当按照统一标准进行处罚。

二、绿灯要明确

绿灯要明确，维护市场信心、稳定市场预期，鼓励和支持平台企业在未知领域先行先试，激发平台企业创新创业动力。

设置绿灯不局限于为平台经济指明前进发展方向，更需要为平台企业提振信心，维护各方对平台经济健康发展的正向预期。当前，平台经济领域竞争秩序稳步向好，本着规范行业，促进发展的角度推动企业发展，帮助企业卸下顾虑，轻装上阵，全心全意地投身创业创新，敢于在未知情况下先行先试，最终实现高质量发展。

（一）倡导分级分类监管，为平台经济发展指明方向

平台经济领域新业态、新模式层出不穷，涉及面广，风险情形也是层见叠出，为了提升常态化监管的效能，需要监管部门优化资源配置，分级分类开展风险管控。

具体而言，对于公共属性强，涉及国家安全、社会稳定等新业态新业务，建议予以重点关注，从严治理；对于商业属性强，市场调节有力的业务、业态，建立日常监管与企业自律并重的监管模式，对市场竞争激烈，市场格局多变的领域，不要简单地关注单一时段的市场份额，保持适度耐心，动态评估市场力量，在不影响公共利益的前提下尊重市场的自主调节，审慎开展监管动作，面对新情况、新问题，要及时进行提示和预警，告诫企业潜在风险；面对重大争议的问题，坚持防治结合、以防为主，及时提醒、纠偏纠错。

预防行业内出现长期、重大、有组织有计划实施的重大违法问题；适时建立热点疑难问题协商处置机制，鼓励协商共同治理，组织多元主体参加讨论研判，开展充分研究论证后，出台指南规则，防范风险的同时保障经营者的合理预期。

（二）明确常态化监管内涵，鼓励企业创新发展

在平台经济发展初期，平台企业间极度激烈的零和博弈、合规

意识淡漠导致了行业内不当竞争、排挤压制竞争的情况频发。经过系列的专项整改工作，平台企业监管步入常态化，即规范化、持续化、精细化监管。当前平台经济领域竞争秩序稳步向好，需要修复各界对平台经济的正向认知，提振行业信心。

（三）推动搭建平台经济领域多元化协同治理体系

考虑到平台经济的复杂性与前沿性，相较于政府监管，平台企业、行业协会、科研机构等主体在市场现状、行业认知、监管技术等方面都具有各自优势，推动平台经济领域的多元协同治理，有助于回应平台经济监管中可能出现的政府监管不足和监管过度的双重问题，具体而言，各方可以共同制定促进平台经济规范健康发展国家标准、团体标准；也可以在政府指导下做好行业自律公约、平台内部合规机制建设，多措并举，实现平台经济领域多元共治模式的有效落地，实现对常态化监管的有益补充。

（四）完善常态化监管机制，优化经营者集中制度，引导资本有序流动

经营者集中制度是防止资本无序扩张，引导企业支持实体经济发展的关键举措，该制度需要充分考虑规范与发展间的平衡，特别是扼杀式并购等新问题更加需要严谨评估，不能机械地将大企业收购或注资小企业都理解为存在扼杀式并购风险，还是需要综合考虑行业发展规律与创新难度，避免制度设计不科学影响企业投融资效率，对中小科创企业发展带来负面影响。

此外，建议进一步细化经营者集中申报相关流程规定，提高经

营者集中申报效率。以申报流程为例，平台企业的经营者集中申报中增加了信息安全的前置审核程序，但审查时限、部门间审核衔接等问题亟待明确，以期进一步提升行政执法效率，促进企业投融资行为的高效进行，激发经济发展活力。[①]

---

① 原文首发于《中新经纬》2023年4月28日，收录时有调整。

平台企业发展须坚持创新主基调

2023年7月7日晚间，金融管理部门对某平台企业及旗下机构处以罚款（含没收违法所得）71.23亿元。金融管理部门宣布，已善始善终推进平台企业金融业务整改，工作重点转入常态化监管。

一、平台经济已进入常态化监管

实际上，平台经济专项整改始于2020年底。在2020年12月26日，某平台企业被金融管理部门约谈后，就拉开了强化反垄断与防止资本无序扩张的大幕，直到2021年达到整改高点，相关企业被查处和罚款。早期的互联网金融企业，已扩展到了互联网平台经济所涉及的方方面面，包括垄断行业和数据安全等。

自2022年4月起，从"4·29""7·28"的中央政治局会议，到2022年底的中央经济工作会，再到2023年的全国两会，都开始提及平台经济的常态化监管。特别是在"7·28"中央政治局会议，会议指出，要推动平台经济规范健康持续发展，完成平台经济专项整改，对平台经济实施常态化监管，集中推出一批"绿灯"投资案例。应该说，从2021年开始至今，监管已呈现一个脉络，如今，"靴子"终于落地了。所以，从2020年11月到2023年7月，用两年多的时间来完成了平台经济专项整改。可以说，平台经济进入常态化监管的阶段。

可能有人会认为此次罚单较大，实际上，通过处罚来结束为期两年多的互联网平台金融领域的专项整改,对于各方企业来说是一个利好。监管通过处罚过往违法行为,对未来的合规合法进行明确厘清。这给整个互联网投资市场一个明确信号,那就是未来"什么可做、什么不可做",处罚决定书里说得清清楚楚,"利空出尽,就剩利好"。

2023年7月8日上午,被处罚的平台企业披露,为补充员工激励池以持续吸引人才,同时为进一步满足股东对流动性的需求,将以自有资金回购现有股东的部分股份,回购比例不超过总股本的7.6%。相关事项已获得公司董事会批准,并提交股东大会审议。

可以看到,该平台企业回购行为,实际上是对它下一步市场化运作开了"绿灯"。这释放了一个信号,就是针对当事主体而言,其正常运营已没问题了。同时,对整个市场而言,"你往哪些方向走,我们都是支持、鼓励的""处罚后,好比病人祛病"。国家已明确对于平台经济的支持发展的态度。

二、对其他平台企业的影响

激励方面,在处罚决定书发布之前,2023年7月5日上午,浙江省委、省政府召开全省平台经济高质量发展大会,近100家平台企业代表参会。会前,浙江省政府还与国家市场监督管理总局签署共同促进平台经济高质量发展战略合作协议。2023年7月5日,浙江省委办公厅、浙江省人民政府办公厅公布了《关于促进平台经济高质量发展的实施意见》。相关会议与政策透露的信号就是要在科技创新领域,尤其在基础的原始的科技创新领域,要鼓励平台企业去投入与创新。从市场反馈来看,现在所有做大模型企业的融资都比较快,其中独角兽大模型企业大多都已拿到了融资。

警示方面，自2020年以来，还需要守住不发生系统性风险的底线，金融实际上是国家的生命线。所谓的警示，就是一定要守住系统性的金融风险，不得触碰国计民生、国家安全领域，也包括国家金融的核心数据。未来，平台企业还要在三方面大显身手：包括引领发展、创造就业和参与国际竞争。

三、平台企业的核心竞争力是"创新"

互联网平台不可以借助所谓的金融创新，去引诱消费者进行过度消费；要慎用平台的金融数据，否则，一旦泄露了消费数据，会有不法分子不停地推送个人信贷等骚扰信息。关于互联网金融企业该如何做，这还需要跟国家进行"商议"，在守住不发生系统性风险的前提下，通过共商共建共治来推动互联网金融业务的高水平创新发展，例如，数字人民币在我国是由央行出面来发行的数字货币，不能由机构来发行所谓的其他代币。

互联网金融企业从事银行业务肯定是不被允许的，必须持牌进行，但是否能从事个人金融消费业务呢？假如政策能划清楚边界，则具有从事的可能性。但在开展业务的过程中，其所掌握的个体数据，需要向国家金融监管部门进行实时传输，以防止挪作他用、境外传输、隐私泄露等合规问题出现。

目前，创新仍然是发展的主基调，尤其是大型平台企业如果不创新，走低水平竞争、低水平重复是没有出路的。盲目争夺流量，转型电商，走向带货，肯定是行不通的。而在创新领域，当下流行的包括人工智能、云计算、大数据等基础创新。

四、平台企业的信心来源是什么？如何更好助力经济

国家的信心就是企业未来的信心。我国拥有超大规模市场这一优势，统一大市场建设可以加强和改进互联网平台经济。同时，常态化的规范执法、持续执法，能够使这个市场保持健康，让市场主体能够时刻在一个安全的场景下展开。

企业的信心，还源于中国经济的韧性，可以理解为中国式现代化的五大内涵：分别是人口规模巨大、全体人民共同富裕、物质文明和精神文明相协调、人与自然和谐共生、走和平发展道路。总之，平台企业发展的信心，包括国家的支持、中国经济的韧性、对于政策更加清晰的理解。

我国的高质量发展为平台经济指明了方向，要在建立高水平的社会主义市场经济体制的主基调下，构建自己的业务板块，做好与实体经济的融合，做好数字创新的驱动力。

国家的发展目标，是全体人民共同富裕。平台经济企业只有紧跟国家的重大需求，跟国家的未来发展在一起，才会有未来。如果只是一味想着"挣快钱"，且不排除这种情况出现，那这个行业就容易垮掉。

在反垄断监管方面，反垄断已进入产业领域的监管之中，监管职责已被写入发展和改革委员会、交通运输部、工业和信息化部等部委的文件内。执法正在扩容，事前预防性监管以及批次性的监管包含行政约谈、行政处罚、行政指导等反垄断执法手段已越来越成熟了。面对经济下行压力，企业更要恪守公平竞争的底线，全国统一大市场建设就是要破除地方封锁，才能使经济更好、更健康地发展。

五、平台经济将持续发挥稳定器作用

平台经济所处的数字经济领域，已经连续11年增速显著高于GDP（国内生产总值）。未来平台经济将持续发挥经济稳定器、加速器的作用。受国内外局势影响，整个国际产业链和供应链出现双链受阻的问题，产能下降、失业增加。而平台经济在灵活就业领域，容纳了大量的劳动力，它就像一个蓄水池，能够发挥稳定功效。平台经济基于大数据技术，能够实现资源的优配，这样一种新型的商业模式，比如分时段租赁，让更多灵活务工者"好就业""就好业"，调动更多的劳动力闲散资源。

人工智能的兴起，也将给平台企业的再出发注入重要力量。如今，人工智能是社会发展的一个新起点，它会带来生产力的巨大增进。人工智能的发展离不开资本，而平台经济拥有强大的融资能力和资源调配能力。平台经济所依托的平台主体拥有海量的数据，平台企业对于发展人工智能有着天然的优势，很多平台企业应定义为科技企业。

从整个事件周期来看，中国的资本市场、互联网经济、数据市场等已回归到常态化状态。未来如何支持民营经济发展和金融的风险设置？当下已进行了很清醒的判断，可能还须站在更高的格局来看待整个问题。①

---

① 原文首发于《中新经纬》2023年7月8日，收录时有调整。

发展新质生产力须审慎看待平台互联互通

数据要素作为一种创新型生产要素，与其他传统生产要素不同，其一般不会像传统要素那般大量消耗，具有报酬递增、低成本复用且复用增值、聚合价值高等特点。数据要素对新质生产力发展具有十分重要的意义，早在2023年12月31日发布的《"数据要素×"三年行动计划（2024—2026年）》中已明确指出"发挥数据要素报酬递增、低成本复用等特点，可优化资源配置，赋能实体经济，发展新质生产力，推动生产生活、经济发展和社会治理方式深刻变革，对推动高质量发展具有重要意义。"

2024年两会期间，新质生产力成为热词，也成为下一阶段经济社会发展，科技创新和人才培养着力的方向。譬如，在《政府工作报告》中提出"深化大数据、人工智能等研发应用，开展'人工智能+'行动，打造具有国际竞争力的数字产业集群""支持平台企业在促进创新、增加就业、国际竞争中大显身手""健全数据基础制度，大力推动数据开发开放和流通使用""适度超前建设数字基础设施，加快形成全国一体化算力体系"等深入推动数字经济创新发展都是新质生产力发展的体现与要求，在这一过程中也都离不开数据要素基础资源作用和创新激励价值。

同期业界也表现出积极态度。2024年3月起多家互联网公司纷纷在广告营销、功能优化等方面走向互通。自2021年工信部要求企业分步骤、分阶段解决开放互通问题以来，互联互通实践已两年有余，2024年互联网巨头间业务联通的发生，再次引发各界关注。如何看待平台互联互通的表象与本相，还面临哪些挑战，同时会带来哪些即期利好和长期机遇，特别是基于网络平台下要素高度聚集和风险急剧扩散并存的事实，现实危害和潜在风险一旦发生难以恢复的现实，其背后复杂的、高度动态的考量因素有哪些，都值得进一步探讨。

当前，平台互联互通已成为进一步推进数据要素市场化配置与流通的核心内容，也是更好发挥数据要素加乘作用的关键所在。特别是多领域、多场景下的平台互联互通，能促进数据多场景应用、多主体复用，培育基于数据要素的新产品和新服务，也有助于更好地推进数字产业化、产业数字化，促进数字技术和实体经济的深度融合。然而，推进平台互联互通也非一蹴而就，仍然面临制度和技术上的挑战，需要稳妥应对，做好先立后破，稳中求进，以进促稳的系统工程，为此，亟须全面审慎看待互联互通全过程，动态平衡发展与安全的关系。

一、当前平台互联互通面临的主要挑战

目前，平台互联互通不仅缺少具体的法律规范与政策规则的指引，而且作为平台互联互通关键要素的数据相关法律制度尚未健全，尤其是关于数据权益分配、数据交易流通以及数据安全保护等具体制度仍待完善，成为阻碍平台之间实现互联互通的主要障碍。

（一）数据产权制度亟待完善

由于数据特别是单个数据具有可复制性、多归属及非排他性的

特征，使得数据能同时被消费者、经营者等多元主体持有，由此在实践中难以明确相关数据权益究竟归于哪一主体，从而导致数据权属待定情形。平台互联互通的实现需要平台耗费一定的成本，且不同主体在此过程中所付出的成本及可获得的利益并不相同，在数据权属多元待定的情况下，难免会出现成本与利益分配不平衡的现象。

在数字经济竞争中平台间处于直接或者间接的竞争关系，若实现平台互联互通，则可能导致部分平台丧失其通过合法经营、大量投入获取的原本在数据方面或者用户数量方面具有的相对优势，因为第三方平台可以通过API轻易获取流量并直接采集该平台的用户数据。虽然，理论上数据具有非竞争性和复用性，平台共享数据并不会直接导致其数据方面的减损，但是，具有价值的数据主要源于用户流量和投入时间，在消费者用户使用时长有限的情况下，第三方平台的加入可能会导致该平台可获取的流量和注意力相对减少。因此，在平台互联互通状态下，平台与平台互联互通可能会存在利益分配不平衡的问题，第三方平台获取大量流量与数据，但没有相应的利益分配机制对共享数据的平台因此丧失的运营成本和机会成本进行补偿。而这也是导致平台之间不愿、不敢互联互通的主要因素之一。

2022年12月，中共中央、国务院发布《数据二十条》，其中首次提出要"探索数据产权结构性分置制度""建立数据资源持有权、数据加工使用权、数据产品经营权等分置的产权运行机制"。《数据二十条》创造性提出的数据产权结构性分置的制度，为数据产权制度的构建提供了新的思路与方案。但《数据二十条》仅提供了数据产权制度的框架和雏形，如何基于新的制度框架科学合理地构建协调平台间数据权益分配的具体制度,是扫清平台互联互通制度障碍的关键一环。

(二)数据流通与交易机制不完善

数据流通与交易在实践中存在场内和场外两种流通交易渠道,其中场内流通交易是指通过数据交易场所对数据进行交易和交换,而场外流通交易是指在数据交易所外进行数据流通与共享,通常表现为双方进行合作协商,以及业务互动和交互过程中的数据转移。

然而,目前数据流通与交易在场内和场外皆面临一定的阻碍,也由此形成了阻碍平台实现数据互联互通的主要因素之一。当前,数据流通交易在场内层面仍然面临定价难、溯源难、信任难、标准不一等诸多困境。而且,虽然目前包括上海、天津、江苏等全国多个地区都已开始建设数据交易中心,但在建设过程中仍存在布局缺乏统筹、监管体系不完备等问题。

与场内数据流通交易方式相比,场外数据流通交易的优势在于其方式更加灵活、自由,而且一般会形成长期且持续性的合作关系,也是平台之间实现数据互联互通的主要表现形态。然而,场外数据流通的自由性和竞争性也带来了诸多潜在风险,主要体现在少数平台为了获取数据资源,可能会通过不正当的方式非法获取数据,或是在获取数据授权后,违背约定滥用数据,从而导致平台之间缺乏信任,使平台间进行交易或交换数据的意愿降低。

(三)实现平台互联互通的技术瓶颈亟待消除

在技术层面,平台之间要实现互联互通,不仅须考虑传输协议以及端口的标准化问题，还需要考虑流量计费以及数据安全保障等技术性问题。

1. 推动平台互联互通技术性强，所需数据格式、标准及权限管理要求不一致

传输控制协议（Transmission Control Protocol，TCP）、应用编程接口（Application Programming Interface，API）、软件开发工具包（Software Development Kit，SDK）等不同层面的技术都能应用于推动平台数据或（和）业务的互操作与联通的不同场景与需求，但是由于不同平台所使用的数据格式、技术规范、权限管理模式不同，即使数据能够通过联邦计算、加密计算等实现可用的状态，也难以被充分利用，数据价值无法得到有效实现。在实践中，存在不同地区的数据交易机构，在登记、确权、清算和支付等方面的规则完全不同的情况，这是由于各地数据交易平台建设标准未统一，甚至还存在数据存储格式的差异所致。

2. 缺乏根据数据类型和价值计费的技术

目前，传统的流量计费技术主要按照时间以及接入网络后产生的实际数据比特流来进行计费。在平台互联互通场景下，要平衡不同平台之间的数据成本与利益，需要对数据进行收费，但是，目前根据内容收费的技术仍存在一定的瓶颈，难以根据不同的数据类型以及数据内容的价值计算具体费用。

3. 平台安全保障技术亟待创新

当前，平台保障数据安全的技术尚未成熟，数据泄露、数据爬取以及服务器被攻击等情况仍时有发生。在平台互联互通的情况下，平台相互开放会在一定程度上增加数据安全风险，并且这种风险会在平台之间相互传递，甚至会不断地被放大，这不仅会威胁到消费者的隐私安全，还可能危及经营者的财产安全以及国家安全。

特别是对于不具备较高安全防护能力和等级的中小型（平台）企业来说，平台间数据获取、传输中的数据匿名化和去密化，需要安全技术成本的大量投入，相比于超大型平台而言，中小型企业业务结构简单，数据量级较小，整体安全防护能力较低，这很可能导致中小型企业参与互联互通时，在技术安全保障方面存在天然的不足，客观上会降低平台互联互通的整体安全效能，反向抑制平台互联互通可能对中小企业创新发展所带来的正向激励效果的发生。由此，甚或波及整个数字经济业态的稳定健康发展。

二、促进平台互联互通以加快新质生产力发展的着力点

（一）健全平衡数据开发利用与安全保护的数据产权分置制度

《数据二十条》提出的数据产权结构性分置制度适应数据非竞争性、非排他性等特性，淡化所有权，强调使用权，实际上是通过"权能分离"的方式，推动数据要素各参与方有效使用数据。为了更好地在推动数据开发开放和流通使用的同时，消除平台在此过程中存在数据权益受到侵犯的数据权益安全保护的顾虑，就需要进一步细化兼顾数据两者平衡的数据产权分置制度。

首先，在促进数据开发开放与流通使用层面，需要通过对数据权利束的权能分离促进数据的利用。数据权益与传统的以所有权与他物权相区分为基础构建二元物权体系不同，数据具有非排他性和

非竞争性,其在分离权能时,只要同一客体上的各权利人之间权益主张的边界清晰,相互间可以并行不悖地利用该客体。通过对数据权益进行"权能分离"的方式,能够有效促进数据的流通与共享利用,使大量数据汇聚到能够整合数据并投入智力、劳动等要素的多元主体手中,极大激发数据要素潜在价值。

其次,在保障数据权益规范数据有序开发开放与流通使用层面,则需要通过对数据产权"权利束"的分割和模块化,在赋权于数据要素各参与方的同时,也需要明确产权的权限范围,合理界定权利界限,即不能行使"权利块"未包含的财产权能,从而能够避免越权使用等滥用行为,而且,通过"预设"默认享有的权限范围,便于数据产权分置的当事人预见相互之间可能享有的权益或者承担的义务,从而更好地规范数据要素各参与方使用数据的行为。

最后,数据产权分置也需要适应当前产业数字化和数字产业化发展的规律。"推动产业链供应链优化升级""积极推进数字产业化、产业数字化"是2024年《政府工作报告》明确提出的要求,也是推动数字经济发展的重要举措。产业链是从产业层面角度反映产业之间的关联特性,以及由此形成的分工网络,而供应链是从微观主体角度反映出企业间因分工而产生的物流供应网络。二者皆是数据产业化发展的重要表现形态。为了进一步优化数字经济下的产业链、供应链,数据产权分置也需要作出相应的优化,主要体现为数据产权权利束按照数据产业链、供应链的运行需求,分置于不同的生产环节中。这种产权结构有助于推动数据生产走向专业化分工,激发数据相关产业的发展潜能,提升数据产业链、供应链的生产效率,促进多主体、多场景、多利益之间的有效分工与精密协作。

（二）加快完善场内外结合的数据合规流通机制

为更好推动数据要素的市场化配置，需要构建与数据产权分置制度相适应的"合规高效、场内外结合的数据要素流通和交易"机制。

1. 场内层面

在场内层面，需要为平台之间实现数据短期或长期的互联互通合作提供一个更加规范且具有一定保障的场所。为此，就需要完善数据交易所的相关规则。譬如，需要进一步加强数据交易市场的准入制度，重点审查交易参与者的场内外交易信用记录、交易数据的来源合法以及产权登记的情况。而且，还需要根据数据的使用价值、信息价值、权限范围等因素，明确价格评估的参考标准和指标，为交易双方和第三方价格评估机构提供参考。

2. 场外层面

在场外层面，一方面需要外部监管加强对平台互联互通过程中数据获取与数据使用等相关行为的合法使用情况的监督。譬如，可通过政府监管打击"数据黑市"、非法数据爬取以及过度采集个人信息等违法行为。不过，由于场外数据流通频率高，数量大且无固定交易场所，传统监管方式难以有效监管。为此，也可在场外引入数据经纪人或数据中介商等，通过第三方专业机构的外部协调、引导和监督。另一方面也可通过首席数据官、数据合规官等企业内设机构主动规范场外数据流通，带动供应链上下游企业间、不同产业的产业链间开展数据协作与共享。

3. 推动场内外数据流通交易协同层面

在推动场内外数据流通交易协同层面，可构建场内外统一的数据流通交易规范,明确可流通交易"权利块"的数据范围,建立适用于场内外的数据流通交易负面清单,规定不能交易或严格限制交易的数据项,规范交易过程中和交易后应当遵守的行为准则和相应的技术标准等。此外,还须建立可适用于场内外的信用监管体系以及数据产权登记机制,以推动场内外数据交易规范及标准的互联、互验、互认。

(三)加快研发支撑平台互联互通的相关技术

1. 统一技术标准

加快推动数据格式、应用交互端口协议以及数据安全保障等相关技术的规范化、标准化与统一化。相关技术标准的统一,不仅有助于互联互通工作更有效地推进,也有助于避免平台之间通过技术壁垒形成共谋。不过,由于相关技术的应用需要耗费一定的成本,因此也需要有关部门以及大型企业对中小平台企业给予适当的技术支持与帮助。

2. 推动数据、内容价值计费技术的研发

平台间的计费模式可以参考移动运营商基于内容计费实现方案,可以考虑在平台之间的连接端口设计能够根据数据类别和价值分别计算流量的端口,根据不同数据的类型以及价值的流量分别计算价格。也可以通过设置第三方中介机构,在数据传输过程中对需要另外计费的数据价值进行判定,并要求对方支付相应费用。

3. 加快推动"数据不可见,业务可展开"的技术研发

一是可以通过共享SDK或者开放SDK权限的方式,实现数据不动模型动,在实现业务甚至操作系统互联互通的情况下,保障数据

安全。二是可推动隐私计算技术的应用，能够让多个数据拥有者在不暴露数据本身的前提下，实现数据的共享、互通、计算、建模，最终产生超出自身数据的价值，同时保证数据不泄露给其他参与方。

"数据不可见，业务可展开"的技术，有助于提高平台互联互通的可及性、可操作性及可竞争性，消除平台在互联互通中的数据安全顾虑。使平台在具体场景化下的业务互联互通降低对数据互联互通的依赖，在技术上实现对数据与信息的多维分离，在保障安全的同时，平台可根据具体需求选择对数据开放与互联的程度，以便更有力有效地促进业务互联互通。

当前，加快新质生产力的发展，需要充分发挥数据要素的放大、叠加、倍增作用，这也是构建以数据为关键要素的数字经济，是推动高质量发展的必然要求。平台作为数字经济创新发展的重要载体，其不仅持有海量的数据资源，也是推动科技创新的生力军。平台互联互通的"有序有度有效"推进，不仅关系着数据要素是否能够实现有效的开发开放和流通使用，也关系着数据要素能否引领技术流、资金流、人才流、物资流，突破传统资源要素约束，提高全要素生产率，为加快新质生产力发展，推进中国式现代化建设提供有力支撑。①

---

① 原文首发于《中国社会科学报》2024年3月22日第A06版，收录时有调整。

网约车驶入下半场　合规化运营是关键

网约车已成为大众交通出行的重要方式，是日常生活不可或缺的部分。2023年6月，关于"多地对网约车按下暂停键""聚合平台拉低网约车准入门槛"等新闻报道引发广泛关注，由此也引起了对网约车行业以常态化监管促合规化运营的讨论。目前，网约车行业发展总体平稳有序，合规率持续提升，但仍有部分网约车平台、聚合平台公司存在企业主体责任落实不到位、调整运营规则不透明不合理、侵害乘客和从业人员合法权益、扰乱市场公平竞争秩序等问题，增加了社会经济运行发展中的不稳定风险。

网约车作为数字经济新产业、新技术、新业态、新模式融合的典型代表，在满足广大民众交通灵活出行需求的同时，也承担着重要的民生保障功能，必须予以高度重视，科学审慎监管。特别是涉及多元主体，譬如聚合平台、网约车平台、网约车司机、乘客等利益平衡，关涉市场竞争、民生就业、社会福利、公共秩序、国家安全等多维价值，其影响广泛，牵一发而动全身。面对经济下行，消费不振，失业危机等多重压力叠加，网约车行业发展步入下半场，如何破局，行稳致远，成为当前各界普遍关注的重点与难点。

2023年7月26日，交通运输新业态协同监管部际联席会议办公室组织对多家网约车平台、聚合平台公司进行约谈。交通运输新业态协同监管部际联席会议办公室强调,要着力营造公平竞争的市场环境,加强行业合规经营,共同维护行业良好生态,推动交通运输新业态规范健康持续发展。本次约谈是对网约车新业态进行常态化监管的体现,反映出跨部门综合监管的深入推进,有利于提高监管效能。

早在2023年7月14日,《中共中央 国务院关于促进民营经济发展壮大的意见》正式发布,指出要发挥平台企业在扩大就业方面的作用;引导平台经济向开放、创新、赋能方向发展,补齐发展短板弱项,支持平台企业在创造就业、拓展消费、国际竞争中大显身手,推动平台经济规范健康持续发展。2023年7月24日,中共中央政治局召开会议,分析研究当前经济形势,部署下半年经济工作,会议提出,要推动平台企业规范健康持续发展。足见,支持平台企业规范健康发展已成为当前我国经济高质量发展的重中之重,亟须以"科学发展,合规经营"为目标,落实落地"规范中发展、发展中规范"的具体要求,尽快健全透明、可预期的常态化监管制度,降低包括网约车平台在内的所有平台企业运营的合规成本,给予市场主体,包括投资人、管理者、从业者、消费者以信心,坚定平台经济发展主线不动摇。

一、网约车运营驶入下半场

考察我国网约车行业发展进程,从最初平台兴起时的"人人皆可成为网约车司机",逐渐发展为平台高度竞争下的"倒贴车费请坐网约车"。如今,网约车行业竞争越发激烈,市场运力饱和过剩,济南、珠海、东莞、深圳等地陆续发布了网约车行业风险预警,提醒从业者谨慎入行，部分城市甚至决定暂停新增网约车运输证受理业务，这些都为行业发展敲响了警钟。

安全是网约车行业发展的前提，在此背景下应加强网约车合规建设，以动态视角理性看待网约车市场运力饱和，供需失衡问题，正视网约车平台快速发展带来的问题，对于网约车司机收入不稳定、乘客安全保障不足等问题展开市场观察和成因分析，方能更好地维护公平竞争市场秩序，维护司机合法权益。

（一）理性看待市场饱和与供需失衡问题

理性看待网约车市场运力饱和，供需失衡问题。市场运力饱和只是表象，其反映的是网约车市场供需关系的变化。作为常识，市场供需关系不可能一成不变，换言之，有涨有落方为常态，网约车市场亦不可能无限量增长需求，出现拐点或者说阶段性失衡也应正常看待。

当前，不少地区网约车市场需求增长停滞甚或出现萎缩，然而，供给端仍不断有大量劳动力涌入，在客观上会导致网约车司机收入下降，诱发恶性竞争、不正当竞争等现象，这是市场运行的结果。同时，也要意识到这类情况的发生，与区域性、季节性、气候性影响有关，与商贸活跃性不高等因素相关，网约车市场运力饱和不可一概而论。

网约车市场饱和，一方面可通过合理方式刺激用户需求，另一方面可以优化司机端的结构，网约车聚合平台的出现，为中小平台提供流量入口，但也导致不少不合规司机、车辆的涌入，增加了网约车市场的供给压力。依法依规查处、清退不合规的车辆与司机，合理提高网约车行业准入门槛，不仅有利于解决网约车市场饱和的问题，也有助于规范网约车市场安全健康运营，是实现网约车市场高质量发展的必要之举，也是网约车市场驶入下半场的重要信号和必经阶段。

（二）重视收入下降问题，破解低价困局

重视网约车司机收入下降问题，积极破解"车越多—价越低—车更多—价更低"的低价困局。在市场经济不景气以及网约车行业高度内卷的背景下，价格优惠固然是刺激用户消费的有效手段。然而，降价只是一种调节手段，价格战更难成为一种可持续发展的模式。网约车平台调低计费方式，不仅会降低网约车司机收入，打击积极性，而且如多个网约车平台相继调低计费方式引发恶性竞争，将不利于网约车市场的健康持续发展。

随着网约车市场规模持续扩大，以聚合为主要特征的第三方网络平台纷纷入局。所谓聚合平台，是指基于互联网技术，将多个网约车服务提供商的车辆资源通过一个统一的平台聚合起来，向用户提供更为便利的出行服务的平台。作为一种新生事物，聚合平台降低了网约车市场准入门槛，带来了责任边界不明、把关不严、乘客和司机利益得不到合法保障等问题，加速了行业发展困局的形成。

发展是为了更好的安全，安全是发展的前提。要破解网约车低价困局，重中之重是规范网约车市场经营活动，首要的是加强对网约车聚合平台的系统性综合监管，以更好推动网约车合规化进程。2023年4月，交通运输部等五部门联合印发《关于切实做好网约车聚合平台规范管理有关工作的通知》，要求各地交通运输、市场监管等部门，充分发挥地方层面交通运输新业态多部门协同监管工作机制作用，结合当地实际，研究探索规范网约车聚合平台管理的法规政策措施。

实践中随着各地监管部门强化网约车监管，陆续制定更为合理的车辆标准、建立更为严格的司机资质审核机制、保障司机与乘客的安全和权益等，网约车运营驶入下半场，平台常态化监管之路势在必行。如何引导网约车驶向高质量发展之路，规范行业从野蛮生长、快速扩张走向合规发展、平稳增长的新阶段是网约车行业规范健康持续发展的关键。

二、以常态化监管促合规化进程

常态化监管，是指在法治框架下依据法依规，统筹安全与发展，依托多元主体协同治理、多元工具系统运用，开展规范监管、敏捷监管、精准监管、透明监管及持续监管能够满足高质量发展这一首要任务的高质量监管理念与方法。2023年《政府工作报告》中提出要"大力发展数字经济，提升常态化监管水平，支持平台经济发展"。对于经历了快速发展、市场洗牌后的网约车平台，须着力提升常态化监管水平，统筹好安全与发展的关系，从流量竞争向服务品质竞争转变，充分发挥其在推动经济发展、稳定社会就业中的作用。

2023年7月26日，交通运输新业态协同监管部际联席会议办公室组织对多家网约车平台、聚合平台公司进行约谈。此次约谈主要从维护公平竞争的市场秩序、落实企业主体责任、维护司机合法权益、保障乘客合法权益、加快网约车合规化进程、加强运输安全管理等6方面提出了系统性、立体化的要求,内容很大程度上跟安全相关。

作为与老百姓息息相关的民生行业,合规化合法化是网约车行业发展的重要方向。为促进网约车市场的合规化发展,应尽快建立健全透明、可预期的常态化监管制度,构建网约车行业市场合规运营的基本原则、从业守则及监管规则,切实有效降低网约车运营成本,同时保障和提升网约车运营安全和舒适度,为此,须精准设计合规实施标准、科学有效开发和适用各类合规规制工具。

网约车合规对企业规范健康发展有着基础性意义,网约车合规应遵循合法性、正当性、科学性、比例性、预防性等多项要求,以网约车合规建设筑牢平台企业健康发展底线。合法性是指网约车平台必须依法适用合规管制措施,切实保证合规过程和结果皆于法有据;正当性要求是指合规目的、措施及程序的正当合理;科学性提出平台企业与各类各级监管机构须尊重网约车市场运行规律,规范与发展并举,维护公平竞争的市场秩序,保障多元主体合法权益;比例性主要体现合规要求应与风险等级相适应,譬如,合规审查不是"凡事必审",而是抓住关键问题或敏感业务详尽审查,做到"牵牛牵住牛鼻子""该得管住一定要管住管好";预防性主要是为应对行政处罚、刑事侦查及纠纷化解等需求,网约车平台须以书面方式对企业合规措施的适用和合规风险的消除进行事前设计,以表明企业合规管理的有效性。同时,通过及时和必要地合法留存相关证据,也能够为事中事后规制和解纷,提供有效证据。

科学制定网约车合规标准,综合考量安全运营、乘客服务、司机权益保护等因素，保障实施标准的规范化、透明化、系统化。应加强网约车从业人员权益保障，深入推进网约车平台公司收费标准上墙及抽成"阳光行动"，督促网约车平台公司合理设定本平台计价规则和抽成比例并公开发布，推动企业收费标准公平透明。

事前层面，各地交通运输、电信、公安、市场监管、网信等部门要共同参与制定实施标准，不仅要结合网约车行业特点"因业而异"，在具体的要素标准设计上，有所侧重和细化，同时可参考域外经验，制定针对性强的网约车实施标准，而且还要关注市场变化，运用动态思维对网约车合规标准实时调整。

事中事后层面，各地交通运输、电信、公安、市场监管、网信等部门还须协同监管，对于网约车合规问题形成"发现—核实—处理—解决"高效的一体化应对机制。在此基础上，构建对合规执行质效的评价制度，从结果导向测评合规标准的科学性与有效性。

运用法律、行政、科技等手段加快建设网约车监管平台，积极推动网约车合规化进程。从法律和行政手段出发，各地因地制宜，出台加快推进网约车合规化工作的地方办法或标准及其实施方案，建立完善规则明确的行业准入退出、规范激励机制，不断优化网约车审批程序，综合开展线上线下执法，严格查处网约车违法违规行为，排查化解行业纠纷和风险隐患，维护安全稳定、公平竞争的网约车市场秩序。

从科技手段考量，提升网约车安全监管的数智化程度，以数字智能化技术赋能网约车合规化进程。依托数字智能化技术打通网约车出行场景下人、车、路三大元素的数据交互，建立数智生态，推动平台与监管部门之间，监管部门与监管部门之间的联通，实现对车辆及司机的实时管理，对司机全时段管理和危险情况主动预判，保障司机与乘客的出行安全，保障网约车服务的安全规范。①

---

① 原文首发于《第一财经日报》2023年7月13日第A11版，收录时有调整。

统筹安全与发展
网约车平台常态化监管须时刻在路上

2023年4月25日，交通运输部等五部门联合发布《关于切实做好网约车聚合平台规范管理有关工作的通知》提出，各地交通运输、电信、公安、市场监管、网信等部门要充分发挥地方层面交通运输新业态多部门协同监管工作机制作用，结合当地实际，研究探索规范网约车聚合平台管理的法规政策措施。

2023年7月26日，交通运输新业态协同监管部际联席会议办公室组织对多家网约车平台、聚合平台公司进行约谈。针对部分网约车平台、聚合平台公司存在企业主体责任落实不到位、随意调整运营规则、侵害乘客和从业人员合法权益、扰乱市场公平竞争秩序等问题，约谈提出了维护公平竞争市场秩序、严格落实企业主体责任、切实维护司机合法权益、切实保障乘客合法权益、加快网约车合规化进程、加强运输安全管理等六项要求。

此次约谈由交通运输新业态协同监管部际联席会议办公室组织，该联席会议以交通运输部为牵头部门，由交通运输部、中央网络安全和信息化委员会办公室、工业和信息化部、公安部、国家市场监督管理总局等12个部门与单位组成，可以看出2023年1月发布的《国务院办公厅关于深入推进跨部门综合监管的指导意见》在交通运输领域实践中稳步落实，符合当前对于平台经济开展常态化监管的趋势。

近年来,网约车行业迎来了较大的变化。在网约车平台层面,以自营平台为主逐步向聚合模式转变,平台数量激增,2021年部分网约车平台大力抢占市场,多家平台纷纷推出聚合出行服务;在网约车行业服务层面,网约车驾驶员与网约车车辆运输证颁发数量持续增长,而全国网约车总订单量则呈现下降趋势,多地相继发布网约车饱和预警,网约车市场供需出现失衡态势。网约车作为当前出行的重要方式,已经成为社会生活中不可或缺的一部分,网约车平台承担着灵活就业、交通运输等多种职能,保有较大数量的网约车驾驶员与乘客用户,故网约车平台负有一定的准公共管理的职能。这也对行业监管提出了挑战,只有多维度、立体化的监管才能够适应网约车行业涉及市场竞争、民生保障、社会安全等多领域的特点。但同时,多部门的协同监管也会带来过度监管的隐忧,给平台企业合规带来负担,例如,约谈要求严把司机和车辆注册关,加快清退不符合条件的人员和车辆。聚合平台公司要严格核验接入的网约车平台公司经营许可资质,督促网约车平台公司对驾驶员和车辆有关许可严格核验把关,确保依法合规经营。这项要求一方面延续了重视对乘客合法权益的保护监管态度,另一方面也回应了网约车市场中运力饱和与不规范经营的问题,但如何进行核验,需要平台把关到何种标准等问题皆没有详细规定,可能会加大网约车平台的合规成本。因此,如何把握好网约车平台常态化监管的维度与尺度值得关注。

2023年7月24日,中共中央政治局召开会议,会议提出"要推动平台企业规范健康持续发展"。2023年7月24日至25日,全国市场监管部门负责同志座谈会召开,会议强调,"牢固确立监管规范和促进发展并重的指导方针,完善促进平台经济健康发展的常态化监管机制"。因此,对于网约车平台也需要建立健全透明的可预期的常态化监管制度。

一、网约车行业常态化监管视角切入

网约车行业常态化监管应当从与行业息息相关的市场竞争、社会民生保障、公共安全三个维度开展,统筹安全与发展,坚持在"规范中发展,发展中规范"。

(一)市场竞争

从市场竞争层面来看,面对网约车市场渐趋饱和、网约车供应过剩、供需失衡的市场现实情况,部分网约车平台和聚合平台通过"一口价""特惠价"等进行低价营销方式,一方面涉及价格违法行为与不正当竞争,扰乱了市场秩序;另一方面平台将压力转嫁至网约车司机,设置较高的抽成比例,导致司机收入难以保障。

对此,从常态化监管的角度来看,应当尊重市场规律,充分发挥市场配置资源的决定性作用,对于供需关系变化导致的正常价格调整不应强制介入,给予市场自我调节的空间,仅有在市场秩序被低价竞争行为严重扰乱,司机权益受到侵害,市场难以进行调节时介入,并采用动态监管机制监控市场动态。面对当前网约车市场出现的聚合打车的新模式,其能够进一步开发用户,增加平台流量,提高用户选择,优化资源配置,逐渐成为网约车行业发展的新动力,但聚合平台涉及多平台,自然也产生了利益分配、权责划分等新问题,面对用户投诉等情况往往难以有效解决,此时针对聚合平台的监管则需要平衡鼓励新模式发展与引导聚合平台规范发展之间的关系。

（二）民生保障

从民生保障层面来看，在之前网约车行业高速发展时期，进入市场门槛较低，运营时间自由，使得大批灵活就业者进入网约车行业，网约车行业成为促进就业保障民生的重要行业。因此在民生保障层面，常态化监管应当重视网约车行业灵活就业者的合法权益保障，单纯调整抽成比例只是较为单一、临时性的调节措施，应当建立多层次、常态化的综合性权益保障体系。

（三）公共安全

从公共安全的层面来看，网约车行业的安全问题主要有两大方面，其一是网约车不规范驾驶、无资质运营等引发的公共交通事件以及乘客人身安全伤害，其二是由于网约车平台涉及个人身份信息、支付信息、地址信息等多种敏感信息，一旦数据泄露将对公共安全造成威胁。故此，常态化监管需要从网约车运营的全过程实施动态监管，避免事后监管的滞后性，这与市场竞争与民生保障层面的监管息息相关，在各个环节完善合规要求方能保障网约车行业更加安全。

二、网约车行业常态化监管具体举措

落实对网约车平台的常态化监管，应进一步明确促进网约车行业健康发展是目的，筑牢安全是底线，同时，坚持依法监管着力协同监管，以实现敏捷、精准、持续、规范的常态化监管，具体而言包括以下几个层面。

第一，推动交通运输、通信、公安、市场监管、网信等部门建立完善网约车行推动多部门、多主体、多层次、跨地域协同监管，加强央地联动，府会合作。行业协同监管机制，例如交通运输部门与网约车平台和公安部门建立协同机制，对网约车驾驶员的身份信息、车辆数据、行驶数据等内容进行互联互通，以实现持续精准的监管。同时，除政府部门外，网约车行业协会更加了解数网约车领域的底层逻辑、经营模式，应当承担部分管理职责。

第二，健全完善规则明确的行业准入退出、规范激励等机制，促进网约车合规运营。2023年5月，广东东莞、浙江温州、山东济南等多地相继发布网约车饱和预警，甚至已有城市按下了网约车运输证新增业务"暂停键"。暂停受理相关核发业务实际上只能临时解决网约车市场饱和的问题，长期则容易造成已有资质的网约车提高服务质量的积极性下降，网约车牌照成为交易资源，不符合常态化监管的目标。应当对网约车市场的准入、退出建立动态机制，在合理设置市场准入门槛的前提下，对网约车运营过程实现动态考核，对运营过程中不合规、不达标准的网约车作出整改、退出处理，保障网约车市场的高质量供给。

第三，创新运用数字化的监管工具，提升科技监管能力与水平。加强平台与监管部门之间，监管部门与监管部门之间的数据互联互通，通过采集、存储、汇总、分析相关营运数据，实现对驾驶员准入退出、抽成比例、运营路线、运输价格等各项信息的动态监控，对违反交通规则、行车轨迹异常、疲劳驾驶、无证驾驶等不规范驾驶运营行为利用大数据、人工智能等技术进行分析与管理，保障网约车服务规范安全。

第四，明确权责划分，实现监管行为规范化。以网约车聚合平台为例，聚合平台往往是具有较大流量和用户量的平台，有义务对其聚合的平台进行初步的筛选与甄别，防止不具备资质的平台进入聚合平台，应当对其施以更高程度的注意义务，同时建立首问负责投诉处理机制、在消费者权益受到损害时履行先行赔付责任；对于被聚合的平台而言，则需要对车辆准入、退出资质，车辆调度、驾驶员管理等方面行使自主经营权，对在自主经营权范围内产生的投诉与赔付责任，应当及时履行。划分好网约车行业各主体的责任，是监管行为有的放矢，实现监管行为规范化的基础。

第五，需要保障监管过程的透明化，健全可预期的监管制度。监管过程的透明化首先要以各部门的协同监管机制为基础，汇聚各层级各部门监管行为数据，加强各部门监管数据的互联互通，在实现信息共享的基础上，进一步细化处罚标准，并以利用清单、指引与指南等形式及时向公众解释执法的标准，为网约车平台合规提供可预期的指引；同时，将网约车平台经营信息、网约车信息、驾驶员信息、处罚信息等内容在合适的平台进行定期主动公开，提高监管透明度，方便社会公众进行查阅与监督。

随着网约车行业发展进入新阶段，未来对网约车市场的监管也需要因时因地开展透明、可预期的常态化监管，以发展为重点，合规安全为底线，促进网约车平台为用户提供更好的服务，为灵活就业人员提供保障，实现网约车行业的有序健康发展。①

---

① 原文首发于《第一财经日报》2023年8月3日第A11版，收录时有调整。

以敏捷监管与精准监管　筑牢跨境券商展业安全

2023年1月31日下午，中共中央政治局就加快构建新发展格局进行第二次集体学习。中共中央总书记习近平在主持学习时强调，只有加快构建新发展格局，才能夯实我国经济发展的根基、增强发展的安全性稳定性。在会上，习近平强调要进一步深化改革开放，增强国内外大循环的动力和活力。其中，"依法规范和引导资本健康发展，为各类经营主体投资创业营造良好环境，激发各类经营主体活力。推进高水平对外开放，稳步推动规则、规制、管理、标准等制度型开放，增强在国际大循环中的话语权。推动共建'一带一路'高质量发展，积极参与国际经贸规则谈判，推动形成开放、多元、稳定的世界经济秩序，为实现国内国际两个市场两种资源联动循环创造条件。"彰显了我国在对外开放事业中的决心、信心及行动方向。围绕制度型开放建设推动各类要素的国内国际联动循环发展是下一步全面、准确、深入构建新发展格局的关键抓手，也是着力增强国家发展中安全性主动权的基础所在。

鉴于此，就2022年底以来，证监会对跨境券商利用互联网平台展业所引发的金融安全、数据安全——包括国家核心金融数据、地方或行业重要金融数据及用户不同等级的金融数据或用户个人敏感信息安全等问题，展开相关整治工作及效果分析，下一步还须提升相关监管工作的敏捷度与精准度，做好监管联动与监管协同。一方面确保对新业态的审慎包容有序监管，避免多头监管、重复监管、失序监管，致使监管效能低下，监管对象失能；另一方面也做好对那些冠以新业态形式而实质上从事非法业务或长期处于"灰色地带"业务经营者的敏捷型、精准化监管，及时发现采取适当措施，防止业务变形，行为变质，风险失控，这对监管部门的能力提升提出了更高要求，亦是构建高水平社会主义市场经济体制的内在要求。此外，在高水平社会主义市场经济体制建设中还需要涵盖国内经济体制与国际经济体制的一体推进与共同发展，尤其是在依法规范和引导资本及相关市场建设与运行上更需要做好国内国际两种资源的有序衔接与合作。

具体到跨境资本市场的监管上，目前我国证监会在对跨境券商展业的监管态度和措施明确有力，按照"有效遏制增量，有序化解存量"的思路，一是依法取缔增量非法业务活动。禁止招揽境内投资者及发展境内新客户、开立新账户。二是妥善处理存量业务。为维护市场平稳，允许存量境内投资者继续通过原境外机构开展交易，但禁止境外机构接受违反我国外汇管理规定的增量资金转入此类投资者账户。以此有效维护我国金融市场稳定，坚决重申守住不发生系统性金融风险的底线的监管态度和力度。这类措施对有效规避跨境券商在经营中存在的外汇风险十分重要，有助于避免对境内的金融、货币管理秩序带来负面影响，对促进相关企业规范健康持续发展具有重要意义，且有利于维护金融数据与用户个人信息安全。值得特别关注的是针对跨境券商展业中的数据安全，还有必要结合其业务特点、风险及监管现实予以进一步分析，在保障安全的前提下，推动业务的高质量发展，唯有高质量发展才能夯实安全的稳定性和持续性。

一、跨境券商展业挑战监管能力

（一）挑战金融安全

跨境券商展业的特点在于，拥有境外国家或地区的金融牌照，但不具有境内券商牌照，因此不受我国相关部门监管，利用国外宽准入、国内难监管的疏漏，规避监管，牟取利益最大化，利用互联网平台为大陆境内投资人提供跨境金融服务，开展跨境证券经纪业务及其他衍生业务，长期处于监管的"灰色地带"。根据我国《证券公司监督管理条例》相关规定：我国证券公司在境外设立、收购、参股证券经营机构，应当经国务院证券监督管理机构批准；境外证券经营机构在境内经营证券业务或者设立代表机构，应当经国务院证券监督管理机构批准。基于此，不具有境内券商牌照的跨境券商在我国境内从事相关经营业务，实质上是违反我国关于证券公司相关监督规定的违法违规行为，存在资本非法外流、金融数据泄露等安全风险。为此，需要明确跨境券商在我国境内展业，或者我国证券公司在境外展业并将其境外业务与我国境内业务相关联时，应严格遵守的相关法律法规，同时加强跨境监管部门之间的合作，以敏捷和精准的监管来促进跨境券商展业的发展，并非简单地放而不管或者管而不活。

2022年中央经济工作会议指出，要保持流动性合理充裕，保持广义货币供应量和社会融资规模增速同名义经济增速基本匹配。保持人民币汇率在合理均衡水平上的基本稳定，强化金融稳定保障体系。若跨境券商业务达到一定规模，放任由国内资本流出到境外资本市场，国内的金融防火墙会出现漏洞，国内实体经济发展也将受到限制，国内企业很难从金融市场获得足够融资，会阻碍中国实体制造业和高科技企业的发展，可能会导致国内实体经济和产业出现空心化。

涉港涉外金融公司应在法律法规允许范围内进行金融活动，取得对应牌照和资质是开展相关证券业务的前提。金融作为特许行业，必须持牌经营。境外机构在境内从事禁止的、未对外开放的金融业务或者仅持境外牌照在境内展业，属非法金融活动。

2023年2月17日，证监会审议通过《首次公开发行股票注册管理办法》，预示着我国全面实行股票发行注册制改革正式启动。注册制改革的本质是把选择权交给市场，是对资本领域政府与市场关系在新时代经济高质量发展中的深度调整，这意味着经过此次改革，我国多层次资本市场体系将更加清晰，将基本覆盖不同行业、不同类型、不同成长阶段的企业。可以预见，未来跨境券商相关经营者及经营业务将具有多元性与可塑性，但是其中亦伴随着金融安全风险与数据安全风险。为此，必须加强对市场的敏捷监管与精准监管，提高对资本市场监管法治化的水平与能力。

党的二十大报告指出，要健全资本市场功能，提高直接融资比重，依法规范和引导资本健康发展。此次整改，进一步明确了"境外机构在境内从事禁止的、未对外开放的金融业务或者仅持境外牌照在境内展业，属非法金融活动"的基本规则，对维护投资者权益、维持金融市场秩序稳定、防止资本外流具有重要意义。

（二）威胁数据安全

金融新业态新产品加速更新迭代，改变着金融市场的运行模式和风险特征，需要不断创新理念，与时俱进完善区域金融规则体系。金融机构利用互联网平台或技术招揽投资者和新客户，本身就存在跨境交易合法性、个人信息传输安全、收集个人信息备案等风险问题。跨境监管套利决定了被监管者需要遵守套利目标国家或地区的法律规定，在此过程中可能会泄露关键数据。为了保护数据安全、防止信息跨境泄露，我国《证券法》《数据安全法》均规定，非经主管机关批准，不得私自向境外提供数据资料。然而，在监管方面我国还存在事前监管不充分、审查不到位等问题，应尽快完善数据特别是金融数据跨境互联互通相关法律法规。

目前，一些跨境互联网券商的运营模式是：在境内发展客户，客户通过互联网注册账号后，通过境外银行卡向账号转账或通过境内银行卡购汇后向账号转账，再参与美股、港股的交易。在投资者注册账号之时，需要向跨境互联网券商提供包括个人金融信息在内的大量个人信息，如职业状态、公司名称、全年收入等，在交易过程中，跨境互联网券商还会掌握银行账户、交易数据等个人信息，并且收集用户信息后，信息去向也存在隐忧。由于跨境互联网券商在境外运营时需要符合境外的监管要求，有可能将收集的上述个人信息提供给境外主体。这样境内投资者的个人信息有被泄露的风险，我国数据安全也会受到威胁，因此，在监管中需要更加注意数据安全治理。

跨境券商所涉及的金融数据、类金融数据及与金融业务相关的其他数据的跨境流动、使用及管理问题，实质上关涉国家数据主权、数据产业发展、企业数据权益、个人数据（信息）权益，乃至国家金融主权等多元利益。为此，有必要聚焦金融数据等相关数据跨境流动的安全治理的特殊性，及时、有效、精准地做好金融数据等相关数据的跨境流动安全治理。事实上，在2020年9月，中国人民银行发布了《金融数据安全　数据安全分级指南》（JR/T0197—2020），明确指出金融业机构数据安全威胁的影响范围逐步从机构内扩大至行业间，甚至影响国家安全、社会秩序、公众利益与金融市场稳定。

基于此，需要综合金融数据等相关数据的影响对象与影响程度两个主要因素进行金融数据安全分级保护，即结合金融数据安全性遭受破坏后受影响的对象，包括国家安全、公众权益、个人隐私、企业合法权益等，以及金融数据安全性遭到破坏后所产生影响的大小，从高到低划分为严重损害、一般损害、轻微损害和无损害等程度进行分级管理和保护。

此外，在分级的同时，还需要结合不同类型的金融数据所涉及的主体类型、分布行业、存在层次等做好数据的分类管理与保护，在这一分类过程中事实上也对应到了数据的分级管理与保护，譬如，涉及国家核心金融数据、地方或行业重要金融数据以及个人重要、敏感或一般交易数据等，这些都同时体现出分级——依据数据的影响面和重要性，与分类——涉及不同主体或行业等。这就需要跨境券商所涉监管部门，在做好国家金融数据主权保护的基础上，不断完善数据跨境监管制度与实施，增强对金融数据监管的层次性与系统性、整体性与协同性。

二、助力跨境券商展业安全发展

一方面,加强监管联动,提升监管合作效能。境内投资者通过互联网平台参与境外市场交易,资金在外,由于没有健全的法律法规予以保障,一旦出现交易漏洞,资金很难追回,投资风险较大,国内监管者目前很难实现跨境监管或多个司法辖区联合监管,一旦出现纠纷,很难解决问题。故此,应加强域外监管机构合作,健全监管体系,才有可能逐步开放部分跨境业务,安全有序推进跨境券商展业中数据与业务的联动发展。

另一方面,跨境券商在为投资者提供相关服务时,应遵守数据跨境流通的相关规定,加强对数据安全的保护。在个人层面,应当强化对投资者个人信息的保护,避免在数据互联互通的过程中发生投资者个人信息的泄露。在企业层面,注重企业数据保护,避免因数据安全造成对企业(金融机构或其他行业机构)的生产运营、声誉形象、公信力等产生影响。在国家层面,应当严格遵守相关规定,依法处理相关数据,避免因数据互联互通而对国家安全、社会秩序等公共利益带来负面影响。应平衡好数据流通共享与数据安全保护之间的关系,严格遵守我国《数据安全法》、《个人信息保护法》以及《数据出境安全评估办法》等有关规定,引导跨境互联网券商合规经营,保障数据跨境流通安全。

同时,《个人信息保护法》的正式施行,对境内投资者数据跨境传输及使用提出了合规性要求。该法明确了个人信息可跨境提供的法定要求,明确了向投资者本人告知及取得其同意的规则,在监管层面,明确了监管部门对于境外的组织、个人存在个人信息处理的违法行为的，可以采取将其列入负面清单，限制或者禁止向其提供个人信息的监管措施。《数据出境安全评估办法》构建了我国数据出境安全评估的制度，将事前评估和持续监督相结合、风险自评估与安全评估相结合，划定可能影响国家安全的数据出境行为，防范数据出境安全风险，保障数据依法有序自由流动。

随着投融资全球化的进一步发展以及金融业不断对外开放，资本全球流动的监管治理将成为各国或地区的重要议题。只有不断提升对跨境券商展业行为的监管能力与注意力，采取敏捷监管和精准监管，才能最大限度维护各方合法权益，夯实我国金融安全，满足企业融资目的，促进资本在全球范围内有序健康地流动。①

---

① 原文首发于《第一财经日报》2023年2月15日第A11版，收录时有调整。

Web3.0下规制网络新型不正当竞争行为的挑战

在Web3.0（第三代互联网）背景下，网络新型不正当竞争行为的规制并非一个基于现实的问题，而是一个面向未来的问题，或者说正在逐渐显现的问题。如何回应该问题带来的法律挑战，建议考虑以时间换空间，以技术来补强制度，重视立法的稳定与可预期，保持执法与司法的谦抑。因在技术快速发展的当下，大量的立法或者频繁地发布行政指令，对技术本身、市场良性竞争也有一定干扰。譬如，2023年9月，欧盟委员会根据《数字市场法》（DMA），首次指定这六家企业成为"守门人（gatekeeper）"，该举措将不可避免地影响这六家科技公司。

一、Web3.0引发平台与用户规制难题

当前，仍处于从Web2.0（第二代互联网）向Web3.0转变的阶段，互联网发展依旧呈现集中心化的特征。处在Web2.0时代，由于互联网的功能同用户账号绑定，而用户账号依赖于网络中心平台，仍然存在垄断、隐私保护缺失、算法作恶等风险和危害。不过，随着技术不断发展，Web3.0的概念应运而生，其构想了一个更加智能、去中心化和具有更多互操作性的网络环境，开放、普惠和安全将成为互联网未来的发展趋势。但在目前阶段，Web3.0的愿景仅是理论上可行，在具体技术层面还有众多难点待突破。2023年8月29日工业

和信息化部办公厅、教育部办公厅、文化和旅游部办公厅、国务院国资委办公厅、广电总局办公厅联合发布《元宇宙产业创新发展三年行动计划（2023—2025年）》，提出要构建先进元宇宙技术和产业体系，打造沉浸交互数字生活应用，逐步尝试用户数据去中心化，形成开放包容的网络环境。

在上述背景下，规制网络新型不正当竞争行为首先要厘清用户的账号属性。在当前Web2.0场景下，用户个体在大型互联网平台面前相对弱势，绝大多数用户协议直接或间接约定用户注册的账号归属于平台，用户仅享有使用权，譬如访问、有限的管理权等。然而，在Web3.0场景下，用户对账号缺乏自主权的问题将逐步得以解决，用户不仅被赋予自主管理账号的权利，且对账号上的个人数据的转移权、复制权、删除权，以及算法解释权等也享有充分的自主性。此外，要正确界定平台的准监管权限与范围，划定平台在用户体验和内容发布过程中的监管权限与职责，平衡平台管理权与用户自主权之间的矛盾，确保用户账号属性问题得到恰当处理。

二、现行《反不正当竞争法》适应性挑战

针对用户与平台间的账号权属问题，还未有相应的规定或司法解释。但在实践中，已经出现相应的不正当竞争行为，主要表现为用户账号的分时租赁模式和利用账号进行混淆经营的行为。

分时租赁是一种商业模式，即允许用户将其在线账号、平台账户在特定时间段内租给其他人，在这段时间内，租户可以访问和使用这个账号，当租赁期结束后，账号使用权将被收回。这种模式伴随共享经济发展，通常来说应该是合法的，但当分时租赁应用于网络账号时

便成为一种不正当竞争行为。账号混淆经营同样可被视为一种不正当竞争行为，常发生在线上平台上，商家或个人可能创建多个虚假账号或身份，以欺骗其他用户或平台。上述两种新型网络不正当竞争行为在现有的法律框架下难以得到切实解决，因为无论是《反不正当竞争法》第2条或是第12条都难以完全合理地适用于对该行为的规制。

T公司等与H公司不正当竞争纠纷案[①]，以及视频平台账号不正当竞争纠纷案[②]皆涉及用户账号的分时租赁问题，虽则两案都被判为不正当竞争，但所援引的法条并不一致，前者援引《反不当竞争法》第2条，而后者则是第12条。造成差异的原因是现行的第12条无法完全应对新型的不正当竞争行为，该法条的出台是为了更好地规制互联网竞争行为，但在司法实践中，仅靠第12条不足以回应现实的新型行为，因而需要援引其他法条。除此之外，账号属性的不明确同样影响司法裁判，用户租赁网络账号的何种权利尚不明朗、使用租赁账号的基础及正当性还未明晰，这些都影响司法判案时法条的选择。

关于账号的混淆经营问题，其典型案例是T公司诉Z公司不正当竞争纠纷案[③]，北京市海淀区法院依据《反不正当竞争法》第2条予以判决。在具体实践中，识别混淆经营并不复杂，即便账户混淆

[①] 北京知识产权法院（2022）京73民终1154号民事判决书，载中国裁判文书网，最后访问时间：2024年6月20日。

[②] 北京知识产权法院（2019）京73民终3263号民事判决书，载中国裁判文书网，最后访问时间：2024年6月20日。

[③] 北京市海淀区人民法院（2020）京0108民初27529号民事判决书，载海淀法院网，https://bjhdfy.bjcourt.gov.cn/article/detail/2023/05/id/7270861.shtml，最后访问时间：2024年6月20日。

经营涉及的场景是线上平台，但该行为仍可通过混淆认定标准来识别。因而，对于用户账号混淆经营行为是否属于新型网络不正当竞争行为仍存疑。

除上述两种情况外，账号持有者跳槽同样会引发不正当竞争的问题。随着网络时代直播经济的发展，直播平台竞争越发激烈，网络主播"跳槽"案件频发且备受关注。该类问题的关键是账号的所有权和权益的分配，以及该行为涉及流量劫持和搭便车。在实际裁决这类行为时，当事人或要求认定跳槽行为可能引发不正当竞争侵权，或根据合同规定提起违约诉讼。但无论选择何种裁决方式，都有必要明确账号的权利性质以及权益分配，一方面，由于员工的自由行为不受约束，选择与他人或者与其他的平台签订合约是个人的行为自由；另一方面，对于个体自由行为带来的可能的危害应有足够的认识。

网络新型不正当竞争行为存在威胁市场竞争的风险，解决网络账号的全程分配问题，从而对其进行合理规制有着必要性。

首先，网络新型不正当竞争行为破坏市场公平竞争秩序，是对其他经营者合法提供的网络产品或者服务的妨碍。

其次，增大市场监管难度，由于互联网的匿名性和个人数据隐私保护的要求，使得市场监管机构在行政监管时限制较大；对于行业监管和安全监管而言，其面临着监管协同的挑战。

最后，目前还处于Web2.0到Web3.0时代过渡中，无论是技术还是相关法律法规都还需要进一步完善和规范，仍然存在新型不正当竞争行为侵犯消费者个人隐私的情形发生，通过不正当手段获取和滥用个人信息，对消费者的隐私权造成威胁。

三、《反不正当竞争法》规制逻辑与方向

现行法律法规尚无法有效应对网络新型不正当竞争行为，无法解决从Web2.0到Web3.0时代过渡中出现的市场竞争问题，未来当Web3.0时代真正到来时，相应的法律法规还需要进行调整。

《反不正当竞争法》第12条被认为是"互联网专条"，是修法时专门针对互联网领域不正当竞争行为增加的内容。然而，互联网专条并未也无法全部列举与互联网相关的不正当竞争行为类型。第2款第4项作为一项兜底条款，虽然，在一定程度上能够扩展互联网专条的适用范围，但是，在实际适用中存在较大的识别困难，如何理解"妨碍、破坏正常运行的行为"，尚未有明确的判断标准。而且在技术发展日新月异的当下，技术同不正当竞争行为的联系日益密切，为适应相关法律法规的解释，需要通过技术手段来加以解决。故此，在法院的司法实践中，账号分时租赁行为已有适用《反不正当竞争法》第12条的案件，被认定为采用技术手段限制他人网络视频服务功能的行为，属于寄附于他人商业模式下缺乏价值增量的恶意"搭便车"的不正当竞争。

《反不正当竞争法》第2条通常被认为是一般条款，是对不正当竞争行为的"大兜底"条款。对于新型互联网不正当竞争行为，并不是所有行为都能被"互联网专条"所规范，此时可以适用"一般条款"来维护市场公平竞争，但同时应当注意严格把握适用条件，以避免滥用"一般条款"而阻碍市场自由竞争。使用"一般条款"时，应尤为重视对"商业道德"的判断标准，对其定义则存在不同观点，有观点认为对商业道德的解释不能脱离一般道德的范畴，而

另有观点认为商业道德应该被视为特定行业的商业准则。根据目前法院的判决来看,实践中更倾向于后者的观点。

规制网络新型不正当竞争行为的挑战,应审慎适用第2条"一般条款"的规制功能。若《反不正当竞争法》对某种竞争行为未作出特别规定,需要仔细审视案件,严格遵循概念和逻辑,考虑其他经营者的合法权益确因该竞争行为而受到了实际损害,其对商业运营实际上造成不良影响。对于法律没有明确规定的互联网竞争行为,还应妥善处理好技术创新与维护竞争秩序,保护经营者利益与改善消费者福利的关系,综合运用道德评价、效能竞争、比例原则、竞争效果评估等方法进行判断,避免将道德评价作为正当性的唯一标准。

从理论上明确网络新型不正当竞争行为,既是对Web3.0下元宇宙可能产生的远景做提前的宣教,有助于更好地帮助实践部门精准识别不正当竞争行为,也将有助于立法、司法更好地应高速迭代发展的数字新业态、新技术、新模式。[①]

---

① 原文首发于《第一财经日报》2023年10月25日第A11版,收录时有调整。

规范主播营销行为　促进直播带货健康发展

直播带货等带来了新经济繁荣，造就了一众新兴国货品牌，也成就了一批头部主播。根据商务部网站显示，2023年上半年，我国网络零售市场规模总体呈稳步增长态势。根据国家统计局数据表明，2023年上半年全国网上零售额7.16万亿元，同比增长13.1%。其中，实物商品网上零售额6.06万亿元，同比增长10.8%，占社会消费品零售总额的比重为26.6%。其中，重点监测电商平台累计直播销售额1.27万亿元，累计直播场次数超1.1亿场，直播商品数超7000万个，活跃主播数超270万人。[1]

直播带货的兴起依托互联网技术的成熟，在软件、硬件技术水平不断发展的情况下，指尖购物逐渐成为消费者购物的新选择。一方面，作为带货主播等销售方来说，由于互联网的特性使其销售成本远低于线下销售成本，也打破了时间、空间限制，使直播带货能够面向全国各地消费者，进而获取可观的销量；另一方面，消费者可以在多平台进行比价后，选择价格最低、质量及服务更有保障的产品，使自己获得实实在在的实惠。主播凭借亲身试用、真心甄选的直播方式逐渐成为价格、品质、服务的代名词，周而复始，逐渐

---

[1] 《商务部电子商务司负责人介绍2023年上半年网络零售市场发展情况》，载商务部网，http://ca.mofcom.gov.cn/article/xwfb/202308/20230803425292.shtml，最后访问时间：2024年6月20日。

积累了百万、千万计的粉丝观众，最终使带货主播与消费者实现双赢。

然而，带货主播频繁翻车，引发了人们对直播带货背后合规风险的再次思考。虽然，之前曾就直播带货主播的偷逃税、带货商品的质量安全、推荐宣传是否属于互联网广告、流量刷单是否存在造假等问题展开过激烈讨论，也由行业协会、监管机构先后发布了相关指引和规范，但是由于直播活动的复杂性、涉及场景的广泛性以及主播个人行为的不可预测性，致使直播过程中主播行为的合规建设一直在路上。基于此，从市场交易秩序、消费者权益维护两个层面分析带货主播可能为市场带来的潜在风险及主播应承担的责任。

一、市场交易秩序扭曲风险

带货主播与传统明星代言并不相同，传统明星代言往往只是凭借个人形象等间接因素让消费者选择该商品，对于产品的设计、销售以及售后问题基本没有直接关系。而带货主播则是通过分享个人体验，与消费者实时互动，并且凭借厂家或上级经销商许诺极具竞争的价格获取销量，消费者一般情况下也是通过带货主播提供的链接等渠道进行商品购买，有时带货主播所拿到的佣金与产品销量有着直接关系，所以带货主播与所带商品之间的关系更加密切，其与商品的生产者之间的利益捆绑也更加紧密。

特别是当带货主播拥有了一定粉丝群体后，带货主播便具有很强的"议价"能力，在销售价格上能比一般消费者有着更大的话语权，能够在品质、服务更有保证的情况下，为消费者提供更低的价格，"把价格打下来"等宣传口号得以实现。

虽然直播为消费者带来了实惠，也让产品经营者获得更多利润，带货主播也从中获取收益，实现"三赢"局面。但不可否认，部分带货主播也在不正当利用其流量影响力，操控其"议价能力"演化为"控价能力"，而这则又会产生扭曲市场正常交易秩序，破坏市场公平定价机制，损害经营者和消费者正当权益的风险。尤其是在众多新锐品牌在头部带货直播的宣传加持下，一跃成为国货代表早已屡见不鲜，甚至能够与众多国际知名品牌分庭抗礼，新锐品牌的华丽蜕变与带货主播的极力宣传推荐有着直接关系。

新锐品牌想在短时间内与众多百年品牌以及国际知名品牌同台竞技绝非朝夕之事，不仅要在质量、品控、产品特色等方面下苦功夫，有力的宣传也极其关键。在此种情况下，带货主播便显得尤为重要，头部带货主播对部分商品贡献的成交额有时甚至能达到总成交额的60%。曾有部分品牌试图脱离头部主播带货，但是脱离后的销量下滑明显，最终无疾而终。

在头部主播的话语权极大增强的同时，其所能主导的不仅是价格，甚至连商品的产量以及如何对商品进行升级改造都可以参与其中，也基于此，觊觎已久的部分国内外知名品牌为谋取更多销量，也宁愿放低身段选择与头部主播进行合作。在此种情况下，对于掌握众多用户资源的主播来讲，"议价能力"也就变为"控价能力"。

也有不少消费者通过进行比价后发现，有些带货主播带货的商品价格逐年上涨，甚至超过同类国际知名品牌。带货主播与消费者的距离越来越远，反倒与商品厂家的距离越来越近，在此种情况下，极易出现商家与带货主播达成协议，商家为迎合带货主播所谓的"最低价"提高自身其他销售平台售价的行为，并且有可能使正常销售行为最终逐渐演变成妨碍市场正常竞争秩序的行为。因此，消费者更加担心带货主播与商品厂家以此种方式限制商品价格，最终使得不正当行为得以达成。如今直播带货的产值规模已经相当巨大，此种主播与经营者间可能存在的共谋行为实则是垄断行为的一种，不仅不会给消费者带来实惠，反而会影响正常的市场竞争秩序。

二、侵害消费者权益风险

除具有议价控价能力的带货主播侵害消费者权益、损害市场正常竞争秩序外，部分中小带货主播由于不具备"控价"甚至"议价"能力，通常会采用包括虚构商品原价，营造虚假优惠折扣假象，诱导消费者下单购买，抑或采用在直播平台和电商平台分别标注价格悬殊的售价，以巨大的价差吸引消费者购买。通过虚假宣传、价格欺诈等手段吸引消费者下单，最终没有让消费者得到实惠反而损害了消费者的合法权益。

此外，直播带货中的产品质量、发货问题、退换货品、诱导场外交易以及退货退款难等问题同样困扰着诸多消费者。当然，这一系列的问题产生原因也是多方面的。譬如，就平台经营者而言，有的平台对带货主播的相应资质有效的审核管理机制，还有的平台甚至纵容主播不良带货行为，尤其是部分短视频平台，不仅对平台内商家的资质审核不严格，甚至对带货主播销售禁售物品等违法违规行为也未予制止，未尽到平台经营者义务。就带货主播而言，其对带货商品本就应当如实进行宣传，并且作为直接面对消费者的带货主播，更应当对消费者的信赖负责。

虽然，带货主播在不同带货形式中有着不同的法律地位、不同的法律关系及不同的责任后果，但是在众多法律关系中，消费者权益保障始终是带货主播的首要责任。带货主播不仅要让消费者能够获得货真价实的实惠，也应当承担起作为商品经营者、广告经营者以及广告代言人等多重身份所带来的责任。

三、带货主播应承担相应责任

一般来说，主播进行"直播带货"有两种不同的形式：一种是为其他商家带货，以收取佣金等方式进行收益；另一种则是在直播中销售自己所经营的商品。目前，带货主播多采用第一种方法，通过挂链接、跳转平台等方式进行销售。技术发展所带来的新业态、新模式为传统的法律规制带来了挑战，我国立法部门在面对新型的销售模式、手段等情况，也在积极制定完善更加适宜的法律法规，尤其是近年来出台的多部法律法规更是填补先前法律的漏洞，完善了带货主播等主体的责任义务，进一步保障了消费者的权益。

根据2021年国家市场监督管理总局等七部门颁布的《网络直播营销管理办法（试行）》第11条第1款规定"直播营销平台提供付费导流等服务，对网络直播营销进行宣传、推广，构成商业广告的，应当履行广告发布者或者广告经营者的责任和义务"。虽然该条款规定并不明确，但是能够看出相关部门已经开始关注此类直播带货行为。

随后，国家市场监督管理总局于2023年2月修订发布的《互联网广告管理办法》第2条第1款规定："在中华人民共和国境内，利用网站、网页、互联网应用程序等互联网媒介，以文字、图片、音频、视频或者其他形式，直接或者间接地推销商品或者服务的商业广告活动，适用广告法和本办法的规定。"此规定一出，对于直播带货是否构成广告等争议予以了明确的回应，明晰了包括明星、网红在内的带货主播进行的销售行为属于广告代言行为，从法律层面规定了带货主播作为广告代言人等身份所应当承担的责任与义务。

监管和处罚力度也在逐渐加大，尤其是加强平台监管。近年来，国家高度重视直播带货新型业态发展，先后出台一系列法律、行政规章和政策文件，目前已经形成了包括《电子商务法》《网络交易监督管理办法》《网络直播营销管理办法（试行）》等一系列法律法规在内相对完整的监管体系。而直播带货业态是动态演变的，有些主播和平台也在通过钻法律空子的方式寻求新的商机。这就需要相关部门不断完善监管制度，尤其是对直播带货平台加大监管力度，对于侵害消费者权益的行为加大惩戒力度，使带货主播能够在享受消费者所带来的红利过程中真正承担起作为经营者、广告代言人等身份所应承担的义务。

总的来说，直播行业的兴起给消费者、购物平台、带货主播等群体均带来切实的利益。头部主播更是凭借着消费者带来的丰厚资源，将实现百亿计销售额度变成常态，所以更应承担其法律法规规定的相应责任义务，对消费者负责。为此，潜藏在直播行业背后的经营合规风险同样值得相关监管执法部门重视，为消费者权益不受侵害多一份保障。①

---

① 原文首发于《第一财经日报》2023年9月28日第A11版，收录时有调整。

规制网络虚假宣传行为
反不正当竞争法须有更大作为

2023年10月,国家市场监督管理总局公布了9起网络不正当竞争典型案例,其中有6起案件均违反了《反不正当竞争法》有关虚假宣传的规定,涉及刷单炒信、虚假交易、口碑营销等行为,[①]这些案件也再次引发了公众对整治网络虚假宣传的讨论。

一、网络虚假宣传的特点与类型

网络虚假宣传是指经营者利用技术手段或者其他方式,以对产品的性能、功能、质量、销量、用户评价等进行虚假或者引人误解的商业宣传手段,实现欺骗、误导消费者购买的目标。相比于传统的虚假宣传行为,网络虚假宣传通过技术手段能够定向推送宣传广告,虚构好评、造假流量、刷单炒信、伪造效果,更加具有针对性和隐蔽性。同时,由于互联网不受地域、时间、空间限制,再加上"流量"与"注意力"的助力,使得网络虚假宣传行为的传播广度与深度有所提升,虚假宣传的受众大幅增长。

具体而言,网络虚假宣传具有影响范围广泛、手段多样化、参

---

① 《市场监管总局公布9起网络不正当竞争典型案例》,载国家市场监督管理总局网,https://www.samr.gov.cn/jjj/sjdt/gzdt/art/2023/art_885915ef69c94901bd4ce6b44d9029bc.html,最后访问时间:2024年6月20日。

与主体多元化的特点。首先，由于网络传播范围广泛，具有明显的跨区域性，网络虚假宣传可以在短时间内影响大量来自不同区域的消费者和经营者，更易造成较大经济损失和社会危害；其次，网络技术和工具更具有隐蔽性、技术性和专业性，使得相关实施手段的证据难以固定；最后，网络虚假宣传涉及的主体除经营者外，还可能涉及第三方平台、刷单团队、水军等多种角色，这些主体之间的关系可能是合作、委托、雇佣等多种形式，使得网络虚假宣传的相关责任主体难以确定。

从这些典型案例中也不难发现，当前网络虚假宣传行为可以分为两大类型：第一类是对产品本身进行虚假宣传；第二类是对产品虚构评价，通过隐蔽的方式夸大产品的优势和价值，从而诱导消费。譬如，刷单炒信、虚假交易等经营者通过组织不实交易，提高自己或者他人的商品销量、信誉度、排名等，或者降低竞争对手的商品销量、信誉度、排名等方式，以达到欺骗误导消费者的目的。这类网络虚假宣传行为基于其更强的技术性和隐蔽性规制起来更有难度。

特别是在查处该类网络虚假宣传行为的过程中对相关电子证据的固定和获取存在难度，一方面是行为人较为容易调整甚或隐藏相关交易数据、点赞数量等；另一方面作为被侵害人在向平台申请电子证据保全、复制等方面也存在困难，相关程序复杂，时间成本较高。

除面临相关证据挑战外，还存在对交易量、信誉度、排名等如何认定构成"虚假"的识别标准不明确的困难。譬如，就"交易量"数据而言，以什么时间节点或行为阶段，或者两者结合为标准来认定交易量就需要进一步明确。具体讲，交易后迅速撤单，在一定时间内这一笔交易仍然计算在内，这种算不算虚假，或者交易后尚未支付，但是已经计算在交易笔数内，而后未实际支付，就在这个时间节点上算不算虚假等，这些问题都需要在实践中和立法完善中进一步澄清。

当前，网络时空已成为人民生活消费的基本场景，网络市场及其各类网络交易为不断满足"人民日益增长的对美好生活需要"提供了必要保障，然而部分商家为追求自身利益的最大化，千方百计利用人民群众对网络技术的不了解，抓住网络交易方便及时，价格相对便宜的特点，采用虚假宣传这一不法手段欺骗和误导消费者，严重损害了消费者和其他经营者的合法权益，扰乱了市场价格，破坏了公平竞争的市场秩序，更影响了数字经济健康发展。

二、网络虚假宣传行为的监管难点与举措

为有效规制网络虚假宣传行为，严厉打击网络虚假宣传等不正当竞争行为。在立法层面，我国目前对虚假宣传行为的规制以《反不正当竞争法》对虚假宣传行为的规定为基础，以《广告法》对虚假广告行为进行规定，以《电子商务法》要求电子商务经营者应当全面、真实、准确、及时地披露商品或者服务信息，《消费者权益保护法》则规定了消费者因商家虚假宣传销售的商品或服务遭受财产、人身等权益的侵害时的救济方法。

在执法层面，2023年以来，我国各级市场监管部门开展"铁拳"行动，严厉打击"刷单炒信"、虚构交易等虚假宣传违法行为。国家市场监督管理总局自2023年6月起至12月止，开展经营主体严重违

法失信行为专项治理行动,聚焦内容则包括虚假宣传、虚假违法广告等。近年来,我国各级市场监管部门持续在全国范围内开展重点领域反不正当竞争执法整治,持续加强对网络虚假宣传的监督管理和打击整治。

(一)监管难点

当前,治理网络虚假宣传不正当竞争行为还存在一些困难。一方面,由于网络信息内容的多样性、复杂性和变化性,一些不法分子利用技术手段和隐蔽方式进行虚假宣传,难以及时发现和有效阻止。另一方面,由于消费者的法律意识和维权能力有限,一些虚假宣传的受害者往往无法获取有效证据或无力追究责任主体的法律责任,导致虚假宣传的成本较低,难以形成有效的威慑。

(二)监管举措

现实中各种网络技术及产业与人民生活紧密结合,网络空间已成为人民生活消费的基本场景,网络市场及其各类网络交易已成为不断满足"人民日益增长的对美好生活需要"的必需品,为此,更要充分保障消费者的知情权、选择权,促进网络交易公平有序开展,这无疑是推动数字经济高质量发展的内在要求。面对网络交易中各种虚假宣传,需要围绕其涉及多主体、多场景和具有隐蔽性等新特点,多措并举开展规范治理。

1. 立法层面

在立法层面,加强相关制度建设,这是治理网络虚假宣传不正当竞争的基础和前提。目前,我国现行相关法律规范对于治理网络虚假宣传方面，还存在标准不明确、适用不全面等问题。须进一步明确网络直播虚假宣传行为的概念与类型，在对《反不正当竞争法》修订的同时，加快相关司法解释的出台，进一步明确虚假宣传行为的具体责任划分与承担。2021年8月，国家市场监督管理总局发布了《禁止网络不正当竞争行为规定（公开征求意见稿）》，其中第8条与第9条专门针对网络虚假宣传的不正当竞争行为进行了专项规定，相关规定加速出台，有助于明确网络虚假宣传的定义、分类、认定、处罚等内容，提高法律适用性与明确性，为监管部门和消费者提供有力的法律依据和保障。

正值《反不正当竞争法》新一轮修订之际，在《中华人民共和国反不正当竞争法（修订草案征求意见稿）》中增加了对于平台经营者的要求，在此次发布的典型案例中也可以看出虚假宣传行为存在于一些平台，故具有网络直播功能的平台还应加强对入驻直播的商家资质的登记、审核，建立商家、主播信用管理体系和奖励与惩罚机制，强化商家、主播的合规守信意识。

2. 法律适用层面

在法律适用层面，加强多部门协同治理和社会共治，这是治理网络虚假宣传的关键和核心。首先，需要加大监管部门的执法力度，保障对虚假宣传行为的处罚力度与部分电商经营者获取的高利润相当。其次，需要深化跨部门、跨区域、跨行业的协同合作机制，网络虚假宣传涉及多领域、多主体、多层面，单独依靠市场监管部门进行事后规制，难以实现长效监管。因此，需要建立针对网络虚假宣传的联合监管机制，健全信息共享、资源整合、执法协同、案件移送等功能，避免对网络虚假宣传行为存在监管空白，进一步提升监管的专业性和专门性。深化市场监管部门、网信部门、公安部门、审判机关、检察机关等跨部门协同，针对网络虚假宣传涉及的灰黑产业进行打击，形成监管合力，同时，在此过程中，还须做好行政执法与司法审裁之间的衔接，特别在府院联动的大背景下推动行民对接，做好网络交易监管与司法裁判之间的信息联通与结果互认，打造全过程、多层次、立体化的网络交易治理模式。

3. 社会公众层面

在社会公众层面，加强消费者权益保护和网络经营者的教育引导，这是治理网络虚假宣传的目标和重点。加强社会舆论监督和道德教育，引导网络经营者遵循自愿、平等、公平、诚信原则，公平参与市场竞争，认真履行法定义务，积极承担责任，有效遏制和惩治网络虚假宣传等不正当竞争行为，使市场上经营者能够依靠自身的产品质量、服务水平、技术创新等因素进行竞争，从而提高市场效率和消费者福利。同时，加强消费者权益保护和教育引导，使消费者能够获取真实可靠的信息，推动消费者理性消费，提高消费者的网络素养和自我保护意识，避免购买到不符合自身需求或质量低劣甚至有害健康的产品，鼓励消费者积极投诉举报，依法维护自身合法权益。

此外，还需要加强治理的技术支撑和创新应用，这是治理网络虚假宣传的手段和保障，实现"科技监管"与"监管科技"的有效互动。由于网络虚假宣传具有隐蔽性、技术性和专业性，传统的监管手段难以有效地发现和处置。因此，需要利用人工智能、大数据等先进技术，建设网络虚假宣传的智能监测、快速处置、追溯溯源、证据固定等系统，不断提升监管效率和治理效果。在此基础上，联动监管执法部门和司法机关一道，逐步构建多元主体共同参与的共建共治共享的网络交易规范健康发展环境。[①]

[①] 原文首发于《第一财经日报》2023年11月16日第A11版，收录时有调整。

关注灵活就业平台细分市场
促进维修服务平台健康展业

随着互联网和数字科技不断向日常生活领域渗透，消费者对便捷化、专业化、个性化的上门维修服务需求强烈，由此催生出多家具有广泛用户数量的上门维修服务平台这类新型灵活就业服务平台。相关平台通过深度融合线上线下渠道极大提升了消费者与维修师傅间的信息撮合效率，为消费者提供便利服务同时，也为家庭维修等灵活用工场景提供了海量就业机会。但同时服务价格不透明、维修质量差异大、用户隐私难以得到有效保护、维修人员劳动者权益难以得到保障、中间平台不作为等问题日益凸显。上门维修服务平台发展面临着机遇和挑战，需要相关平台和监管部门形成合力，规范相关市场秩序，有效保障消费者和维修师傅权益，促进相关平台和行业规范健康发展。

一、维修服务平台面临的风险

目前，上门维修服务相关的典型主体包括具有新个体特征的维修师傅、各类家居服务用工企业、中间服务平台、平台用户等。相较传统用工模式，该模式下的主体类型较多、服务标准不一、权益关系复杂、规制依据模糊。在现行法律体系下，新个体维修师傅、中间服务平台两类主体的权责分配问题最为突出。

（一）上门维修人员在劳动权益保障与经营义务履行上难以平衡

上门维修人员属于灵活用工，主体性质与相关代表性场景中的网络主播、外卖配送员等相同，可通过集中办理个体工商户营业执照，成为"收益自决、风险自担"的市场主体，进而享受小微纳税人优惠政策，有效提升劳务报酬收入。但同时，因新个体同中间服务平台为市场化的"合作关系"，而非传统劳动法下的"劳动关系"或"劳务关系"。

一方面由于平台企业规避与新个体之间形成"劳动关系"或"劳务关系"，另一方面由于灵活就业人员自身的不足等因素，导致了上门维修人员在劳动权益保障与经营义务履行上难以平衡。为了解决这一问题，需要国家出台相关法律法规和政策措施，加强对新个体的监管、扶持、引导，保障灵活就业人员的合法权益，促进灵活就业服务平台的健康发展。

（二）相关服务平台在降本增效与承担责任之间存在冲突

2023年7月，商务部等13部门联合印发《关于促进家居消费若干措施的通知》，鼓励相关企业打造线上家居服务平台，促进包括上门维修服务在内的新业态、新模式规范健康发展。当前相关平台以自营、直营或众包模式初步实现了上门维修服务市场的线上线下融合，成为"互联网＋家居服务"的重要一环。

然而，受当前互联网行业整体降本增效大趋势影响，上述中间平台的获客成本大幅攀升、盈利能力不断下降迫使其收缩业务布局、优化人员结构，同时往往会采取一些措施，如规避用工责任、转移风险责任、压缩服务质量等，从而减少自身的成本和风险。这导致平台用户感到较为明显的"服务降级"，加剧了对平台的不满情绪。

此外，《互联网平台落实主体责任指南》等重要政策规范未正式出台，在一定程度上使得具有新个体特征的维修师傅无论是作为平台内经营者抑或平台灵活就业人员，均缺少明确的法律依据来引导平台承担相应主体责任，急需更加系统、多元的制度设计进行回应与厘清。

（三）消费者用户的权利易受侵犯

由于上门维修往往涉及专业知识，消费者用户并不清楚维修的原理与流程。尽管上门维修提高了服务的透明度，但是，依然易发生维修员工夸大维修对象的问题严重性、过度维修，索取高价服务费，从中牟利的现象，对用户作为消费者的财产权造成侵犯。此外，还存在维修师傅为了节约成本，可能利用廉价的配件替换高价的配件，可能会引起维修对象的质量问题，严重者甚至影响到消费者的人身安全。

现实中电脑、手机等是上门维修的重要对象。随着社会数字化程度的不断提高，维修员工在上门服务时，会接触到用户的电脑、手机中的文件、视频、个人照片、浏览器历史记录，乃至密码等重要的个人信息与数据。尽管平台可通过隐私保护协议等手段保护用户隐私，但维修员工接触到这些数据不可避免，隐私保护协议很难对员工有实际的约束力。

尤其在众包模式下，中间服务平台难以有效制约新个体的违规经营行为，导致平台用户对其价格体系不透明、售后保障效果差、平台管理不作为等弊端反映强烈。

二、规范灵活就业细分市场，促进维修服务平台健康展业

规范上门维修服务平台涉及多方利益、多方责任，应立足上门维修服务平台模式下维修人员的法律属性，秉持"分级分策"治理思路，鼓励多主体共同参与灵活就业细分市场规范运营，促进维修服务平台健康展业。

（一）细化考量因素明确上门维修人员主体定位

对于维修员工与平台间是否构成劳动关系，可通过考察维修人员是否接受平台日常管理、是否接受劳动报酬、是否系平台主营业务范围等因素来确定劳动关系，秉持规范平台合法用工、依法保护劳动者合法权益的基本原则加以甄别和认定。

在认定平台具有"劳动管理"事实时，内容上应考量工作期间是否存在具体服务质量要求、用户评价机制、基于大数据算法的平台自动化管理等量化因素。对于构成劳动关系的维修员工，应依法保护其作为劳动者应享有的权利，与用户发生纠纷时，由作为用工单位的平台承担相应责任。而对于不构成劳动关系的维修员工，则应视为与平台平等的市场主体，开展的服务活动原则上应按照"各负盈亏、风险自担"划分权益责任。

（二）依托平台完善上门维修人员权责体系

平台要加强对维修师傅的管理和服务，规范其用工行为，保障

其合法权益，主动引导新个体维修师傅提升职业自觉和法治素养。一方面，要加强对维修师傅的资质审核、培训、考核、监督等工作，提高维修师傅的专业技能和服务水平，提高维修质量和安全性，保障消费者的合法权益。另一方面，平台企业要保证维修师傅取得合理的劳动报酬，建立劳动争议调解机制，维护维修师傅的劳动权益。

鉴于上门维修服务领域中大部分师傅专业技能过硬但法律知识匮乏，从业者过度关注实际收入忽视责任义务的客观情况，平台作为中间组织者和信息撮合者，应从权利义务对等角度，强化新个体规范诚信经营意识，重点围绕服务标准前后一致、收费价格透明据实、售后承诺真实可信等市场主体合规经营的基本义务入手，借助就业岗前培训进一步帮助新个体明确自身法律定位、可能承担的法律风险。具体可通过平台 App 为上门维修师傅群体定期发布上门维修纠纷案例视频资料，不定期推送供岗前学习的"法律学堂"或"知识考试"，完善服务评价绩效机制和上门过程数字记录设施等。

（三）夯实促进平台规范健康发展的依据基础

国家监管层面尽快出台《互联网平台落实主体责任指南》，厘清维修师傅与中间服务平台间的权利义务边界，细化平台内经营者及平台灵活就业人员违规行为与惩戒措施，明确平台责任类型及必要限度。同时，行业主管部门尽快制定完善上门维修服务相关法律规范，明确上门维修服务平台的准入条件、资质要求、服务规范、信息披露、信用管理、纠纷处理等方面的内容，为行业的规范发展提供法律依据。

地方属地监管层面可因地制宜设置引导本地"互联网+家居服

务"行业市场合规经营的专项政策，激励上门维修服务平台及其分支机构落实平台主体责任；研究制定地方条例或地方规范性文件，对市场经营行为与劳动劳务行为予以区分并加强服务平台协助义务；由主管部门牵头建立联动协调机制，充分发挥有关监管部门、家居服务平台行业协会、新个体师傅工会、平台用户代表等多元主体共建共治积极性，拓宽促进上门维修服务平台规范健康发展的意见反馈渠道。

总体来讲，当前维修服务平台正经历高速发展阶段，有着充沛的市场需求度，然而在发展中仍面临着灵活就业人员权责难平衡、治理依据不充分的现实困难。建议在保障从业者、消费者合法权益的前提基础上，以良法促善治，运用好"法律+政策"多元制度工具，实现灵活就业领域上门维修师傅的权责统一，补足该行业合规依据，明晰多方主体权利义务关系，保障其在法治轨道上规范健康发展。[1]

---

[1] 原文首发于《第一财经日报》2023年12月5日第A11版，收录时有调整。

平台算法规制的多维思考：
从个案侵权裁判到算法综合治理

自2021年来，长视频与短视频平台之争引发了社会的广泛关注。其中，短视频平台上有不少用户上传影视剧的分集剪辑，形成带评论或者只是简单拼接的合集，吸引了大批流量粉丝。影视剧属于我国《著作权法》中的视听作品，根据《著作权法》第17条规定：视听作品中的电影作品、电视剧作品的著作权由制作者享有。基于尊重信息、文化传播特点和社会文化利益，具有独创性的演绎作品在我国是被允许甚至是被鼓励的，但是这些合集视频如果没有经过独创性的制作、剪辑或加工评论，只是照搬照抄、野蛮删减、拼凑影视剧作品，则可能构成对影视制作者作品的信息网络传播权的侵权。

这种不具有独创性的合集貌似可以方便网友在短时间内"追剧"，但长此以往，该种合集由于免费性，市场竞争力远远大于正版作品的吸引力，因而以极小的成本攫取了影视制作者本应获得的利益，影视制作者在作品中投入的时间、资金、研发、创作等成本不能被收益所覆盖，如此就会损害创作者的积极性，进而重创整个影视市场的文化活力。

此外，短视频平台借助该类侵权视频吸引了大量流量，纵使短视频平台没有故意促进该类视频的推广，但以争夺流量红利为底层逻辑的算法运用，仍然会自动给予该类视频推荐的地位，这无疑造成了侵权损失的扩大。此前,短视频平台可以以技术不能作为抗辩,主张避风港原则,但随着数字经济发展和数字技术能力的提高,究竟是"不能"还是"不愿"成为评价的关键,为此,应刺破"技术中立"的面纱,打破"避风港原则",让其承担与之不当甚或违法行为相应的法律责任已成为当前社会各界的共识。

一、趋态:短视频算法推荐侵权案件胜诉率、赔偿额提高

实践中,司法裁判对该类案件的判决已具有一定量的先例。可以看到,随着数字经济的不断发展、知识产权保护意识和保护力度的逐渐提高,短视频算法推荐侵权胜诉率与赔偿额都呈上升趋势。据统计,长视频在"侵害作品信息网络传播权"的案件中,胜诉率为51.8%,且判赔超过百万元的案件几乎全部集中在近5年。[①]由此可见,司法裁判的观点和态度也在进行着一个转变的过程,其主要目的在于调和保护著作权与促进数字经济发展之间的利益平衡。

二、焦点:数字经济下平台算法侵权裁判规则亟待更新

在判决平台算法侵权的案件中,法院实际上在仔细考量后放弃了适用《民法典》第1195条和第1196条所规定的"避风港原则",而是依据第1197条适用"红旗原则"作出了最终判决。

所谓避风港原则,根据《民法典》第1195条、第1196条和《最高人民法院关于审理侵害信息网络传播权民事纠纷案件适用法律若

---

① 李宇:《从司法大数据着手,谈短视频著作权侵权赔偿责任》,载微信公众号"知产力",2022年11月21日发布,https://mp.weixin.qq.com/s/uVot6Nobpzk78CAlb1GDag,最后访问时间:2024年6月20日。

干问题的规定》的规定，就是指网络服务提供者只有在接到被侵权人通知的情况下，未及时采取删除、屏蔽、断开链接等必要措施的，法院才应当认定其构成帮助侵权行为。简单来说即"你通知我删，我就删；没人说，我就当不知道"。其制定的底层逻辑实际上是在弱人工智能和弱数字化时代中对"技术不能"抗辩的支持，然而进入强数字经济时代，尤其是具有高端技术的头部短视频平台，很难认为其仍然需要高举"技术不能"的避风港原则大旗保护自身。

同时，在算法推荐的加持下，影视制作者即使想要通过避风港原则进行维权，至少也要面临两大困境：一是侵权视频数量庞大，仅靠制作商进行"投诉—下架"的维权无异于精卫填海，且该种视频往往会经过伪装，通过算法瀑布流的方式进行推送而轻易被观看，对于刻意寻找的维权方来说反而如大海捞针；二是即使投诉后下架删除，及时性也值得质疑，影视作品属于快消类的一次性产品，被观看后则价值消耗殆尽，而维权的速度永远也无法追赶侵权的速度。因此如果允许短视频平台躲在避风港原则之后，权利人就很难通过诉讼维权得到损失的弥补。

红旗原则则是指如果侵犯信息网络传播权的事实是显而易见的，就像是红旗一样飘扬，网络服务商就不能装作看不见，或以不知道侵权的理由来推脱责任，如果在这样的情况下，不进行删除、屏蔽、断开链接等必要措施的话，尽管权利人没有发出过通知，也应该认定网络服务商知道第三方侵权。红旗原则实际上是对《民法典》第1197条"网络服务提供者知道或者应当知道网络用户利用其网络服务侵害他人民事权益，未采取必要措施的，与该网络用户承担连带责任"中,"应当知道"的认定原则。其扩大了侵权主体的认定范围,同时也对证据的证明力度提高了证明要求。如果证据的证明力度足够,由此能够认定知道程度足够,就应当认为属于"红旗原则"的适用范围。

红旗原则优位于避风港原则,这其实是在数字经济时代算法推荐技术逐渐发展的情况下,对短视频平台课以注意义务的扩大。这种义务范围的扩大并不是凭空而来,而是理论和实践发展的必然产物。其一,短视频平台以长影视作品为养料,获取用户流量、攫取流量红利,就应当负有与利益相匹配的注意义务,因此该种注意义务的扩大实际上是权义相称的具体体现。其二,短视频平台以视听作品为主营业务,即使其不是作品的创作者,也是利益既得者,且其作为平台和管理者,尤其是头部短视频平台,理应对作品侵权与否具有审视和辨别的能力。事实上,早在2011年百度文库就已经可以开始运用反盗版识别系统,域外视频网站(Vimeo)也早就采用版权观察(Copyright Watch)系统,事前过滤用户内容。且目前大部分短视频平台都配有人工审核的程序,其对侵权危险领域的掌控力应当使其负担更高的注意义务。基于以上两点,在数字经济不断发展的背景下,扩大平台的注意义务具有一定的合理性。

赔偿额的逐步攀升也是一大趋势,其背后原理值得探究。其原因一方面在于,以往影视剧平台与短视频平台的"长短视频大战"虽然屡见不鲜,但是判赔金额往往不高,不仅上传侵权视频的单个用户很难受实际影响,短视频平台通常在形式上输了官司,却实质上赢了生意。获得胜诉的一方,往往是赢了官司,损了利益,维权成本远远高于违法成本,这极易导致劣币驱逐良币,形成全社会对知识产权维权的信心缺失，造成更大范围内公地悲剧的发生，久而久之，很难有人愿意为创新付出，社会发展和市场竞争逐渐陷入停滞与扭曲的状态，终究变成了老实人吃亏，创新者受损的不良社会经济运行环境。基于此，须对互联网平台经济领域的违法侵权行为课以与之适当的罚责，加大违法成本，提振创新者的法治信心。

另一方面正如以上所说，长短视频大战屡见不鲜，而屡见不鲜的原因很难说不在于过往的赔偿金额过少，难以有效监管短视频平台，促使其切实履行注意义务。此次天价的赔偿数额，除为了遏制该种侵权的发展趋势外，督促短视频平台履行管理者的责任，也是为下一步加强综合治理算法，构建利益平衡和纠纷解决机制，完善数字经济法治规范体系奠定基础。

进入数字经济时代，市场技术逐步由弱人工智能向强人工智能转变，市场经济也逐渐迈向技术决策，由此则会引发各类新型侵权行为和不正当竞争行为，短视频平台版权侵权只是其中的缩影。从"避风港原则"到"红旗原则"的逐步转变，赔偿额的逐步提高，不仅是法律对该种市场转变的一种回应，更是在技术激励下对法理的合理解释，克服法律的滞后性和僵硬性，通过利益再平衡重新分配注意义务，以最终实现新时代下的公平正义。

三、方向：多管齐下推进平台算法综合治理

然而，短视频侵权实际上只是数字经济时代下算法推荐技术所带来的法治挑战的缩影，不能仅着眼于事后司法裁判途径，更应从事前、事中的角度，全方位、多层次、全过程地加强监管。

实际上，在对包括短视频平台在内的各类平台的监管，不仅在

于司法裁判途径的观点转变，还在于各种途径一起发力，维护市场的有序竞争，防止新型侵权行为和不正当竞争行为的继续发生。2022年3月1日《互联网信息服务算法推荐管理规定》正式施行，标志着对不同类型算法推荐治理的系统化、精准化和细致化，确立了算法备案、算法评估等制度，要求针对不同类别的算法予以不同的关注重点。对于短视频平台来说，治理侵权无疑是重中之重，特别是通过分类分级的治理方法将更加促进平台治理的精细化，对短视频平台企业的正常经营行为与可能涉嫌违法侵权行为的治理也将具有更加有针对性的精细化规制。

总体来讲，目前相关法律法规正在不断调试，推动平台治理活动精准化，加大保护知识产权力度的呼声日益强烈，对侵权行为的规制力度和裁判规则也不断走实走细。通过典型个案裁判规则的时代化形塑，促进重点领域、新兴行业的健康发展，实现互联网平台经济领域的公平竞争与创新发展，引导和规范平台企业尽到更大的注意义务与监管责任，是有依据的也是必要的。[①]

---

① 原文首发于《兰州学刊》2023年第3期，收录时有调整。

数/智/经/济/发/展/的/法/治/促/进

第四编

人工智能发展中
科技强国建设的经济法治保障

生成式人工智能发展进入常态化 规范创新是关键

一、人工智能聊天机器人热度呈渐退现象

人工智能聊天机器人是人工智能发展进入新高潮的标志，一经推出便受到了高度关注，而如今面对人工智能聊天机器人热度渐退的现象，应秉持客观理性的态度进行思考。一方面，人工智能聊天机器人热度渐退属于正常的市场现象，符合经济发展的普遍规律。在互联网浪潮中，每一个热点、每一波流量都具有周期性，所谓的人工智能聊天机器人从"风头无两"到"热度渐退"，其实更多是从巅峰状态回归到了常态。该款人工智能聊天机器人最初上线时，之所以访问量增幅大，访问用户增量多，是因为多数用户出于好奇心理对产品进行访问，加之媒体的宣传鼓吹，其在逻辑上就不具备可持续条件。

同时，由于人工智能聊天机器人技术还不够成熟、语境识别能力不够理想，出现学术鉴别能力不高等问题，国内一些人甚至利用人们的社交控制心理收割"智商税"，挣快钱的手法也层出不穷，包括付费买卖"使用次数"、花钱买卖各种"使用指令"、高价买卖等。人工智能聊天机器人的出现带来了很多新问题、新现象，但其往往不是技术层面的。一定程度上讲，这些问题正是爆火后所溢出的一些社会现象的反映，部分商家打着新商业模式的噱头却装着新

一轮电信诈骗的玩法，利用消费热点来牟利。也正因如此，人工智能聊天机器人经过高速增长之后，降温是必然现象。

另一方面，应站在全面的视角对人工智能聊天机器人热度渐退的现象进行审视，不应因人工智能聊天机器人的冷热变化而否定其技术的先进性与进步性，切勿因为看中短期流量而忽视人工智能的创新发展潜力。AI浪潮之所以如此澎湃，其背后的技术推动力是大数据、算力、移动互联网等多个并行领域的发展，这些并行领域的颠覆性突破能对AI技术起到至关重要的支撑推动作用。人工智能聊天机器人热度渐退是暂时的，人工智能的创新发展却是一个长周期过程，社会各界对此仍需要保持高度关注。

此外，相关国家和地区有关人工智能立法的加速推出，为以人工智能聊天机器人为代表的生成式人工智能技术和产品的开发和应用也设置了合理有效的规则约束，特别是要求生成式人工智能服务的提供者需要对其使用的训练数据的来源承担相应法定义务，避免侵权风险，这在客观上也致使人工智能聊天机器人产品的开发和使用受到影响。

二、国产大模型的崛起成为可能

Similarweb[①]在报告中表示，OpenAI开发的人工智能聊天机器人发布时在通用人工智能领域几乎处于垄断地位，但截至2023年8月，已经有9个规模与人工智能聊天机器人不相上下的聊天机器人应用。有观点指出，人工智能聊天机器人的降温还与其能力下降有关，生

---

① 一款网站分析工具。

成式人工智能访问量下滑，国产大模型的崛起或迎来可能。

当前，AI大模型时代还处于早期阶段，人工智能聊天机器人只是通用人工智能（AGI）发展的一种类型，还有待进一步发展，其潜在的技术垄断、资本扩张、数据滥用、算法歧视、隐私侵权等法律风险，可能对市场竞争、企业创新、消费者福利甚或国家安全产生负面影响，其实际表现仍远未达到人们的预期，这也为国产大模型提供了发展空间，指明了发展方向。

不可否认，人工智能聊天机器人的出现掀起了"国产大模型"的热潮。据统计，截至2023年8月，国内有11家大模型陆续通过《生成式人工智能服务管理暂行办法》备案，其中北京5家，上海3家率先上线，广东2家和安徽1家也陆续开放。模型参数规模的"量变"正在推动人工智能在功能和性能上的"质变"。国内最新上线的通用大模型更像是一个基础设施，在它之上可以孵化更多专业领域的垂直模型，为各行各业的数字化转型服务。例如，国内推出的"文心一言"，具有广阔的发展前景，其全面开放能够从使用侧帮助研发侧加快迭代优化。中国AI企业将生成式人工智能进一步向生产工具方向发展，成为人工智能与实体经济深度融合的突击力量，有助于日后让AI、大数据、云服务等先进生产力更好地为中国式现代化服务。

然而需要注意的是，相关产业还处在发展的初期阶段，其通用大模型的投入成本很高，还需要和具体的应用场景进行有效结合，不断创新进步。同时，也应清醒地意识到，对于大模型的研发、训练及上线，面临其中基础的语料库的生成、扩容及使用，要做好安全防范工作，特别是关涉意识形态方面的语言数据的选取训练，客观讲，现在全球大模型语料库中90%—92%是英文作为数据载体的，中文在语料库中的比例很低，这对于我国大模型的开发和使用有很大挑战，下一步数据跨境联通势在必行，那么在数据跨境传输过程中我国如何应对数据安全及所引发的总体国家安全，是在国内大模型开发中特别值得关注的。另外，也要避免一拥而上，造成概念炒作。

三、AGI时代的到来

在此前将近60年的时间里，人工智能技术和应用发展本身经历了三起三落的过程，其根本原因就在于，没有产生出能够真正改变世界的AI产品。公众需要的是一个能够和人类一样思考、交流，有情感，但是又在记忆、计算、推理等方面远超人类的智能。同时，人工智能还要保持忠诚，能够在法律规则和伦理道德的框架下有序运行。然而，经过多年发展，人工智能都一直在弱AI阶段徘徊。因此，人工智能聊天机器人的技术进步为公众带来了较大惊喜，但也存在诸多局限，迈向AGI时代仍然充满诸多挑战，特别是对算法和算力的控制与供给，以及与现行人类社会法律与伦理的融合。

聊天机器人只是AI的起点，智力远不止语言能力，生物智能的基本要素在于动物与世界进行感觉运动交互的能力。未来的AI应在听、说、读、写、思考、操纵物体、行动等若干方面，通过具身与环境进行多模态互动，助力机器智能超越文本单一模态局限，更好地帮助人类。

围绕人工智能聊天机器人技术可以帮助企业创新商业模式，在人工智能聊天机器人的支持下，企业能够通过深入分析客户行为和反馈，为每一位客户提供量身定制的产品和服务。企业还可以根据用户的反馈，逐步学习用户需求，提供更加个性化的服务，从而提高用户满意度。可以预见，在人工智能聊天机器人技术和产品的支撑下以用户为中心的深度交互的更加数智化的人工智能产品将会不断涌现，B端与C端的区分将不再那么明显。同时，人工智能聊天机器人的智能分析能力，可以为企业提供决策支持。

总而言之，随着算法技术和算力技术的不断进步，人工智能聊天机器人也会进一步走向更先进功能更强的版本，在越来越多的商业领域进行应用，更好地为人类的生产生活服务。[①]

[①] 原文首发于《中新经纬》2023年9月12日，收录时有调整。

依法规范科技创新　促进生成式人工智能健康发展

随着数字经济时代的到来，人工智能从传统的单一计算工具逐渐转换为对社会各个领域产生影响的生成式人工智能。OpenAI公司所推出的生成对抗网络-4版本（GPT-4.0）模型自发布至今积累了大量用户，其所展示的高度智能化体现了其巨大的发展潜力。2023年12月，谷歌（Google）推出的双子座（Gemini）大模型声称性能超过目前最先进的水平，成为OpenAI的强力竞争者。国内企业也都相继推出相应的人工智能产品，这些数据大模型的爆火体现出了生成式人工智能领域的高速发展态势。生成式人工智能技术如春笋般崛起，带动全世界各类行业蓬勃发展，如智能驾驶、智能医疗等方面，成为新一轮科技革命和产业变革的重要驱动力。生成式人工智能领域的发展也体现了应以科技创新引领产业变革。通过应用新的生成式人工智能技术，让传统产业进行数字化转型，加速数字化新模式形成，构建绿色可循环经济发展新模式，从而推动产业的持续发展和升级。

2023年12月8日，中共中央政治局召开会议分析研究2024年经济工作，指出要以科技创新引领现代化产业体系建设，提升产业链供应链韧性和安全水平，统筹高质量发展和高水平安全，持续有效防范化解重点领域风险。在当今处在数字经济的高速发展下，要以安全保障创新，通用人工智能发展要以安全为基座，以创新为动能，以产业为抓手,以法治为保障。形成以新安全格局保障新发展格局,持续推动经济实现质的有效提升和量的合理增长。

面对数字经济高速发展,我国因时就势大力推动数字经济赋能实体经济,支持人工智能技术创新开发和产业应用及发展,已经且未来将进一步带来巨大的经济和社会效益。习近平总书记在主持十九届中央政治局第九次集体学习时明确指出:"要加强人工智能发展的潜在风险研判和防范,维护人民利益和国家安全,确保人工智能安全、可靠、可控。"以科技创新促产业变革,以新安全格局保障新发展格局,保护知识产权就是保护创新。所以在加强人工智能领域发展时也要警惕其带来的风险。

一、数据安全风险

以科技创新引领产业变革,以新安全格局保障新发展格局,所以对于人工智能的数据安全方面要高度重视,保障安全才能保障创新。在生成式人工智能的训练过程中需要海量的数据,当用户在使用过程中授权其使用相关资料,人工智能便会爬取其大量数据信息,其中包含了大量敏感信息,如果没有建立数据安全保障措施,容易造成信息泄露风险,导致数据的滥用,违反相关法律法规和合规要求,同时降低人们对于人工智能的可信度,不利于其行业未来的健康发展。

二、知识产权风险

创新是引领发展的第一动力,在推动高质量发展的背景下,知识产权作为国家发展战略国际竞争核心要素的作用日益凸显。在使用者使用生成式人工智能生成作品时可能会造成与他人作品极为相似的情况。这种情况原因在于生成式人工智能的飞速发展需要大量的数据的投入，而这些数据的获取来源中会存在大量受知识产权保护的数据。如果生成式人工智能基于他人作品进行生成，便会产生与他人作品极为相似的产品，从而导致知识产权的风险。保护知识产权就是保护创新，因此对生成式人工智能的知识产权风险要予以高度重视，既要保护人工智能的创新态势，同时也要从法律层面保护受知识产权保护的作品。

三、权责划分风险

随着技术的发展和应用，出现了诸多的侵权事件。目前来看，人工智能本身还难以成为新的侵权责任主体。所以在侵权行为发生后，应该考虑侵权责任的承担者，通常是由人工智能的所有者负责，还是由人工智能的使用者负责？当涉及人工智能的具体行为时，控制程序的责任则变得模糊，生成式人工智能的决策过程缺乏透明度，人们对生成式人工智能的决策过程不能完全控制，因此，在确认责任主体，责任认定与承担时存在一定的问题。

四、社会伦理风险

生成式人工智能是一把双刃剑，能够推动数字经济进步的同时也会带来科技伦理风险。数据，算法和算力是驱动人工智能发展的三驾马车，生成式人工智能的发展迅猛在于大量的数据供给分析，当数据获取渠道出现局限性或者数据来源不全面时，生成式人工智能可能因为数据原因生成包含偏见和歧视性内容，这会影响到其公平性和客观性，引发社会伦理争议。出现这类风险的原因也在于生成式人工智能的决策过程缺乏透明度，使得人们难以理解模型的决策模式和过程，出现算法黑箱问题，从而导致人们认为生成式人工智能不公平，不可控，产生信任危机。这种信任危机也会极大影响人工智能领域的发展。

为了促进生成式人工智能健康发展的同时规范其应用，以科技创新引领产业变革，坚持发展和安全并重，依法依规防范风险，逐步建立健全相关法律法规和监管体系，国家互联网信息办公室联合国家发展改革委、教育部、科技部、工业和信息化部、公安部、广电总局七部门于2023年7月公布《生成式人工智能服务管理暂行办法》（简称《暂行办法》），其中提出"国家坚持发展和安全并重、促进创新和依法治理相结合的原则，采取有效措施鼓励生成式人工智能创新发展，对生成式人工智能服务实行包容审慎和分类分级监管"。《暂行办法》的出台之迅速也从侧面表明了我国对于生成式人工智能技术发展的积极态度和重视程度。

《暂行办法》的出台对我国生成式人工智能的发展意义重大，对推动生成式人工智能健康发展有着积极的影响。首先，《暂行办法》中完善了人工智能的事前审查制度，其规定"提供具有舆论属性或者社会动员能力的生成式人工智能服务的，应当按照国家有关规定开展安全评估，并按照《互联网信息服务算法推荐管理规定》履行算法备案和变更、注销备案手续"。事前审查制度可以预防风险，及时发现生成式人工智能产品所存在的问题，增加社会公众对其可信性。

其次，《暂行办法》规定："生成式人工智能服务提供者（以下称提供者）应当依法开展预训练、优化训练等训练数据处理活动，遵守以下规定：（一）使用具有合法来源的数据和基础模型；（二）涉及知识产权的，不得侵害他人依法享有的知识产权……"再次明确了保护知识产权就是保护创新。

再次，为了明确生成式人工智能的权责划分问题，《暂行办法》规定了责任承担制度的明晰与细化，《暂行办法》规定，"提供者应当依法承担网络信息内容生产者责任，履行网络信息安全义务。涉及个人信息的，依法承担个人信息处理者责任，履行个人信息保护义务"。即没有完成规定义务、采取必要措施防范风险的服务提供者才应当承担责任。同时，提供者难以知晓或控制多领域应用的用途，对于主观上不存在过错的服务提供者，应适用过错责任原则，不承担侵权责任。这初步确立了人工智能领域责任承担的基本规则，为后续规则的制定与实施提供了依据。

最后，《暂行办法》提到"鼓励采用安全可信的芯片、软件、工具、算力和数据资源"，其中安全可信的数据资源便是针对生成式人工智能的技术特点。由于训练数据的质量会直接影响生成式人工智能的生成内容质量，有违伦理等要素的数据就可被认为是具有安全风险的数据，该数据资源便不符合安全可信的要求。《暂行办法》的责任预防性价值取向之一正是确保安全，并非完全承袭既有的网络技术先发展再治理的理念，而是希望明确新兴领域发展的底线与红线，避免技术产生的不可控的风险深度嵌入社会结构，进而出现难以应对的局面。对人工智能领域数据安全方面进行高度重视，以安全为底线，稳中求进。

当前，新一轮科技革命和产业变革深入发展，辐射范围之广、影响程度之深前所未有。伴随着第四次科技革命的进程，生成式人工智能为数字经济带来了更广泛的发展机遇。生成式人工智能的飞速崛起，也向人们展现了其强大的发展潜能和社会前景。人工智能领域开辟出了目前以及未来的科技领域的竞争赛道。促进人工智能技术在我国的良性发展对目前的数字经济领域意义重大。人工智能技术能推动产业数字化转型，加速新模式形成。因此，建立可控、可靠、安全的生成式人工智能对于数字经济发展具有重要意义，以新安全格局保障新发展格局，通过科技创新引领产业变革，以生成式人工智能为基点，将科技成果转化落实到各个产业，引领产业进行数字化变革，适应数字经济新局面，构建数字经济发展新模式。[1]

---

[1] 原文首发于《第一财经日报》2023年12月14日第A11版，收录时有调整。

可信AIGC发展的治理基点

2023年7月,为促进生成式人工智能技术健康发展和规范应用,国家互联网信息办公室公布了《生成式人工智能服务管理暂行办法》(简称《暂行办法》)明确提出,提供生成式人工智能产品或服务应当遵守法律法规的要求,尊重社会公德、公序良俗,并明确了提供生成式人工智能服务的提供者需要承担的各项义务和责任。

目前,AIGC技术仍是一把"双刃剑",其作为高度智慧化的AI形态,带给人类社会的便捷与风险同在,而这些潜在的风险,将可能引发民众对AI技术应用的信任危机。AI技术应用在给人们带来便捷的同时,也存在泄露个人隐私的风险,并且可能成为"学术造假"、制造虚假信息和谣言的工具,引发人们对AIGC乃至整个AI产业的信任危机。而对AI的信任危机将可能严重阻碍其发展进程,不利于AI的进一步创新和发展。为此,有必要基于可能引发AIGC信任危机的问题所在,探索可信AIGC发展的治理基点。

一、AIGC引发信任危机的主要问题

在AI技术发展早期,人们对其产生的信任危机主要源于技术的不成熟,譬如自动驾驶技术仍存在发生事故的可能性,使用者的人身安全难以得到有效保障,由此会产生一种不信任,不愿意将自己的生命交由机器处理。随着AI技术发展进步,AI技术发展进入了一

个全新的阶段,人们发现AI技术具有无限的可能性,可以完成一些人们未曾想象过AI技术能够完成的任务,但这仍然可能引发人们对AI技术的不信任。而这种不信任,一方面是源于AI技术确实尚未发展成熟,另一方面则是源于AI技术生成的内容难辨真假,且在无形中会采集用户使用过程中提供的大量数据。以AIGC技术为例,可能引发以下问题。

(一)科技伦理问题

科技伦理是开展科学研究、技术开发等科技活动需要遵循的价值理念和行为规范,是促进科技事业健康发展的重要保障。由于AIGC技术发展使得AI应用扩展到了新闻、画图、写作等领域,然而,这些领域尚未建立技术使用的行为规范,易导致在技术使用过程中出现违反伦理道德的行为,从而引发人们对AIGC技术应用的不信任。

以人工智能聊天机器人为例,其可以帮助用户完成写新闻报道、写论文等多种任务,也由此成为有些人制造谣言和伪造论文的工具。全球学术期刊《自然》(Nature)杂志一周之内两次发布有关人工智能聊天机器人的分析文章,探讨诸如人工智能聊天机器人等大型语言模型(LLMs)给学术圈带来的潜在混乱,生成内容存在的潜在侵权,以及如何规范使用等问题。

在此背景下,若不明确对AI技术在各领域应用所需遵循的价值理念和行为规范,将可能使得学术规范问题、虚假信息和谣言传播等科技伦理问题引发人们对AI的不信任,甚至这种不信任可能会扩大到未使用AI技术的情形中,譬如对于一篇学术论文或者画作,人们都可能怀疑其是否又是AI创作出来的。如此一来,由此引发的信任危机将可能会对相关领域的整体发展皆产生不可预估的不良影响。

（二）侵权责任问题

目前，由于AIGC领域的相关法律、伦理道德规范尚未健全，AIGC技术的滥用也引发了诸多侵权事件发生，而且，由于AIGC技术的使用门槛较低，在一定程度上也提升了发生侵权事故的风险，以传播谣言为例，在当前追求流量的互联网环境下，可能会促使一些用户为博眼球制造虚假信息，增加虚假信息传播的频率。

随之而来的是AI侵权责任的承担问题，即遭到AIGC技术参与的侵权行为，应当由谁承担责任？是用户还是提供AIGC产品服务的运营商？而传统法律法规中的主体资格、责任追究等制度适用于AIGC应用场景面临困境，若不能有效且合理地认定各方的侵权责任，同样会引发人们对AIGC技术的不信任，因为责任追究机制的不明确可能会使得行为人与运营商之间相互推诿责任，从而导致被侵权人的损失难以得到及时的弥补。

（三）数据安全问题

AI技术的运行需要大量数据的支持，其所采用的数据量多达上万亿，主要使用的是公共爬虫数据集和有着超过万亿单词的人类语言数据集。根据OpenAI官网的《隐私政策》可以看到，用户在使用人工智能聊天机器人时，会被采集有关用户访问、使用或互动的信息，相关负责人也表示，人工智能聊天机器人会使用每个客户的一小部分数据样本来提高模型性能，用户若不希望数据用于提高性能，需要通过邮件向OpenAI发送申请。这意味着，包含用户隐私以及用户对话的数据可能会被OpenAI采集并存储在其数据中心中，随着人工智能聊天机器人用户数量暴增，其采集和存储的用户数据量也将非常庞大。

虽然，近年来数据安全保护技术愈加成熟，且提供AIGC服务的运营商也会承诺保障数据安全，但据媒体报道，2023年3月25日，OpenAI官方表示，其一款人工智能聊天机器人产品中，有1.2%的用户数据可能被泄露，一些用户可能看到其他人聊天记录的片段，以及其他用户信用卡的最后四位数字、到期日期、姓名、电子邮件地址和付款地址等信息。可见，数据安全问题仍然难以避免，若数据安全得不到有效保障，AI技术也同样难以获得人们的信任，并且会阻碍AI的发展和应用。

二、推进可信AI发展的治理基点

自2023年4月起，众多国内科技巨头纷纷表示将研发类AIGC技术产品，在此背景下，必须正视当前可能引发AIGC信任危机的主要问题，否则未来我国的AIGC产业发展也将可能面临信任危机，不利于相关产业的规范持续健康发展。为此，应当以三方面作为治理基点，加快推进可信AIGC的发展。

（一）加快建立多领域的科技伦理的监管和规范，加强科技伦理审查

当前，我国AIGC相关领域的科技伦理治理仍存在体制机制不健全、制度不完善、领域发展不均衡等问题，已难以适应AIGC领域科技创新发展的现实需要。为此，一方面，需要针对不同的AIGC应用领域制定相应的科技伦理规范和标准，明确科技伦理要求，引导相

关企业合规开展科技活动。

同时，须加强对AIGC产品的事前审查，通过事前审查的方式，不仅可以提升利用生成式人工智能产品向公众提供服务的合法性，增加其安全、可靠、可解释、可问责等可信性，还有助于更好地实现AIGC产品和技术适用的包容性，更好地预防风险，保障安全。事前审查还能够弥补外部监督的缺陷，提前鉴别某个行为是否违法，对其实施监控应该更加有利和有力。此外，对其进行事前审查，可及时发现其运作程序、服务内容所存在的问题，从而提高生成式人工智能产品向公众提供服务的可接受性。但同时，也存在事前审查效率及审查范围设置可能不当，抑制AIGC产品的研发与训练效能，客观上会导致AIGC发展的降速。这在《暂行办法》中也有体现，规定在利用生成式人工智能产品向公众提供服务前，应当向国家网信部门申报安全评估，并履行算法备案和变更、注销备案手续。

另一方面，要加快建立科技伦理审查和监管制度。2023年9月7日，我国科技部发布《科技伦理审查办法（试行）》，其中提出科技伦理审查应坚持科学、独立、公正、透明原则，公开审查制度和审查程序，客观审慎评估科技活动伦理风险，依规开展审查，并自觉接受有关方面的监督。通过科技伦理审查等外部监管方式，能在一定程度上提升AI领域技术使用的规范性，建立其人工智能领域道德层面的行为准则，对维护社会公平正义、保障公众切身利益具有重要意义，也有助于提升人们对人工智能技术应用的信任。

（二）完善AIGC侵权责任认定规则

AI自动化运行造成了"主体—行为—责任"传统理论下的"责

任鸿沟",但AI算法技术的应用如算法的设计与部署是包含价值观和主观意图的,这是法律追责之根本指向,也是承担法律责任的根本依据,因此,可将AI算法设计部署的主观过错作为追责的根本依据。在此基础上,还须进一步提升《民法典》《刑法》《产品质量法》等传统法律在AIGC具体应用场景中判定主体责任和产品质量缺陷等问题的适用性。

在责任判定过程中,需要根据行为人以及提供AIGC服务的运营商对于侵权行为和损害后果发生的实质作用进行判定。《暂行办法》第9条规定,提供者应当依法承担网络信息内容生产者责任,履行网络信息安全义务。涉及个人信息的,依法承担个人信息处理者责任,履行个人信息保护义务。这意味着在责任判定过程中,若损害的发生,可以参照适用《民法典》中规定的产品生产者责任,即因产品存在缺陷造成他人损害的,生产者应当承担侵权责任,并且被侵权人可以向产品的提供者请求赔偿。这是对AIGC产品提供者通常是平台主体应该尽到高度注意义务的规定,在一定程度上讲,也只有赋予AIGC产品提供者相应的责任义务,才能更好地对生成内容的合法合规作出要求。当然,如果平台尽到相应注意义务,在责任的承担上,鉴于其对创新发展的贡献,不宜施加其严格责任,否则不利于技术的开发和未来商用。

(三)加强AI领域的数据保障

在制度层面,需要结合AIGC底层技术所需数据的特性和作用,建立健全数据分类分级保护制度,譬如可根据数据主体、数据处理程度、数据权利属性等方面对训练数据集中的数据进行分类管理,根据数据对数据权利主体的价值,以及数据一旦遭到篡改、破坏等对数据主体的危害程度进行分级。

在数据分类分级的基础上,建立与数据类型和安全级别相配套的数据保护标准与共享机制,同时,AIGC还涉及数据跨境流通问题,应当在考虑国际通行标准和做法的基础上,制定合理的跨境数据安全执法规则,加强与其他国家和地区规则的衔接,促进数据安全跨境执法合作。

此外,还须进一步加强数据安全的事前保护,将保护链条前移。在《暂行办法》中,有关主管部门依据职责对生成式人工智能服务开展监督检查,提供者应当依法予以配合,按要求对训练数据来源、规模、类型、标注规则、算法机制机理等予以说明,并提供必要的技术、数据等支持和协助。通过事前保护的方式,能够更加积极有效地规范AI训练过程,以更好保障用户的知情权、选择权等权益,增强用户信任。

AIGC产业具有巨大的发展前景,能够带来更多数字化创新的发展机遇,业已成为未来全球竞争与创新的重点方向,但AIGC产业发展面临的信任危机仍未解除,因此,我国仍须进一步推进可信AIGC产业的发展建设,重视AIGC产业的科技伦理治理,建立健全相关行为规范和伦理指南,用系统观念和法治思维及方法来推动AIGC产业在我国规范健康持续发展,提升其安全、可靠、可解释、可问责等可信性。[①]

---

① 原文首发于《第一财经日报》2023年4月25日第A11版,收录时有调整。

为AIGC高质量发展　搭建科学审慎的法治架构

随着一款人工智能聊天机器人产品的爆火,掀起了新一轮AIGC的热潮,也引发了社会各界对于该领域规范发展与治理问题的广泛关注。2023年7月,为促进生成式人工智能技术健康发展和规范应用,国家互联网信息办公室等七部门联合公布了《生成式人工智能服务管理暂行办法》(简称《暂行办法》),明确提出,提供生成式人工智能产品或服务应当遵守法律法规的要求,尊重社会公德和伦理道德,并明确了提供生成式人工智能服务的提供者需要承担的各项义务和责任。

《暂行办法》的发布意味着我国第一时间对AIGC技术创新应用及相关产品开发有针对性地纳入法治化治理架构,树牢"安全是发展的前提"的底线思维,明确为新技术、新产业、新业态的发展指明合规发展的主线,但与此同时,其中还存在可进一步讨论之处,如何更好地设计规则以统筹安全与发展的关系尤为重要,在夯实安全发展的基础之上,给予创新发展以可容、可信、可控的制度环境,以高质量的制度型开放为我国人工智能技术和产业的弯道超车,提供科学有力、坚实坚定的制度支撑,释放创新是发展第一动力的明确信号。基于此,就《暂行办法》相关条款的理解和建议,敬陈管见。

第一,《暂行办法》第17条规定的安全评估,算法备案和变更、注销备案手续等事前审查规定是有意义且有必要的,但是需要注意事前审查的方式方法，避免不合理地增加企业的负担。

任何技术都是一把"双刃剑"。生成式人工智能产品作为高度智慧化的人工智能形态，带给人类社会的便捷与风险同在，应勇敢审慎地应对接受新科技浪潮的洗礼。《暂行办法》增加事前审查，不仅可以提升利用生成式人工智能产品向公众提供服务的合法性，增加其安全、可靠、可解释、可问责等可信性，还有助于更好地实现AI产品和技术适用的包容性，更好地预防风险，保障安全，及时发现其运作程序、服务内容所存在的问题，从而提高生成式人工智能产品向公众提供服务的可接受性。

建议进一步明确事前审查的审查范围以及方式方法。由于事前审查会在一定程度上增加企业的合规成本，若事前审查范围设置不当，可能会抑制生成式人工智能产品的研发与训练效能，客观上会导致生成式人工智能发展的降速。因此，须注意事前审查的方式方法可能对企业经营产生的影响，譬如企业未经审查之前，是否能够发布相关产品，若不能，事前审查所需要的时间是否会不当地阻碍企业的正常经营行为等。

第二，《暂行办法》第9条针对责任主体方面进行了规定，生成式人工智能服务提供者承担网络信息内容生产者的责任，该规定是对人工智能追责体系的补充和完善，但也须考虑到提供者对人工智能产品控制力度的有限性，否则可能会导致提供者责任的承担范围被不合理地放大，建议进一步明确提供者的免责事由。

生成式人工智能产品提供者承担该产品生成内容生产者的责任，这里实际上需要关注的重点在于对生成内容生产者的认定。如果生成式人工智能产品提供者是生成内容的生产者，这里的生产者即应对生成内容的过程、具体数据信息的真实性，算法使用的适当性等整个生成过程负责，那么当然需要对其承担责任。这是对生成式人工智能产品提供者通常是平台主体应该尽到高度注意义务的规定，在一定程度上讲，也只有课以生成式人工智能产品提供者相应的责任义务，才能更好地对生成内容的合法合规作出要求。

建议参照"安全港"制度合理设置平台承担责任的范围，明确提供者免责事由。如果平台尽到相应注意义务，在责任的承担上，鉴于其对创新发展的贡献，不宜施加其严格责任，否则不利于技术的开发和未来商用。另外，关于运营公司是否需要承担相应的补充责任，应综合考虑侵权范围、损害程度以及平台避免损失扩大的能力。

第三，《暂行办法》第19条规定提供者应当依法予以配合，按要求对训练数据来源、规模、类型、标注规则、算法机制机理等予以说明，并提供必要的技术、数据等支持和协助。该规定实际上是对生成式人工智能算法的可解释性提出了新的要求，使隐私权、个人信息的保护不再仅局限于被动的事后救济，保护链条前移，更加积极有效地规范AI训练过程，有助于增强用户信任，使生成式人工智能产品更好发展。

建议进一步细化对提供者公开信息的范围和限度。对可解释的要求不能过于苛刻或过度放大，应当进一步规定对信息公开的程度和限度，避免提出不合理要求使生成式人工智能算法的关键信息被迫公开，导致企业的技术机密泄露，对企业创新发展产生不可挽回的损失。

总体来讲，对仍存在较大发展空间且技术仍待发展成熟的领域，立法仍须给予一定的包容空间，不宜超出提供者的能力范围设置强制性义务。以国外领先的一款人工智能聊天机器人为例,其目前也暂时无法确保生成内容的真实性,若将此作为生成式人工智能提供者的义务,无形中实际上提高了进入该市场的门槛,不利于我国生成式人工智能产业发展,也会对我国获取该领域的国际竞争新优势造成阻碍。①

---

① 原文首发于《第一财经日报》2023年4月19日第A11版,收录时有调整。

如何看待生成式人工智能爆火背后潜在的法律风险

随着人工智能算法不断迭代升级，尤其是机器学习赋予人工智能强大的学习能力，使其不再局限于只能依据事先指定的模板或者规则，进行简单的内容输出和制作，而是能够根据用户提出的指令即可生成灵活且真实的内容，甚至能够实现高质量的内容创作，这类技术也被称为AIGC（生成式人工智能）。

近期爆火的一款人工智能聊天机器人（简称该款产品）就是AIGC的典型代表，该技术是基于语言模型生成对抗网络-3.5版本（GPT-3.5）的聊天机器人，其模型使用一种称为人类反馈强化学习（RLHF）的机器学习进行训练，可以模拟对话、回答后续问题、承认错误、挑战不正确的前提并拒绝不适当的请求。虽然，此前不乏能够与人进行互动对话的聊天机器人，但并没有像该款产品一样受到广泛关注，是因为与其他聊天机器人相比，其具有更强大的功能，借助其核心技术之一"神经网络架构（Transformer架构）"，利用从大型文本语料库中所学到的内容，能够生成具有更丰富细节和更长篇幅的内容，可以完成包括写邮件、写代码、写新闻报道以及写论文等多种任务，且任何人都可以轻松地使用，具有开放性、跨领域及通用性的特征，其本身可以构成网络信息技术领域的终端，成为支撑人工智能技术和产业发展的一种关键基础设施。由此，该款产品也引发了全球各界的广泛关注甚或担忧。

一、生成式人工智能的潜在风险

该款产品强大的功能以及较低的使用门槛，打破了人们对人工智能的固有印象，且让人们看到了AIGC技术在多领域应用的巨大潜力。然而，随着该款产品爆火掀起新一轮AIGC热潮，人们也意识到其中潜在的诸如技术垄断、资本扩张、数据滥用、算法歧视、隐私侵权等法律风险，可能对市场竞争、企业创新、消费者福利甚或国家安全产生负面影响。为预防此类技术广泛适用带来的法律风险，须结合该款产品的技术特性以及其在不同领域应用的情况，分析存在的法律问题并做好相应对策。

（一）垄断风险

该款产品可能存在"技术+资本"的垄断风险。虽然，该款产品是由美国人工智能研究初创公司OpenAI开发，并非出自科技巨头，但是，据OpenAI创始人表示，该款产品的开放成本和运行成本相当高，致使其开发和运维成本非一般初创型企业可以承担。根据相关资料数据显示，生成对抗网络-3版本（GPT-3）训练一次的费用是460万美元，总训练成本达1200万美元。高昂的成本使得初创公司难以实现独立的开发和运营，必须与科技巨头合作，才能获得运营所需的极其昂贵的数据资源和云计算能力。

在此情况下，OpenAI选择与微软公司达成合作，得到了微软公司10亿美元的投资，并专门为微软公司新必应（New Bing）搜索引擎定制了下一代大型语言模型。这在很大程度上预示着该领域市场在未来存在被科技巨头垄断数据、算法及技术要素资源的风险，因为初创企业在该领域难以独立生存，而科技巨头可凭借其拥有的数据、技术、资本、用户等优势，通过收购、签订协议等方式获得初创企业的技术，将其在原有市场的市场力量迅速传导至新的市场，还可能通过实施技术封锁、数据屏蔽等排除限制竞争的行为以维持垄断地位。

（二）算法偏见

该款产品可能存在算法偏见。目前，该款产品仍存在一定的技术缺陷，其依赖于其训练数据中的统计规律，无法在网络上抓取时事信息，也无法识别核实数据来源，易导致算法歧视、滥用现象的出现，因为训练数据受限于数据的种类和内容的不足，使数据集可能存在某种价值偏见，则该款产品算法的输出结果可能会产生有害的指引或者有偏见的内容。这种算法偏见产生的负面影响会随着技术的广泛应用不断凸显。

譬如，该款产品给予的答复中存在性别歧视和种族歧视的问题，可能会误导使用者将具有歧视性的回答视为"正确答案"而作出错误的决断，从而可能会对社会认知和伦理产生负面影响，甚至涉及国家安全、文化安全的风险。特别是在处理算法包容性的问题上，由于中西文化的根源及演进路径不同，还会涉及对传统文化和现实观照之间的解读、评价及传播的问题，这些都可能会在该款产品的大规模语言模型训练中被忽视或者选择性忽略掉，亦有可能被特意放大。为此，需要通过法律规则和科技伦理规则的融合，以稳妥地处理技术应用与技术规制之间的关系。

（三）著作权侵权

该款产品可能引发著作权纠纷。该款产品作为人工智能技术驱动的自然语言处理工具，它能够通过学习和理解人类的语言来进行对话或写作，并不是简单地从某个模板中选择内容，可以根据使用者提出的问题或者要求，进行内容创作，甚至已有研究者和学生借助该款产品撰写论文，由此衍生出了关于著作权的两方面问题亟待解决。一是该款产品撰写论文的著作权归属问题，二是研究者使用该款产品撰写论文是否构成学术不端的问题。这些问题给学术圈带来了巨大的冲击，也引发了学者们对如何规范使用此类技术的探讨。这方面已经在有的国家和地区的现实反馈中予以了体现，譬如，全球学术期刊《自然》（Nature）杂志一周之内两次发布有关该款产品的分析文章，探讨诸如该款产品等大型语言模型（LLMs）给学术圈带来的潜在混乱，生成内容存在的潜在侵权，以及如何规范使用等问题。

（四）数据安全隐患

该款产品可能存在数据安全隐患。该款产品的运行需要大量数据的支持，其所采用的数据量多达上万亿，主要使用的是公共爬虫数据集和有着超过万亿单词的人类语言数据集。根据该款产品和OpenAI官网的《隐私政策》可以看到，用户在使用该款产品时，会被采集有关用户访问、使用或互动的信息，相关负责人也表示，该款产品会使用每个客户的一小部分数据样本来提高模型性能，用户若不希望数据用于提高性能，需要通过邮件向OpenAI发送申请。这意味着，包含用户隐私以及用户对话的数据可能会被OpenAI采集并存储在其数据中心中，随着该款产品用户数量暴增，其采集和存储的用户数据量也将非常庞大。

虽然，该款产品表示，存储训练和运行模型所需的数据会严格遵守隐私和安全政策，但在未来可能出现的网络攻击和数据爬取等现象下，仍存在不可忽视的数据安全隐患。特别是对涉及国家核心数据、地方和行业重要数据以及个人隐私数据的抓取、处理以及合成使用等过程中的安全保护与流动共享的平衡处置，这不仅涉及数据安全，还涉及国家安全、行业安全及个人安全等。

二、生成式人工智能监管思路

目前，众多国内科技巨头纷纷表示将研发类该款产品的产品，因此，当前该款产品潜在的法律风险在未来也同样可能会在我国出现，因此，必须正视该款产品爆火背后存在的问题，否则将可能引发对AIGC的信任危机，不利于我国AIGC相关产业的规范持续健康发展。

（一）完善AIGC领域的反垄断法监管

一方面，需进一步优化和明确AIGC领域的反垄断法相关监管规则，提高反垄断法律法规在相关应用场景的适用性。为此，仍然需要坚持且完善以替代分析法为主的相关市场界定方法，充分考量AIGC类产品的功能与技术特性，并在认定其市场支配地位的过程中，提高与支持AIGC相关的技术因素、硬件条件、场景因素，尤其是算法、数据、算力等要素优势的考量比重。在判定行为竞争效果时，需权衡行为的积极和消极影响，兼顾激励创新与保护竞争，在评估行为的负面影响的同时，也需考量行为对创新、经济效率以及消费者体验等积极影响。

另一方面，由于传统反垄断法的事后规制存在滞后性和局限性，难以有效应对动态变化和高技术性的AIGC领域的市场垄断问题，因此，有必要分类分级、科学审慎地引入反垄断事前监管方式，通过设置技术、资本、用户等条件，抓住具体要素治理的纲目，明确AIGC领域需承担特殊义务的平台企业，设置行为"红黄绿灯"，聚焦用户、数据、算力、资本等可计量指标，从事前层面规范和约束相关平台企业的行为，预防可能出现的扼杀式经营者集中、算法（垄断）协议以及滥用市场支配地位等反竞争风险。

(二) 健全预防算法歧视的法律法规体系及规制机制

一是要从源头上规范相关技术所使用训练数据样本的非歧视性，要求相关企业及时检查和更新数据库，并移除可能存在歧视性的特定数据内容。二是要建立AIGC技术的算法问责制度，当AIGC生成具有歧视性且会对社会以及相关主体的权益产生实质损害时，有必要完善相应的归责体系，明确导致算法歧视的责任主体以及各主体应承担的法律责任。三是要完善算法解释与算法备案制度，提升人工智能算法透明度，并根据AIGC的应用场景对算法进行分级，加强对高风险算法和场景的审查，在可行的范围内使用可理解和可解释的方法，以便用户、监督者和公众酌情了解该款产品如何以及为何产生其输出内容。

（三）规范 AIGC 技术在进行内容创作时的行为

一方面，要完善 AIGC 著作权归属相关规则。根据我国《著作权法》，人工智能暂不被视为著作权人，但可根据不同主体对生成内容价值的作用大小判定 AIGC 作品的著作权归属。这一点在司法实践中已有体现，譬如，在 T 公司诉 Y 公司案[①] 中，法院经过审理最终裁定，争诉的作品确系人工智能所创作，涉及的内容判定为具有独创性，人工智能生成的作品具有著作权。虽然，人工智能尚不具有法律上的著作权人资格，但是，人工智能是由人设计创造，即其拥有者（AI copyright owner）可以享有其作品的相关著作权利，最后法院认定 T 公司可享有相关信息网络传播权，这是国内首例有关 AI 作品著作权保护的案件。

进言之，该款产品生成内容的价值源于其设计者算法的巧妙设计，则设计者拥有人工智能生成著作的权利，工具使用者不得滥用或者非法使该款产品生成内容。若生成式人工智能的最终生成内容是经由工具使用者反复调试，输入变量等操作，使生成内容的价值远大于其在一般运行状态下生成的内容，则工具的使用者可以享有著作权。

另一方面，为避免学术不端问题的出现，需要制定 AIGC 技术在学术写作的使用规范，明确可使用范围和限度，并要求在文中规范标注人工智能技术生成的内容；在技术层面，需要基于人工智能技术生产内容的逻辑与特征，加强对人工智能生成内容的鉴别和识别。

[①] 广东省深圳市南山区人民法院（2019）粤 0305 民初 14010 号民事判决书，载中国裁判文书网，最后访问时间：2024 年 6 月 20 日。

（四）从制度和技术层面加强AIGC领域的数据安全保护

在制度层面，需要结合AIGC底层技术所需数据的特性和作用，建立健全数据分类分级保护制度，譬如可根据数据主体、数据处理程度、数据权利属性等方面对训练数据集中的数据进行分类管理，根据数据对数据权利主体的价值，以及数据一旦遭到篡改、破坏等对数据主体的危害程度进行分级。

在数据分类分级的基础上，建立与数据类型和安全级别相配套的数据保护标准与共享机制，同时，AIGC还涉及数据跨境流通问题，应当在考虑国际通行标准和做法的基础上，制定合理的跨境数据安全执法规则，加强与其他国家和地区规则的衔接，促进数据安全跨境执法合作。在技术层面，需要加快推动"隐私计算"技术在AIGC领域的应用，这类技术能够让多个数据拥有者在不暴露数据本身的前提下，通过共享SDK或者开放SDK权限的方式，在进行数据的共享、互通、计算、建模，确保AIGC能够正常提供服务的同时，保证数据不泄露给其他参与方。

AIGC领域具有巨大的发展前景，能够带来更多数字化创新的发展机遇，业已成为未来全球竞争与创新的重点方向，但我们也必须正视生成式人工智能爆火背后潜在的法律风险，及时更新、科学完善AIGC领域的相关法律法规，建立健全相关行为规范和伦理指南，用系统观念和法治思维及方法来推动AIGC在我国规范健康持续发展。①

---

① 原文首发于《第一财经日报》2023年2月22日第A11版，收录时有调整。

《生成式人工智能服务管理暂行办法》规范助力人工智能安全发展

当前，人工智能产业随着生成式人工智能的出现展现出巨大发展动能和创新潜力，已经逐渐成为新一轮科技革命和产业变革的核心驱动力，广泛应用于医疗、交通、教育、金融、制造业等众多社会领域，将重塑人们的生产生活方式，成为未来国际竞争的决定性领域之一。

然而，一方面，人工智能新产业、新业态、新模式、新技术的发展对科技伦理、社会公共道德、总体国家安全及各领域法律秩序都会带来不同程度的挑战，甚至是颠覆式的挑战；另一方面，我国人工智能技术与产业仍处于发展初期，与美国等发达国家相比还存在一定的差距。因此，在规范健康安全的轨道上大力推动人工智能产业发展，在关键期抢占人工智能产业发展先机，是我国面临的重要任务。2023年7月10日，国家互联网信息办公室等七部门联合签发了《生成式人工智能服务管理暂行办法》(简称《暂行办法》)，该《暂行办法》于2023年8月15日起正式施行。从4月11日公布《生成式人工智能服务管理办法（征求意见稿）》(简称《征求意见稿》)到《暂行办法》的正式颁布，仅3个月的时间，其速度之快足以体现我国对支持和规范人工智能技术和产业发展的积极态度与重视程度。

《暂行办法》分为总则、技术发展与治理、服务规范、监督检查和法律责任、附则五章,从立法框架来看,《暂行办法》调整了征求意见稿的逻辑与顺序,更加模块化与体系化,明确了对生成式人工智能服务的监管思路,为后续对生成式人工智能服务的监管明确了思路、确立了方向。

在总则中,《暂行办法》明确了其上位法依据、适用范围、国家对生成式人工智能的基本立场、治理原则以及提供和使用生成式人工智能应当遵守的基本依据。与《征求意见稿》相比,总则中改动最大的一点是明确了对生成式人工智能的监管原则与方法,即"坚持发展和安全并重、促进创新和依法治理相结合的原则""对生成式人工智能服务实行包容审慎和分类分级监管"。

这体现出我国对支持人工智能规范发展的核心理念:第一,面对人工智能产业发展的关键期,我国将始终在总体国家安全观的指导下,将安全作为人工智能产业发展的底线,使人工智能在法治轨道上实现健康可持续的创新发展。

第二,对生成式人工智能的治理延续了《数据安全法》《关于加强互联网信息服务算法综合治理的指导意见》中对于数据和算法的分类分级管理理念,一方面是加强人工智能治理领域的连续性与一致性,贯彻分类分级监管原则,推动监管更加精准、高效、敏捷;另一方面是更好地衔接与推动《暂行办法》中构建的具体制度的实施,譬如《暂行办法》第4条规定的基于服务类型特点提高服务透明度和生成内容的准确性和可靠性,以及第17条规定的安全评估与算法备案制度等事前审查手段,都需要对人工智能进行分类分级以明确应当采取的措施和审查范围与方法,防止增加服务提供者负担,阻碍创新。

第三，《暂行办法》总则依然体现了"科技向善原则"，要求利用生成式人工智能生成的内容应当体现社会主义核心价值观，注重对算法、知识产权、商业道德和个人权益的保护，体现了对生成式人工智能的伦理要求。

在第二章技术发展与治理中，主要遵循坚持发展和安全并重、促进创新和依法治理相结合的原则，从鼓励生成式人工智能研发与应用创新和对生成式人工智能技术本身的要求出发作出了规定。对于生成式人工智能技术的鼓励、发展与创新，《征求意见稿》仅体现在第3条"国家支持人工智能算法、框架等基础技术的自主创新、推广应用、国际合作，鼓励优先采用安全可信的软件、工具、计算和数据资源"中，而在《暂行办法》中，第5条、第6条从支持应用推广、产学研协作、自主创新、国际合作、基础设施和公共训练数据资源平台建设等方面，细化了国家对于生成式人工智能的支持鼓励措施，充分体现了国家对于人工智能产业的支持态度。

接下来《暂行办法》第7条、第8条规定了生成式人工智能服务提供者应保证数据来源的合法性和数据标注义务，结合公共训练数据资源平台的建设以及生成式人工智能技术发展的本质要求，不难看出，随着生成式人工智能的广泛使用，个人数据的收集、存储和处理变得非常普遍，因此，通过人工智能的源头数据赋能生成式人工智能大模型训练就显得非常必要，由此防范数据风险，则是坚持生成式人工智能发展与安全并存的关键所在。实践中由于公共数据维度丰富、使用场景广、覆盖用户主体多，且切实关乎吃穿住行用，在平台建设过程中需要重点注意两个问题，一方面是保障数据安全，包括提升数据来源的真实性、可靠性，可以依托不同的应用场景开展训练数据工作；另一方面是完善数据基础制度，包括对公共数据的界定、公共数据分级分类等。

第三章服务规范与第二章着重对生成式人工智能技术本身的规范不同，该章着重于规定生成式人工智能服务提供者在生成式人工智能的应用环节应承担的责任，这也是与广大生成式人工智能服务使用者、消费者息息相关的一部分。服务规范这一章明确了生成式人工智能服务提供者应当依法承担网络信息内容生产者责任，体现了与《网络信息内容生态治理规定》的衔接，规定了服务提供者保护个人信息、科学引导和管理用户、生成内容标识、保障服务、违法救济措施、构建投诉举报机制等义务，细化了服务提供者责任。

需要注意的是，对于仅提供生成式人工智能服务和产品，而不实际参与研发的服务提供者，其是否有能力对生成式人工智能产品进行有效控制与实质合规，是否应同样承担网络信息内容生产者责任？或者是否有必要区分相对于普通用户而言的研发者与服务提供者在网络信息内容生成中的责任认定标准，以及责任承担比例呢？对此还有待进一步细化。在实践中，由于算法黑箱与人工智能自主性的存在，技术中立原则已经难以成为免责的"避风港"，人工智能产品产生的侵权责任具有了多源性，应对网络信息内容生产者进行更加明确的界定，合理地设置责任承担范围。同时，也需要对个人信息处理者在生成式人工智能服务领域的认定进一步细化。

由于算法黑箱、算法隐层和人工智能相对自主性的存在，传统的监管方案与规则制度难免失灵或者说监管不及时，在监督检查和法律责任一章则在分类分级原则的基础上，与《互联网信息服务算法推荐管理规定》《互联网信息服务深度合成管理规定》等规范相衔接，明确了安全评估与算法备案要求，强化了对数据来源、算法机制机理等内容的信息披露要求，以应对算法黑箱困境、提高人工智能的透明度。

然而，实践中人工智能算法的透明度并非越高越好，一方面，绝对的透明在人工智能自主性逐渐提高的弱人工智能时代，几乎是无法达到的技术要求；另一方面，人工智能算法机理等内容已经逐渐成为企业的核心资产，部分内容涉及商业秘密与专利权的保护，追求绝对的透明度对于生成式人工智能的发展并不可取，也并不符合国家支持鼓励创新的基本立场。因此，《暂行办法》在《征求意见稿》的基础上增加了参与生成式人工智能服务安全评估和监督检查的相关机构和人员对国家秘密、商业秘密、个人隐私和个人信息的保密义务，平衡了对人工智能创新的保护与监管之间的张力。

综观整部《暂行办法》，主要聚焦于事前规制，或者说是预防性监管，对生成式人工智能服务产生不当内容后如何解决，《暂行办法》并未提供有效解决办法。这在一定程度上表明《暂行办法》更多的是在聚焦发展目标，很多监管要求和责任都是在现有法律法规基础上的场景化，即通过立法衔接和对照来规范生成式人工智能发展中的具体问题，而对生成式人工智能产品和服务本身引发的责任还需要明确和细化，目前强调的仍然是规范在先，防患未然。

譬如，在《征求意见稿》中，曾提出"对于运行中发现、用户举报的不符合本办法要求的生成内容，除采取内容过滤等措施外，应在3个月内通过模型优化训练等方式防止再次生成"，这一条在内容上是对事后规制缺失的补足，但是基于需要判断的内容过于复杂，"3个月"是否为恰当整改期限难以确定等因素，该条最终并未写入

419

《暂行办法》，这一点还需要在实际运行一段时间后再予以补充或者另行规定，抑或利用现有法律体系来应对生成式人工智能服务的法律责任的认定与承担。

推动人工智能产业发展对实现我国经济高质量发展、提高国际竞争力不可或缺，我国虽然拥有最大规模的应用场景，但是人工智能理论基础、关键技术等方面的弱势使我们与世界先进水平仍存在差距，《暂行办法》的颁行将有助于我国人工智能产业在法治轨道上实现健康规范持续发展，保障人工智能研发应用安全，把握人工智能时代发展的时与势。[①]

---

① 原文首发于《第一财经日报》2023年7月20日第A11版，收录时有调整。

支撑人脸识别技术规范使用的关键基点

人脸识别技术，是指通过对人脸信息的自动化处理，实现验证个人身份、辨识特定自然人或者预测分析个人特征等目的的技术。伴随数字化的普及与应用，人脸识别技术愈加成熟，现已拓展至刷脸支付、门禁考勤、铁路验票、治安管理等多个具体应用场景。这项技术在显著提升生活便利度的同时，也引发了来源多样、程度深刻的潜在安全风险。

2023年8月，为规范人脸识别技术应用，国家互联网信息办公室关于《人脸识别技术应用安全管理规定（试行）（征求意见稿）》（简称《征求意见稿》）向社会公开征求意见。《征求意见稿》立足于"人脸识别技术的具体应用"的安全管理，从保障个人权利、强化使用者责任，科学设定监管等层面对人脸识别技术使用，人脸信息的采集、使用、处理、储存等全流程、全周期作出了详细规定，为保护个人权益、维护公共利益指明了方向，具有十分重要的意义。

一、保障权利：夯实个人信息保护框架

人脸识别信息属于个人敏感信息，不仅涵盖了"人脸"的人格利益，而且还体现了"数据"的财产价值，具有内容丰富性、高度敏感性、难以保护性及强社交属性等特征。因此，如果对人脸识别信息的收集、分析和使用超越了个人同意的场景，则极有可能会对

信息主体的人格、财产甚至人身安全造成损害。《征求意见稿》则从个人权利角度对人脸识别信息施以了更加具有针对性的保护措施,将处理生物识别信息活动纳入了法治化、规范化轨道。

第一,《征求意见稿》贯彻"非必要不使用"原则,对于人脸信息的采集进行严格控制,最大限度地尊重了个人用户的各项数据权利。《个人信息保护法》规定,处理个人信息应当遵循合法、正当、必要和诚信原则,处理个人信息应当采取对个人权益影响最小的方式。《征求意见稿》第4条第1款明确规定,"只有在具有特定的目的和充分的必要性,并采取严格保护措施的情形下,方可使用人脸识别技术处理人脸信息"。为更好地保护个人信息,严格控制采集信息的使用范围,是人脸识别技术使用的首要原则。

第二,《征求意见稿》有助于推动数据规则的构建,完善用户同意规则体系,将场景理论引入人脸识别信息保护的同意规则之中。此前,我国对于人脸识别信息的保护一直停留在静态的知情同意阶段,难以有效协调人脸识别信息保护与利用之间的利益冲突,无法从根本上解决同意困境。《征求意见稿》则严格保证了信息主体知情权,第5条规定,使用人脸识别技术处理人脸信息应当取得个人的单独同意或者依法取得书面同意。

《征求意见稿》还立足于"人脸识别技术的具体应用"的安全管理,其中第6条、第7条、第8条、第9条针对"旅馆客房、公共浴室、更衣室、卫生间及其他可能侵害他人隐私的场所""公共场所""为实施内部管理的组织机构""宾馆、银行、车站、机场、体育场馆、展览馆、博物馆、美术馆、图书馆等经营场所"分别制定了专门治理规则,及时回应了公众关切,有助于保护个人信息权益及其他人身权益和财产权益,维护社会秩序和公共安全。

《征求意见稿》凸显了信息身份保护的理念,充分保障人民群众对于人脸信息使用的人格权与数据用益权,改变了用户在数据管理中的弱势地位。《征求意见稿》第9条规定,个人自愿选择使用人脸识别技术验证个人身份的,应当确保个人充分知情并在个人主动参与的情况下进行,验证过程中应当以清晰易懂的语音或者文字等方式即时明确提示身份验证的目的。第13条更是规定了未成年人收集人脸要监护人单独同意或者书面同意,这些都进一步保障了公众的"数据人权",助益各方准确理解和把握人脸信息技术使用必须达到的合规水准。

二、规范责任:强化使用者主体责任意识

安全是发展的前提,人脸识别作为科技进步改变生活的生动典型,从技术角度而言,固然具有无可比拟的精准性和便捷性,但从安全角度来看,其并不是适合优先选择的技术方案。企业出于商业利益追求信息收集的方便快捷,而公众看重和在意的则是安全,安全也是国家监管和立法层面的遵循。人脸识别信息能不能使用、如何使用,都必须在制度的框架内进行,切不能让基于企业收集利益和方便考量,凌驾于个人的信息安全之上。

企业作为生产经营活动的主体,在经济社会中承担着法律赋予的第一责任人的义务。落实企业主体责任,是安全治理、秩序维护之本。为了社会更好地发展,《征求意见稿》重视人脸识别技术的安全应用,强调人脸识别技术应用中法律治理和伦理治理的统一。不管是以何种手段来收集个人信息,都应该是以让渡个人信息的个体

为本位，而不是以企业收集和使用的需求为本位，让人脸识别技术真正便民、利民、护民。

首先，《征求意见稿》完善有效法律法规，强化有效制度设计，严格划定了人脸识别技术应用红线。企业要实现有效自律，一般需要以一定的外部压力为条件，这种外部压力主要来自法律的威慑。《征求意见稿》第3条严格要求使用人脸识别技术遵守法律法规，不得利用人脸识别技术从事危害国家安全、损害公共利益、扰乱社会秩序、侵害个人和组织合法权益等法律法规禁止的活动等。

其中，《征求意见稿》第9条更是从企业层面明确规定，"不得以办理业务、提升服务质量等为由强制、误导、欺诈、胁迫个人接受人脸识别技术验证个人身份"，并贯彻告知与选择机制，有意通过《征求意见稿》改变用户在数据管理中的弱势地位，强化隐私保护的技术手段。同时，《征求意见稿》在惩戒措施层面，不只体现在对企业的经济处罚，构成犯罪的，要求依法追究刑事责任，并通过法律手段，进一步调动全社会的监管资源，逐步形成社会共治格局，督促企业落实主体责任。

其次，在部分特定场景中，《征求意见稿》将人脸识别技术应用从主位移至辅位，遵循"以人工审核为基础，以人脸识别验证作为辅助"的规则，不断提升人脸识别信息采集、处理与使用的透明度。《征求意见稿》第12条对于"涉及社会救助、不动产处分等个人重大利益的"场景，要求不得使用人脸识别技术替代人工审核个人身份，并表示只可作为验证身份的辅助手段。第14条规定，物业服务企业等建筑物管理人不得将使用人脸识别技术验证个人身份作为出入物业管理区域的唯一方式，个人如果不同意通过人脸信息进行身份验证,物业服务企业等建筑物管理人应当提供其他合理、便捷的身份验证方式。

可见,《征求意见稿》通过强制性和义务性规定,对企业使用人脸识别技术、采集人脸信息进行了严格限制。实际上,这是通过构建"有所为、有所不为"的规则体系,进一步强化企业和公众用户之间的信任关系。这不仅有利于对个人信息与隐私实行最大限度的保护,而且通过安全、规范的制度构建切实促进用户的信息披露意愿,有助于企业合规运营,行稳致远。

三、科学监管:筑牢数据信息安全屏障

目前,五花八门的人脸识别应用已经在社会生活中逐步普及,相关政策制度的完善,不仅是对违规行为的一种预防,更是立足于对业已出现的乱象作出更有力的规制和纠偏。为了更好规范人脸识别技术的应用,须不断强化与完善科学监管,筑牢数据信息的安全防线。《征求意见稿》从事前加强个人信息保护影响评估,事中事后强化和完善监督执行,改进安全策略等全周期监管上,不断调整人脸识别技术应用的置信度阈值。

第一,《征求意见稿》与《个人信息保护法》要求"在处理敏感个人信息前进行个人信息保护影响评估"的规定相衔接,将个人信息保护影响评估作为使用人脸识别技术应用的前置性条件。同时,监管部门对人脸识别技术应用采取审慎严谨的态度,要求个人信息保护影响评估报告应当至少保存3年。处理人脸信息的目的、方式发生变化,或者发生重大安全事件的,人脸识别技术使用者应当重新进行个人信息保护影响评估。此外,《征求意见稿》亦规定了针对图

像采集设备、个人身份识别设备的安全性和潜在风险进行年度检测评估的义务,也需要对应关注。

第二,《征求意见稿》强调了信息备案的重要性,针对人脸识别技术的"线上使用者""线下使用者"进行分类规定,强化各方主体义务。信息备案的义务主体是"人脸识别技术使用者",而不是"技术提供方",备案主体涉及范围较大,包括在公共场所使用人脸识别技术,或者存储超过1万人人脸信息的人脸识别技术使用者。加之备案内容较为详细丰富,涉及人脸识别技术使用者及其个人信息保护负责人的基本情况、处理人脸信息的必要性说明、人脸信息的处理目的、处理方式和安全保护措施、人脸信息的处理规则和操作规程、个人信息保护影响评估报告以及网信部门认为需要提供的其他材料。

第三,《征求意见稿》在监管层面针对面向社会公众提供人脸识别技术服务者提出了严格规定,从技术安全等多个角度筑牢数据信息安全防线。人脸识别服务提供者就是"技术服务商",是给市场主体提供人脸识别技术部署或接口的主体。《征求意见稿》从优选官方数据库、网络安全等级保护第三级以上保护要求、关键产品目录三个方面对人脸识别技术服务进行了限定,要求相关技术系统需符合,并采取数据加密、安全审计、访问控制、授权管理、入侵检测和防御等措施保护人脸信息安全。①

---

① 原文首发于《中新经纬》2023年8月14日,收录时有调整。

规范人脸识别技术促进科技向善
保障科技红利均等化享用

随着信息技术的快速发展，人脸识别技术在越来越多的场景与领域得到广泛应用，基于人的脸部特征进行身份识别相较于传统的密码验证等方式更加快捷、准确，同时能够基于人脸的独特性被用于身份的自动确认与识别，降低人力成本。然而，人脸信息作为可识别自然人的信息，其应用涉及个人信息保护与数据安全问题。一方面，人脸识别技术能够用于线上支付、解锁门禁、验证门票等场景，为商业经营与社会管理带来便利；另一方面，也会带来个人敏感信息泄露、人身安全威胁、换脸欺诈等风险。面对新兴技术带来的社会风险，如何把握发展与安全的平衡，避免"一刀切"，引导科技向善，是法律不得不面对的问题。2023年8月8日，国家互联网信息办公室公布了《人脸识别技术应用安全管理规定（试行）（征求意见稿）》（简称《征求意见稿》）并向社会公开征求意见，回应了人脸识别技术滥用等问题。

综观《征求意见稿》全文，规范人脸识别技术应用充分遵循了常态化监管的内在要求，从以下方面规范人脸识别技术的使用，在更好保障科技红利所带来的便民化和均等化的同时，防止科技滥用，促进科技向善。

第一，《征求意见稿》坚持发展与安全并重的总体原则。近年来，在全球范围内对人脸识别技术的规制逐渐收紧，欧盟通过的《人工智能法案》禁止实时远程生物识别技术，意味着不能在公共场合实时扫描人脸；美国旧金山、马萨诸塞州萨默维尔市等多地业已正式通过了在公共场所禁用人脸识别软件的法案。面对人脸识别技术应用中出现的风险与挑战，《征求意见稿》第3条规定不得利用人脸识别技术从事危害国家安全、损害公共利益、扰乱社会秩序、侵害个人和组织合法权益等法律法规禁止的活动，体现了以安全为底线的使用和管理原则。

同时，《征求意见稿》除明确上位法《个人信息保护法》第28条对包括生物识别的敏感个人信息"特定的目的""充分的必要性"并"采取严格保护措施"的敏感个人信息处理规则外，还提出了"实现相同目的或者达到同等业务要求……应当优先选择非生物特征识别技术方案"，鼓励优先使用国家人口基础信息库、国家网络身份认证公共服务等权威渠道，强调了人脸识别技术只能在必要的情形下使用，一方面是对我国人脸识别技术应用广泛的现实情况的回应，另一方面也为技术发展预留了一定的空间，体现出我国并未对人脸识别技术进行"一刀切"监管，注重发展与安全并重。

第二，在上位法原则性规定的基础上对人脸识别技术应用构建了全流程、全要素、规范化监管规则。2021年出台的《个人信息保护法》第62条规定，国家网信部门统筹协调有关部门依据本法推进针对小型个人信息处理者、处理敏感个人信息以及人脸识别、人工智能等新技术、新应用，制定专门的个人信息保护规则、标准工作。

《征求意见稿》是在其上位法制定的个人信息保护原则性规定下，对人脸识别设置更为具体的规则标准与操作指引。《征求意见稿》

将人脸识别技术的使用前提条件，人脸信息采集、处理、删除规则，人脸识别技术的应用评估与备案，人脸识别技术使用者、产品或者服务提供者的法律责任与义务等人脸识别技术的应用全流程与全要素置于规制范围内。全流程、全要素、规范化监管有利于最大限度地降低人脸识别技术应用产生的风险，将风险控制在每一环节与每一要素的管理中，能够在一定程度上缓解人脸识别技术监管的滞后性。譬如《征求意见稿》第15条及第16条提出的针对人脸识别技术的个人信息保护影响评估制度与备案制度，对人脸识别技术使用者提出了更高的合规要求，通过设定高标准的人脸识别技术条件，有助于适当降低人脸识别技术在部分领域的非必要使用，特别是严格人脸识别技术在公共场所的使用条件。

同时，由于备案制度的性质，人脸识别技术使用者仅需提供所需材料即可进行技术使用活动，并不需要经过监管机构审批，合规成本并没有过度提高，有利于保护企业合规与发展的积极性，实现更好的监管效能，科学区别人脸识别技术的使用场景和条件。

第三，注重场景化规制，明确为不同场景下的人脸识别技术应用设定不同的义务内容，推动规制措施的精准化。《征求意见稿》首先将使用场景区分为"公共场所"和"组织机构为实施内部管理"两大类别，并对两大使用场景的安装图像采集、个人身份识别设备的行为提出了不同严格程度的要求，体现了根据不同应用场景风险程度的大小的精准规制，但对于二者具体的区分标准尚待进一步明确。

针对当前有关人脸识别技术应用滥用问题，《征求意见稿》也对技术应用中的具体场景进行了分级规定"旅馆客房、公共浴室、更衣室、卫生间及其他可能侵害他人隐私的场所"不得使用人脸识别技术；"宾馆、银行、车站、机场等经营场所"则要求在个人自愿的前提下使用人脸识别技术；"出入物业管理区域"则不得将人脸识别技术验证个人身份作为唯一方式。

然而，虽然《征求意见稿》以分类分级的形式确立了较为精准的场景化规制框架，但实践中实施难度较大，随着近年来人脸识别技术的广泛应用，在许多使用场景下都已经安装了采集人脸信息的前端设备，例如部分社区门禁和校园门禁仅能通过"刷脸"进入，并未在设备上设置其他的进入方式，"自愿原则"难以实际践行，因此，场景化分类分级规制将对现有的人脸信息采集设备提出更高的合规要求，使用者可能面临加装其他设备或更换设备的问题，增加合规成本，使得场景化规制面临一定的困难。

第四，规定"人脸识别技术使用者""相关产品或者服务提供者"等概念，为具化问责依据提供了基础，但仍需进一步细化概念的内涵与范畴。《征求意见稿》在条文中较为分散地规定了人脸识别技术使用者处理不满14周岁未成年人人脸信息的规则，进行事前个人信息保护影响评估、备案、设备安全性和风险评估等义务，初步确定了人脸识别信息保护违法责任主体及法律责任与义务。但在问责层面，《征求意见稿》仍存在以下不足：首先，对于何谓"人脸识别技术使用者""相关产品、服务提供者"等，《征求意见稿》并没有作出明确的解释与界定，容易造成实践中适用对象与范围的模糊不清；其次，对于处罚的规定较为笼统，仅提出依照《网络安全法》《数据安全法》《个人信息保护法》等上位法进行处罚，并未规定约谈、警告、通报批评等措施以及罚款的情况与具体罚款数额，难以起到威慑作用；最后，《征求意见稿》并未规定侵权行为产生后的具体救济途径与渠道，当人脸信息被泄露或滥用时，个人没有明确的救济途径和渠道，一旦发生较为严重的泄露问题，《征求意见稿》并未提出相应的应急预案。

第五，充分关注个人重大利益与未成年人等弱势群体的利益保护，促进科技向善，保障科技红利均等化享用。《征求意见稿》第12条指出，涉及社会救助、不动产处分等个人重大利益的，不得使用人脸识别技术替代人工审核个人身份，人脸识别技术可以作为验证个人身份的辅助手段。当前，有较多与民生领域息息相关的业务都引入了人脸识别技术，与此同时，也出现了"94岁老人被抬进银行进行人脸识别"[1]"广西十多名业主刷脸买房被骗超千万元"[2]等极端事件，此类事件违反了"增进人类福祉、尊重生命权利"的科技伦理，此条规定则对此类事件作出了回应，促进科技向善，实现科技红利均等化。

同时，未成年人的认知分辨能力还在形成阶段，对人脸信息等个人敏感信息的保护意识较弱，随着人工智能技术的发展各类采集人脸信息的新应用层出不穷，未成年人往往更容易泄露自身敏感信息，因此《征求意见稿》第13条规定使用未满14岁的未成年人人脸信息需要其监护人同意，保护了未成年人利益。

---

[1] 《94岁老人被抬进银行进行人脸识别：公共服务还需多点温度》，载新华网，http://www.xinhuanet.com/politics/2020-11/25/c_1126784416.htm，最后访问时间：2024年6月20日。

[2] 《广西10多名业主刷脸买房被骗超千万元　中介涉诈骗被抓》，载央视网，https://news.cctv.com/2020/12/12/ARTIzxZSJ2BRue70AHYH4MAF201212.shtml，最后访问时间：2024年6月20日。

第六，跨部门对人脸识别技术应用进行协同联动监管。根据《征求意见稿》第21条与第22条，网信部门会同电信主管部门、公安机关、市场监管部门对人脸识别技术使用履行监督检查职责，并接收相关投诉与举报。一方面，人脸识别技术作为数字技术，被广泛应用于身份信息识别与确认，并在此基础上衍生了AI换脸等一系列商业应用，与网信、电信、公安、市场监管息息相关；另一方面，人工智能技术近年迎来发展的突破口，其与人脸识别技术的结合给个人数据安全、公共安全甚至国家安全都带来了更大的风险，因此《征求意见稿》确立了对人脸识别技术的协同监管机制，将有利于对人脸识别技术的应用进行多层次、全方位、全环节的监管，提高监管效能。同时，由于人脸信息属于个人敏感信息，各部门之间如何进行安全有效的协同还须进一步细化。[①]

[①] 原文首发于《第一财经日报》2023年8月14日第A12版，收录时有调整。

"AI换脸"等深度合成服务应用要守住安全底线

2023年1月10日,国家互联网信息办公室、工业和信息化部、公安部联合发布《互联网信息服务深度合成管理规定》(简称《规定》)正式施行,要求深度合成服务提供者和技术支持者加强训练数据管理和技术管理,保障数据安全,不得非法处理个人信息,定期审核、评估、验证算法机制机理等。

首先,应当明确的是,深度合成服务属于算法推荐服务的一种,应用场景十分广泛。其被应用于视频制作等场景,往往可以提升视频特效的真实性,达到以假乱真的效果。随着相关技术的不断进步,深度合成服务的技术应用门槛不断降低。用户往往仅需要进行上传照片等简单操作,就可以轻松获得极为逼真的视觉效果。

不过,在带来逼真视觉效果的同时,深度合成服务技术也存在一定的法律风险和侵权纠纷。比如,一些"AI换脸"软件正走红网络,用户在操作人脸替换软件时,仅须上传个人照片就可生成新视频,但其他内容均与原视频保持一致。这种"换脸"软件的走红,不仅侵害他人的肖像权,对于他人对个人信息享有的权利、他人对原视频享有的著作权同样存在负面影响,在一定程度上还会影响相关视频平台所享有的信息网络传播权,引发算法滥用纠纷。《民法典》明确,未经肖像权人同意,不得制作、使用、公开肖像权人的肖像;《个人信息保护法》明确,个人对其个人信息的处理享有知情权、决定权,有权限制或者拒绝他人对其个人信息进行处理。而人脸替换软件的应用很有可能涉及对他人个人信息的处理。而且,他人对原视频的制作享有著作权,使用人脸替换软件生成新视频可能对著作权也构成了侵犯。

《规定》的出台,正是为了解决在人脸生成场景中可能存在的侵犯公民对个人信息享有的权利、侵害个人名誉权、危害国家和社会安全稳定等问题,为深度合成服务的规范发展树立了安全底线。

具体而言,首先,《规定》明确深度合成服务的应用不得侵犯国家、社会、个人的合法权益。尽管技术具有中立性,但技术的应用应当坚持积极向上的价值观。其次,《规定》明确深度合成服务提供者应落实信息安全主体责任。履行在数据、个人信息、算法、信息发布、科技伦理等方面的安全保障义务,提供相应的技术措施进行保障。再次,深度合成服务提供者应加强深度合成内容管理,采取技术或者人工方式对深度合成服务使用者的输入数据和合成结果进行审核,同时应当制定和公开管理规则、平台公约,完善服务协议,依法依约履行管理责任,以显著方式提示深度合成服务技术支持者和使用者承担信息安全义务。加强深度合成服务提供者的行业自治,鼓励自主合规、积极合规,形成"有效市场+有为政府"的更好结合。最后,《规定》提出深度合成服务提供者和使用者不得利用深度合成服务制作、复制、发布、传播虚假新闻信息,有助于保证互联网空间的清朗秩序。

整体来看,《规定》聚焦于深度合成服务技术,统筹安全与发展。发展是安全的前提,安全是发展的保障。在人工智能的其他技术与场景中,同样需要秉持发展与安全并重的理念,确保各项技术行稳致远。首先,可以充分发挥监管部门、行业协会、相关企业、人民群众等不同主体在治理中的不同优势,形成"有效市场+有为政府"的更好结合,构建多元主体共治的治理模式;其次,推动相关企业进行高质量发展。在保障安全的基础上,促进各企业创新驱动,形成人工智能领域的新技术、新模式、新业态;最后,以各种政策措施,服务保障人工智能领域数据和算法产品和产业的高质量发展,形成公平有序的竞争环境,推动各企业积极出海竞争,构建人工智能领域发展的新格局。①

---

① 原文首发于《中新经纬》2022年12月14日,收录时有调整。

人工智能生成内容是否为"作品"？版权归属于谁

随着OpenAI开发的一款人工智能聊天机器人火爆全网，再一次将人工智能生成物版权归属问题推向了热议。早在该款人工智能聊天机器人之前，AIGC能否享有著作权就引发各界讨论，但由于早期人工智能受限于算法算力瓶颈，其往往只能根据算法提供的模板生成内容，开放性、包容性还有待提升，无法较好地完成"创作"，存在可读性不强、拼写错误、缺乏逻辑等缺陷，因此此前AIGC的版权问题并未受到极高的关注度。

随着自然语言处理、深度学习、机器学习、深度神经网络等技术的发展应用，以人工智能技术驱动的自然语言处理工具，加上超大规模算力的支撑，使得能通过学习和理解人类的语言来进行对话或写作，而非简单地从某个模板中选择内容，可以根据使用者提出的问题或者要求，进行内容创作。

由于人工智能聊天机器人生成内容已具备一定的可读性、逻辑性，目前已有用户使用该工具撰写论文、写代码、写课程作业等，由此引发对人工智能生成物版权问题的新一轮讨论，人工智能聊天机器人生成的论文等作品版权属于谁？是属于人工智能？是开发者？还是用户自己？

一、人工智能聊天机器人生成内容是否构成著作权法意义上的"作品"

在进一步探讨人工智能聊天机器人生成内容的版权归属之前，必须先明确人工智能聊天机器人的生成内容是否属于著作权法意义上的"作品"，若不构成"作品"，则意味着人工智能聊天机器人的生成内容不受著作权保护，也无进一步探讨其版权归属的必要。

我国《著作权法》第3条明确规定"本法所称的作品，是指文学、艺术和科学领域内具有独创性并能以一定形式表现的智力成果"，可以提炼出两个要件：具有独创性；以一定形式表现的智力成果。其中，"具有独创性"是实质性要件，而"以一定形式表现的智力成果"则可以视为一种形式要件。由于人工智能聊天机器人能够响应用户输入并生成类似人类的文本，在外观上符合文字作品的表现形式。因此，判定人工智能聊天机器人生成内容是否构成"作品"的关键在于其是否具有"独创性"。对"独创性"的判定可以将其拆分为"独"和"创"两方面进行分析。

其一是"独"，即判定人工智能聊天机器人生成内容是否满足"独立完成"的要求。虽然，用户只要提出问题或者下达指令，人工智能聊天机器人在无须人工干预或者辅助的情况下，即可"独立"生成文字内容，但实际上，不论是从技术层面还是从法律层面看，人工智能聊天机器人自身暂时都难以达成"独立完成"的要件。

从技术层面看，通过透析人工智能聊天机器人的运行原理，可以发现人工智能聊天机器人模型使用一种称为RLHF的机器学习进行训练，可以模拟对话、回答后续问题、承认错误、挑战不正确的前提并拒绝不适当的请求。为了创建强化学习的奖励模型，开发者收集比较数据，其中包含两个或多个按质量排序的响应模型。模型会根据提示生成多个输出，训练师将人工智能聊天机器人编写的回复与人类的回答进行比较，并对它们的质量进行排名，以帮助强化机器的类人对话风格。奖励模型将自动执行最后一个训练阶段，使用排名后的数据训练。可见人工智能聊天机器人运行的实质仍然是建立在"人工标注"+"机器学习"的基础上，正可谓有多少"智能"其背后仍然有多少"人工"，其作为"主体"很难说具有了法律上的独立性品格。

从法律层面看，"独立"完成的主体是自然人或法人，人工智能体在《著作权法》《民法典》等法律中的主体地位尚未得到承认，对于完全独立于人类参与而生成的内容，通常不能认为其满足了"独立完成"的要件。

人工智能聊天机器人作为人工智能体无法达成著作权法中"独立完成"的要件，是否意味着其生成内容不能视为"作品"呢？其实不然，人工智能聊天机器人虽不具备独立的法律人格，但可以寻找其背后具有"法律人格"的自然人或法人。这一点在我国及其他大陆法系和英美法系国家的司法实践中皆有所体现。以法国为代表的大陆法系国家认为，虽然人工智能生成内容的直接创作者不是自然人，但是可以联系到人工智能背后的创作者、开发者。英美法系则认为人工智能是自然人创作的工具，其生成内容的作者是付出智力劳动、进行必要安排的自然人。因此，即便人工智能聊天机器人本身暂不能达成"独立完成"的条件，但是并不影响其生成内容的"可作品性"。

其二是"创"，即判定人工智能生成内容是否满足"创造性"要件。在国内外司法实践中，判断一个作品是否满足创造性的要件，需判定其内容是否与已有作品存在差异，或具备最低限度的创造性。对此需要分两种情况分析，当人工智能生成的是单纯事实消息或对已有作品的复述等内容时，不满足"创造性"要件；当人工智能生成的内容在一定程度上区别于已有作品时，则要判定是否具备"最低限度的创造性"。由于人工智能聊天机器人经过类人对话风格的强化训练，凭借强化学习能力，其生成的内容具备可读性、逻辑性，人们在多数情况下已基本无法区分所生成的内容为人类创作还是机器生成，即具备"不可区别性"，可视为其已满足"创造性"的基础与可能。

人工智能生成物具有的"独创性"也在我国司法判决中得到法院支持。例如，在AI版权归属第一案——T公司诉Y公司案[①]中，对于涉案由智能写作辅助系统写作机器人软件自动生成文章是否具有独创性的问题，法院认为涉案文章内容结构合理、表达逻辑清晰，具有一定的独创性，即其内容生成物可认定为"作品"。综上，结合对"作品"的构成要件以及国内相关案件的分析可知，人工智能生成内容在一定条件下能够满足独创性要件，构成著作权法意义上的"作品"，受著作权法的保护。

二、人工智能生成的作品属于谁

在人工智能生成内容可构成著作权法意义上"作品"的情况下，

---

① 广东省深圳市南山区人民法院（2019）粤0305民初14010号民事判决书，载中国裁判文书网，最后访问时间：2024年6月20日。

须探讨该"作品"的权利归属,即谁才是该作品的"作者"。对此,须分别判断人工智能聊天机器人、开发者以及用户是否享有"作品"的权利。

(一)人工智能聊天机器人是否享有其生成内容的"著作权"

目前,人工智能机器人的法律主体地位尚未得到我国相关法律的承认。根据我国《著作权法》第2条的规定,只有自然人、法人以及非法人组织享有作品的著作权,人工智能机器人未在其列。而且,著作权法的目标是通过授予作者专有权来鼓励创新,这一制度的前提是:如果创新不需要激励就能产生,那么权利就不需要被保护。人工智能聊天机器人虽然其能够生成类似人类的文本,看似能够像人类一样思考,但目前AIGC并没有真正具备自我意识,其大型语言模型并不会像人脑一样进行思考。人工智能聊天机器人只是根据用户的提问或相关指令生成相关内容,即其进行"创作"并不需要著作权的激励就能产生,换言之,虽然人工智能生成的内容可以视为"作品",但无须赋予人工智能聊天机器人著作权以激励其"创作"。

(二)作为人工智能聊天机器人的开发者是否享有生成内容的"著作权"

当前人工智能聊天机器人不能成为著作权的拥有者,但其开发者作为法人在现行法律上则拥有享有著作权的主体资格。且人工智能生成内容所蕴含的"创造性"是能够"链接"到其拥有者开发者的,究其原因,人工智能聊天机器人之所以能够生成"作品",源于开发者创建的强化学习奖励模型，收集比较数据，并使用收集到的数据不断训练和调整模型，最终才生成具有可读性和逻辑性的类似人类的文本。进言之，人工智能聊天机器人之所以能生成具有可读性和逻辑性的"独创性"内容，其实质是源于开发者相关人员将数据筛选的价值观传达给机器，其创造力的根本还是源于在数据建模过程中通过训练赋予人工智能的价值取舍。从这个层面看，开发者为人工智能聊天机器人生成"作品"付出了大量的智力劳动，故当人工智能聊天机器人生成"作品"所蕴含的"独创性"源于开发者时，开发者享有著作权也就可以理解了。

著作权法的目标是通过授予权利人专有权来鼓励创新，虽然人工智能聊天机器人无须激励即可生成内容，但若其开发者不进一步优化和改进算法模型，人工智能聊天机器人目前存在的一些缺陷仍可能继续存在，只有让开发者获得"创作"的激励，才能推动其不断提升优化和训练人工智能聊天机器人的算法模型，提升生成内容的质量。

（三）人工智能聊天机器人的用户是否享有生成内容的"著作权"

人工智能聊天机器人作为聊天机器人，能够对用户的问题和指令作出回答，并生成内容。从表面上看，人工智能生成的内容，比如一段文字甚至一篇文章，是源于用户直接下达的指令生成，但并不意味着用户因此获得人工智能生成内容的著作权。若用户仅是下达简单的指令或者提供了一些关键词，这时基于人工智能生成内容仍主要源于开发者提供的模型，故此不能视为用户独创，此时用户并不能因其操作人工智能聊天机器人而获得生成内容的著作权。但若用户是提供一段由其独创的文章,并下达指令让人工智能聊天机器人修改,此时人工智能聊天机器人仅起辅助作用,没有实质性改变文章中蕴含的思想或情感表达,用户仍拥有经人工智能聊天机器人修改生成后文章的著作权。

在司法判决中,不少法院也倾向于将人工智能背后的自然人或法人视为人工智能生成内容著作权的所有者。在前述 T 公司诉 Y 公司案中,法院在承认由写作机器人软件自动生成的文章构成文字作品的基础上,并没有将软件视为该文章的作者,而是认为从涉案文章的生成过程来分析,该文章的表现形式是由原告主创团队相关人员个性化的安排与选择所决定的,所以原告拥有该文章的著作权。

可见,人工智能聊天机器人生成内容在具有"独创性"的情况下属于著作权法意义上的作品,而其生成内容的著作权归属,则须根据生成内容中自然人或法人付出智力劳动的情况进行判定,若用户仅是提出简单的指令,生成内容多数源于人工智能聊天机器人自动生成的内容,则该作品的著作权归属于其开发者;若生成内容源于用户自己的创作或用户为内容生成付出了大量智力劳动,则该作品的著作权归属于用户。

三、理性看待 AIGC 的版权问题

AIGC 工具应用及产业发展具有巨大的前景,赋予 AIGC 开发者或拥有者版权,能够在一定程度上产生激励效果,促进 AIGC 工具及相关技术的创新发展。当然,AIGC 开发者在获得权利的同时,也需要承担相应的义务,譬如,须规范数据采集行为,避免侵犯他人的

著作权，同时还须不断改进算法模型，避免生成存在歧视性或者误导性的信息。此外，为了更好地规范AIGC在学术界、教育界等领域的使用，AIGC开发者也应适当增加AIGC内容的可识别标识或者信息，有助于更好地规范AIGC在科研教育领域的应用，避免出现滥用或者误用而产生损害后果的情况。

同时，对于AIGC领域的发展要坚持发展与规范并重。在发展层面，须加大对AIGC领域的政策、财政支持力度，明确允许并规范AIGC作为辅助工具参与科学研究和艺术创作等的态度与边界，完善AIGC内容的著作权保护，以开放、科学、严谨的态度看待AIGC技术及产业的发展；在规范层面，须加快出台人工智能生成物著作权相关规定，加强对AIGC内容生成全过程的监管，包括数据来源端、内容生成端、消费端及建立健全违法和不良信息识别机制、过滤机制、辟谣机制及矫正机制等，对输入数据和合成结果进行审核，夯实算法开发者、应用者相应法律责任。[①]

---

① 原文首发于《第一财经日报》2023年3月7日第A11版，收录时有调整。

索拉引领时代风口抑或加剧社会风险

一、索拉模型重塑内容创作与媒体业

首先,索拉大模型对内容创作与媒体行业的传统工作流程产生了深远的影响。在过去,图生视频或文生视频的技术限制使得生成的视频片段往往只能持续几秒钟,且存在镜头连贯性和人物运动性的瑕疵。然而,索拉大模型的出现改变了这一现状。它能够准确地解释用户提供的文本输入,并直接生成具有丰富场景和生动人物的高质量视频剪辑。这一技术革新对媒体行业而言,意味着内容创作者可以省去烦琐的拍摄和剪辑环节,从而降低创作成本,加快创作速度。同时,这也使得内容竞争的重点逐渐转向文字创作,因为创意和想法成为影响内容质量的关键因素。索拉大模型将传统的"策划—创作—分发"流程进行了聚合化、系统化和简洁化的改造。

其次,索拉大模型提供的自动化生成功能可能会在某些程度上替代人工工作。这对于内容创作者来说,无疑会带来一定的职业前景冲击。然而,技术始终是一把"双刃剑"。尽管自动化生成功能可能会减少一些低技能的工作岗位,但它也将为内容创作者提供更多的创新机会。在竞争日益激烈的环境下,那些能够创作出优质、具有创新性内容的创作者将更容易脱颖而出。这将进一步推动"全民创新"风气的形成,为内容创作领域注入新的活力。

最后，索拉大模型面临的版权、原创性和知识产权问题也是不可忽视的。与生成式人工智能模型一样，索拉生成的内容在真实性、版权、隐私、数据和安全等方面都存在潜在的法律和伦理挑战。例如，索拉生成的内容可能涉及对数据库中视频素材的模仿，从而引发著作权侵权的风险。此外，关于索拉生成内容的版权归属问题也存在一定的争议，即这些内容是归使用者所有，还是归软件开发者或其运营商所有。为了应对这些挑战，内容创作者和行业需要密切关注相关法律法规的发展动态，并采取有效的措施来保护自己的权益。例如，可以通过标注视频由 AI 生成来避免被用于传播谣言或诈骗等违法用途；同时，也可以探索建立人机协作的模式，以确保来源于人类智慧的个性化创作空间不会被机器智能所侵蚀。

除对媒体行业产生重要影响外，索拉大模型还有可能对其他多个行业产生深远的影响。例如，影视相关行业可以利用索拉大模型来快速生成高质量的预告片、片段或特效场景；教学行业可以通过索拉大模型来制作生动有趣的课件或虚拟实验；游戏行业则可以利用索拉大模型来创建逼真的游戏场景和角色动画；而虚拟现实（VR）行业也可以借助索拉大模型为用户提供更加沉浸式的虚拟体验。这些潜在的应用场景展示了索拉大模型在未来各个领域的广阔发展前景。

二、索拉如何影响文娱广告应用场景

在广告业中，索拉的应用预示着重大变革的到来。索拉凭借其独特的技术特性，如能够准确解释长达 135 个单词的提示，为广告业带来了前所未有的创新机会。它不仅可以精确解读用户提供的文本信息，更能生成包含丰富场景和人物的优质视频剪辑。OpenAI利用图像生成系统（Dall-E）模型的重新标题（re-captioning）技术，进一步提升了视频中文本的准确性和整体质量，为广告内容注入了新的活力。

在广告投放方面，传统的基于推荐算法的策略将得到重大改进。过去，广告商主要依赖用户画像来推送具有固定设计的商业广告信息。然而，随着索拉大模型的出现，这种局面将发生根本性变化。索拉能够取代传统的PPT汇报或图片展示，使演示更加生动和吸引人。广告商可以通过少量投入，获得更好的演示和宣传效果。更重要的是，索拉能够根据用户画像的文字信息，生成更加个性化、具有质感和准确度的视频广告，从而更精准地触达目标受众。

对于短视频行业而言，索拉同样展现出了巨大的发展潜力。OpenAI利用预训练语言模型（GPT）技术将简短的用户提示转化为详细的转译，进而生成高质量的视频内容。这一特性使得索拉能够紧密贴合用户需求，创造出精准且吸引人的短视频。此外，索拉还能接受图像或视频等多种类型的输入提示，执行广泛的编辑任务，如创建循环视频、将静态图像转化为动画等。这些功能为用户提供了更多创作可能性，降低了短视频制作的门槛。

然而，索拉的应用也带来了一定的风险。由于模型可能难以准确模拟复杂场景的物理特性或理解因果关系，索拉生成的内容在某些方面可能存在一定的局限性。此外，版权、原创性和知识产权问题也是不可忽视的法律风险。尽管如此，索拉对于推动短视频行业的发展仍具有巨大潜力。它生成的大量视频可能在风格上较为统一，但随着技术的不断进步和优化，这些问题有望得到解决。

在音乐和娱乐行业，索拉同样有着广泛的应用前景。它可以涵盖广泛的主题，根据用户要求提供多样化的内容。例如，在音乐领域，索拉可以为音乐生成相应的音乐视频（MV），将听觉享受与视觉享受完美结合。在娱乐行业，索拉则可以为虚拟化体验提供丰富的视频素材，实现如虚拟旅游、虚拟购物等创新应用。这些技术革新将为音乐和娱乐行业带来全新的发展机遇。

三、与其他文生视频大模型同台竞争

索拉在发展过程中可能会面临多方面的挑战，包括技术、伦理和商业层面。在技术层面，索拉虽然拥有超强的存储能力和计算能力，但仍面临一些难题。例如，模拟物理互动的准确性不足、可能无法理解某些因果关系，以及长时间视频的连贯性和对象持久性等问题，这些都可能导致生成视频的效果不达预期。同时，人为修正这些问题也可能需要耗费较高的人力成本。为了持续发展，索拉需要不断提升其计算力、升级存储手段，并重视和挖掘更多非结构化数据的价值，从而推动计算智能、感知智能与认知智能的快速发展。

在伦理层面，索拉生成的内容存在两方面的风险。一方面，作为自然人的使用者可能基于不道德或违法的目的输入特定内容，生成歧视性或不道德的内容。如果模型被用于生成涉及个人隐私等敏感信息以及违法违规的视频内容，将引发严重的法律和道德争议。为了应对这些挑战，需要注重用户隐私与数据安全问题，保障生成内容的可信度与符合伦理规范，并积极探索提升生成式人工智能在内容生成中的准确率和真实性。另一方面，索拉生成内容的风险也可能源于模型本身的瑕疵，导致生成的内容不可控，可能在使用者

无意识的情况下生成包含歧视性内容或侵权内容的视频。因此，必须重视其中可能涉及的责任承担问题，合理划分使用者与算法模型的责任，使该技术的使用"可信"和"负责任"。

在商业层面，索拉大模型的商业化应用也面临一些实际问题。例如，音视频素材库的知识产权、数据权益归属等问题需要解决。同时，如何防止索拉生成的内容被用于传播谣言也是一个挑战。此外，如何让观众知晓该视频为 AI 生成也存在一定的技术难度。为了推动索拉的商业化应用，需要在规范的前提下鼓励创新，提供良好的市场环境和商业消费者支持，以商业市场需求带动产业创新。

索拉与其他文生视频大模型之间的竞争是正常的商业现象。公平竞争是市场经济的基本原则和重要基础，良性的竞争会促进创新并推动行业的健康发展。对于索拉和其他文生视频大模型的竞争关系来说，关键在于它们在功能上的可替代性。如果其他文生视频大模型无法实现与索拉相似的效果或功能上的较大替代性，那么它们将很难与索拉形成有效竞争。尤其考虑到 OpenAI 公司的技术积累和雄厚资金优势以及索拉具有的其他文生视频大模型难以实现的效果时，大模型市场可能仍将长期呈现闭源寡头的格局。因此，在竞争激烈的市场环境中，索拉需要不断创新和提升自身实力以保持领先地位。

四、业内如何平衡技术创新与市场需求关系

市场需求和技术创新是推动索拉产业新格局的两大核心力量，它们相互影响、互为因果。市场需求推动技术创新，而技术创新又催生新的产品体验，进而刺激市场达到更高的规模。

从市场维度来看，人工智能生成产品在日常生活中的渗透率持续提高，尤其是随着生成式人工智能等技术的火爆发展，进步显著。同时，中国的视频市场近年来也呈现出迅猛的发展态势，网民数量众多，市场规模庞大。这为索拉的应用和创新提供了广阔的空间。

然而，技术创新不能脱离市场需求。纯粹基于好奇心的研究虽然重要，但在商业化和产业化方面可能难以取得突破。因此，业内人士应关注消费者的需求和期望，在市场需求驱动下进行应用型创新，大胆进行技术突破。

同时，也要注意索拉在运用过程中可能存在的法律风险，如著作权侵权、侵犯人身权、传播虚假信息等。在保障安全和合法的前提下，满足市场需求并进行技术创新是至关重要的。为此，可以通过创建独立的技术研发和产品开发路径，在阶段性开发中实现技术研发与产品开发需求的评估与匹配，以达到技术创新与市场需求之间的平衡。①

---

① 原文首发于《中新经纬》2024年2月22日，收录时有调整。

索拉生成短视频是否能构成作品？
以法治发展回应技术创新

根据OpenAI的官方介绍，索拉是一个人工智能模型，可以从文本指令中创建逼真且富有想象力的场景，实现"从文本创建视频"。索拉在保持视觉质量并遵守用户提示的同时，可以生成长达一分钟的视频。

"从文本创建视频"技术一旦得到应用和普及，一方面可以大大降低视频创作门槛，使更多人的创作梦得以成真，有利于多元化表达和文化繁荣；另一方面也会带来技术滥用风险，造成虚假视频泛滥。基于此，OpenAI也在与专家团队合作进行对抗性测试，采取安全方法拒绝那些请求极端暴力、色情内容、名人肖像或他人网络地址（IP）的提示。

索拉已来，在负面风险可控的前提下，应当探讨如何发挥其积极作用，这就离不开对索拉生成短视频的相关权益保护。只有正视创新的风险，并有效激励和保护创新才能更好地实现创新。

一、一分钟短视频有可能构成"作品"

《著作权法实施条例》第4条第11项规定，"电影作品和以类似摄制电影的方法创作的作品，是指摄制在一定介质上，由一系列有伴音或者无伴音的画面组成，并且借助适当装置放映或者以其他方式传播的作品"。短视频显然符合此规定。

那么一分钟的短视频是否能构成著作权法上的"作品"呢？《著作权法实施条例》第2条规定："著作权法所称作品，是指文学、艺术和科学领域内具有独创性并能以某种有形形式复制的智力成果。"据此，短视频是否能构成"作品"关键在于其是否具有"独创性"。

在入选2018年"中国法院十大知识产权案件""中国十大传媒法事例"的"W公司诉B公司等侵害作品信息网络传播权纠纷案"[1]中，北京互联网法院作出了如下阐释："视频的长短与创作性的判定没有必然联系。客观而言，视频时间过短，有可能很难形成独创性表达，但有些视频虽然不长，却能较为完整地表达制作者的思想感情，则具备成为作品的可能性。"尽管涉案短视频仅有13秒，但因其体现了制作者的个性化表达，带给观众精神享受，同样被认定为以类似摄制电影的方法创作的作品。由此可知，时长一分钟的短视频也有可能构成著作权法上的"作品"。

二、人工智能软件生成的内容能否构成"作品"

"F律师事务所诉B公司著作权权属、侵权纠纷案"[2]首次对人工智能软件自动生成内容的著作权保护问题进行了司法回应。

该案一审法院（北京互联网法院）认为，具备独创性并非构成

---

[1] 北京互联网法院（2018）京0491民初1号民事判决书，载中国裁判文书网，最后访问时间：2024年6月20日。

[2] 北京互联网法院（2018）京0491民初239号民事判决书，北京知识产权法院（2019）京73民终2030号民事判决书，载中国裁判文书网，最后访问时间：2024年6月20日。

文字作品的充分条件，根据现行法律规定，文字作品应由自然人创作完成。虽然随着科学技术的发展，计算机软件智能生成的此类"作品"在内容、形态，甚至表达方式上日趋接近自然人，但根据现实的科技及产业发展水平，若在现行法律的权利保护体系内可以对此类软件的智力、经济投入予以充分保护，则不宜对民法主体的基本规范予以突破。故一审法院认定，自然人创作完成仍应是著作权法上作品的必要条件。

就软件（该案中为数据库）智能生成分析报告的署名问题，该案一审法院提出，无论是软件研发者（所有者）还是使用者，非创作者都不能以作者身份署名，应从保护公众知情权、维护社会诚实信用和有利于文化传播的角度出发，在分析报告中添加生成软件的标识，标明系软件自动生成。

但是，该案一审法院也提出，计算机软件智能生成的分析报告虽然不构成作品，但不意味着其进入公有领域，可以被公众自由使用。应当激励软件使用者的使用和传播行为，将分析报告的相关权益赋予其享有，否则软件的使用者将逐渐减少，使用者也不愿进一步传播分析报告，最终不利于文化传播和价值发挥。软件使用者虽然不能以作者的身份在分析报告上署名，但是为了保护其合法权益，保障社会公众的知情权，软件使用者可以采用合理方式表明其享有相关权益。

三、面对索拉保持审慎的开放

在上述"F律师事务所诉B公司著作权权属、侵权纠纷案"中，北京互联网法院虽然表达了计算机软件智能生成内容不构成作品的立场，但也不能忽视该案的特殊性。该案是就"数据库自动生成的分析报告"作出的分析与判断。从该案所描述的分析报告生成过程来看，选定相应关键词，使用"可视化"功能即可自动生成分析报告。而索拉短视频的生成相较于涉案分析报告的生成来说，更能体现使用者的表达欲望和思路，索拉生成的短视频是遵循使用者所给出的提示，提示的遣词造句本身就可能是千人千面、独具特色的。使用者利用索拉将自己富有创意的提示信息生成视频，是否能够理解为自然人利用智能辅助工具创作了一个作品，从而取得该生成视频的著作权呢？技术的创新发展，需要持续发展的法治来给予回应。①

---

① 原文首发于《第一财经日报》2024年2月27日第A11版，收录时有调整。

代后记

持续推进数智经济创新发展的法治化建设

科技革命驱动创新发展，当前全球社会正经历着信息化、数字化、智能化相融合的数智化浪潮带来的深刻变革。自2015年"互联网+"行动计划正式施行以来，大数据、云计算、人工智能、区块链等新兴技术加速创新，日益融入经济社会发展各领域全过程，成为重组要素资源、重塑经济结构、改变竞争格局的关键力量。2023年国家数据局成立并正式运行，提出了"数据要素×"行动计划，试图通过挖掘和释放数据价值、促进数据的智能化应用，提升生产运营效率、创新商业模式、优化经济结构，进而推动国家整个经济体系向着更具数字化、智能化、通用化的数智经济业态创新发展。数智经济是数字经济创新发展的高阶形态，在数智经济下，数字智能化与智能数字化深度结合，以数字化信息及内容为重要生产要素，以现代化信息网络为重要载体，以智能化的算法为重要工具，以超级计算能力为关键动能，使生产系统具备全周期、全领域、全时空、全过程的自动化能力，赋能目标系统更高效率更高质量的管理与决策。

以"数据、算法、算力"为核心的数智技术及应用由点到面，拓展了由要素到场景的链接，改变了生产方式、生活方式和社会治理方式，通过在资源配置环节增加虚拟配置、在设计环节增添数字孪生、在制造环节提升智能机器人参与度、在销售环节定制化个性化、在服务环节增加多种体验等方式，助力传统产业转型升级，推动国家经济高质量发展。

　　然而，随着数据智能化、平台趋中心化、人工智能通用化等创新要素、商业组织体、高新技术创新发展提升经济社会发展速率和能效的同时，也引发了诸多基于新产业、新模式、新业态、新技术发展而不断涌现的市场规制与社会治理问题，对现有法治体系及法治实践系统带来了系统挑战。我国在各个重点领域、新兴领域的立法、执法、司法及企业自身的合规也愈加迫切，数智经济法治化建设的实践与理论跟进成为社会各界普遍关注的重点与热点，其所关涉的法治理念与理论、原则与规范、方法与工具业已成为推进其规范健康可持续发展的重中之重。

　　基于此，结合自身研究基础与学术旨趣，以不同时期的专栏文章、智库报告为依托，以数智经济高质量发展中面临的法治挑战与革新为主线，梳理数智经济发展中经济法治理论的整体脉络，着眼于数据要素市场化、平台经济领域竞争规范化、人工智能技术及应用通用化等多个新兴领域的关键节点与社会热点，从理论探索与澄清、实践检视与评价多个维度进行述评，试图全面客观、生动细致地展现数智经济动态发展的法治化治理及推进过程，扩展和深化数智经济到来对法治理论思辨和实践反思的影响，从中探寻数智经济下法治理论及实践的发展态势，为推动数智经济重点领域、新兴领域的法治建设提供深刻见解和创新思路。

本书分为四编，从宏观到微观，从理论到实践，从规制需求、规制基调、规制体系到规制对象、规制实践，分层次进行展开，形成了一个相对系统和完整的论述结构。

第一编以数智经济推动法治革新为基础，通过讨论欧盟对科技巨头的监管、数字贸易健康发展、涉外法治建设、公平竞争审查、营商环境法治化建设等问题，探索了在新发展格局下数智经济推动法治革新的进程，从宏观层面为数智经济法治体系的构建指明了方向。

第二编聚焦数智经济下数据要素治理，从《数据二十条》理念及政策解读、国家数据局设立、数据交易市场基础制度等方面展开，建议以数据分类分级为基础，统筹数据安全与发展，夯实数据要素治理的市场法治基点，促进数据要素加乘作用发挥。

第三编关注平台经济领域的新业态、新模式、新职业发展，根据平台经济发展新形势以及商业模式不断创新的现实，譬如，网约车市场治理、电商平台治理、互联网金融规范发展、直播主播新业态就业等，探究平台经济领域常态化监管理念、内涵及实现路径，为平台经济规范健康发展提供法治保障。

第四编着眼于人工智能创新发展中的法治建设与革新，着重讨论了人脸识别技术、生成式人工智能、通用人工智能大模型等新兴技术领域的监管，分析人工智能发展面临的机遇与挑战，建议依法适用规范促进科技向善，保障人工智能在法治的轨道上创新发展、规范发展。

当前，数智经济的迅速发展凸显了数智经济法治建设的重要性与紧迫性。新经济形态的数智经济不仅为传统经济法治理论机制带来了挑战，也为其发展建设带来了新的契机。为此应立足新形势下的发展需求，持续推进数智经济法治体系革新，为数智经济发展提供有力保障和规范指引。

具体而言，在数据要素治理上，须稳步推进数据要素基础制度建设，逐步完善数据产权界定、数据流通和交易、数据要素收益分配、数据治理等主要领域关键环节的政策及标准，构建符合数据要素高质量发展和高水平保护的规范体系，有效激发数据要素乘数效应。在平台经济领域，须着力提升常态化监管水平，明晰平台经济监管目的与主线，坚持分类分级监管，以算法、技术、平台规则等要素为抓手，统筹好安全与发展的关系，充分发挥平台经济在推动经济发展、助力技术进步、稳定社会就业中的作用。在促进人工智能创新发展、规范发展上，须以安全、可控、可靠、可问责为发展基点，树牢"安全是发展的前提"的底线思维，强化人工智能发展的潜在风险研判与防范，同时统筹好高质量发展和高水平安全之间的动态平衡，健全完善科学审慎的法治监管模式，在夯实人工智能安全发展的基础之上，大力促进人工智能创新发展，以进促稳，稳中求进。

本书大部分成果已刊于《第一财经日报》《法治日报》《中国市场监管研究》等报刊，在此一并感谢各位评审专家和编辑老师提出的宝贵意见和鞭策鼓励，才使得本书收录整理的些许文字具备了尚可的学术性和可读性。本书的出版也离不开中国法制出版社领导和责任编辑的关照和帮助，在编校和出版过程中各位一直保持高度的热情和认真负责的工作态度，对本书题目、篇目布局、论证逻辑、文字内容、资料更新等方面提出了诸多完善建议，在出版诸事的协调上也提供了大力帮助，在此深表谢意。

本书既是对现阶段数智经济法治理论发展的总结，也是对数智经济法治化革新的展望。科技创新引领产业变革，驱动经济发展，法治作为数智经济创新发展的制度保障、规范遵循及矫正工具，应紧跟数智经济创新发展的步伐，为数智经济规范健康可持续发展提供有力支撑。接下来将继续聚焦数智经济创新发展诸要素、多场景的法治化治理，从数智经济创新发展的底层逻辑入手，关照要素与场景的具象化，更加细致入微地研究数智经济发展中的元问题与新问题。

再次感谢所有为本书付梓提供帮助和支持的朋友，也期望得到广大读者的批评意见和宝贵建议！冀望拙作能为我国数智经济的安全发展、创新发展及规范发展提供有益参考！

陈 兵

天津津南

南开大学法学楼

2024年6月

图书在版编目（CIP）数据

数智经济发展的法治促进：数据·平台·人工智能 / 陈兵著. -- 北京：中国法制出版社，2024.6. -- ISBN 978-7-5216-4565-1

Ⅰ.D922.174

中国国家版本馆CIP数据核字第2024W82B96号

责任编辑：成知博　　　　　　　　　　封面设计：周黎明

数智经济发展的法治促进：数据·平台·人工智能
SHUZHI JINGJI FAZHAN DE FAZHI CUJIN：SHUJU · PINGTAI · RENGONG ZHINENG

著者 / 陈兵

经销 / 新华书店

印刷 / 北京虎彩文化传播有限公司

开本 / 880毫米×1230毫米　32开　　　　印张 / 15　字数 / 331千

版次 / 2024年6月第1版　　　　　　　　2024年6月第1次印刷

中国法制出版社出版

书号ISBN 978-7-5216-4565-1　　　　　　定价：68.00元

北京市西城区西便门西里甲16号西便门办公区

邮政编码：100053　　　　　　　　　　传真：010-63141600

网址：http://www.zgfzs.com　　　　　　编辑部电话：010-63141809

市场营销部电话：010-63141612　　　　印务部电话：010-63141606

（如有印装质量问题，请与本社印务部联系。）